普通高校会计与财务系列精品教材 •••

会计学（非专业用）

史国英　主编

ACCOUNTANCY

清华大学出版社
北京

内 容 简 介

本书以理想信念教育为核心,以践行社会主义核心价值观为载体,帮助学生正确了解企业基本经济业务与会计事项的核算方法;使学生初步掌握财务会计的基本理论和基本方法;理解资产负债表、利润表、现金流量表和所有者权益变动表各项目的内容以及四张财务报表的简单编制方法,能够读懂财务报表;对会计规范与会计政策选择有所了解;在此基础上能够对企业财务报表进行初步分析。本书适用于非会计学专业尤其是经济类专业本科学生学习,同样适用于对会计学基本理论与方法感兴趣的社会人士学习。

本书封面贴有清华大学出版社防伪标签,无标签者不得销售。
版权所有,侵权必究。举报: 010-62782989,beiqinquan@tup.tsinghua.edu.cn。

图书在版编目(CIP)数据

会计学:非专业用/史国英主编. —北京:清华大学出版社,2021.7(2024.8重印)
普通高校会计与财务系列精品教材
ISBN 978-7-302-58379-0

Ⅰ. ①会… Ⅱ. ①史… Ⅲ. ①会计学-高等学校-教材 Ⅳ. ①F230

中国版本图书馆CIP数据核字(2021)第112836号

责任编辑:左玉冰
封面设计:汉风唐韵
责任校对:王荣静
责任印制:沈 露

出版发行:清华大学出版社
网　　址:https://www.tup.com.cn,https://www.wqxuetang.com
地　　址:北京清华大学学研大厦A座　　邮　编:100084
社 总 机:010-83470000　　邮　购:010-62786544
投稿与读者服务:010-62776969,c-service@tup.tsinghua.edu.cn
质 量 反 馈:010-62772015,zhiliang@tup.tsinghua.edu.cn
课 件 下 载:https://www.tup.com.cn,010-83470332

印 装 者:三河市科茂嘉荣印务有限公司
经　　销:全国新华书店
开　　本:185mm×260mm　　印　张:13.5　　字　数:307千字
版　　次:2021年7月第1版　　印　次:2024年8月第4次印刷
定　　价:49.00元

产品编号:070737-02

总 序

人才培养是大学的本质职能，而本科教育是大学的根和本。党的十八大以来，围绕培养什么人、怎样培养人、为谁培养人这一根本问题，我国坚持把立德树人作为根本任务，积极推进教育改革，形成更高水平的人才培养体系。

教材建设是人才培养中重要的一环。根据教学需要编写高质量教材，是人才培养质量的重要保证。北京工商大学会计与财务学科一直提倡和鼓励学术水平高、教学经验丰富的教师积极编写教材，并根据时代变化不断更新。我们于 1998 年推出了北京工商大学会计系列教材（以下简称"系列教材"）第 1 版。结合 2001 年我国《企业会计制度》的实施，于 2002 年推出了系列教材第 2 版。随着 2006 年新会计、审计准则体系的颁布，我们于 2006 年推出了系列教材第 3 版。自 2006 年修订以后，我国在会计准则、审计准则和内部控制规范建设等方面发生了很多重大变化，高等教育改革对人才培养质量也提出了新的要求。根据这些法规制度的变化，以及提高人才培养质量的内在要求，我们于 2013 年后陆续推出了系列教材第 4 版。

时代总是在不断变化之中。一方面，在培养德智体美劳全面发展的社会主义建设者和接班人这一目标指引下，要把立德树人融入思想道德教育、文化知识教育、社会实践教育各环节，贯穿高等教育各领域，并且学科体系、教学体系、教材体系、管理体系要围绕这个目标来设计；另一方面，经济的发展也不断推动会计的变革，会计准则、审计准则持续趋同、不断深化，中国特色的管理会计体系、内部控制体系逐步建立，这都迫切需要重新打造一套全新的教材。

本系列教材的特点主要体现在以下三个方面。

（1）紧跟时代步伐，反映最新理论和实践成果。通过紧密结合会计准则、审计准则、内部控制、管理会计、税法等领域的变化，吸收会计领域中新理论、新法规、新方法，系列教材既密切联系中国实际，又反映国际发展变化；既立足于当前，又着眼于未来。

（2）重视素质教育，注重学生创新和应用能力培养。坚持将立德树人、培养社会主义核心价值观融入教材体系；注重专业理论素质的培养，在阐述现行法律、法规及实务做法的基础上，注意从理论上进行解释，通过完善"案例讨论和分析"及"小组讨论"部分，引导学生从本质上认识和理解问题，使系列教材既便于学生知识和技能的掌握，又重视学生基本素质和能力的培养。

（3）坚持需求导向，开发立体式教辅资源。通过配套更加完善的教辅资源，如教学大纲、PPT课件、学习指导书、习题库、辅助阅读资料等，为教师教学和学生学习提供全方位服务，使系列教材既便于教师讲授，又有利于学生独立学习；既有利于学生能力的培养，也兼顾学生参加注册会计师考试的客观需要。

本系列教材是北京工商大学会计学、财务管理国家级一流专业和工商管理高精尖学科建设的重要成果。北京工商大学会计与财务学科师资力量雄厚、专业建设成绩显著、学科建设优势特色明显。本学科现拥有财政部会计名家3人，全国会计领军人才8人，财政部企业会计准则、管理会计、内部控制咨询专家4人；拥有会计学和财务管理两个国家级一流专业建设点和国家级特色专业；学科建设方面依托会计准则研究中心、投资者保护研究中心、管理会计创新与发展研究中心、企业集团研究中心、国有资产管理协同创新中心，在会计准则、投资者保护、管理会计、企业集团财务管理、国企改革等方面取得了一系列丰硕的成果。

通过本系列教材的编写，我们试图充分反映北京工商大学会计系和财务系教师在教学与科研方面取得的成果，以更好地满足广大教师和学生的需求。尽管如此，还会存在许多不足，恳请大家提批评和改进意见，以使本系列教材进一步完善。

北京工商大学编写组

2021 年 1 月

前 言

会计学是非会计学专业尤其是经济类专业本科学生的公共必修课程。通过学习，学生能够初步掌握财务会计的基本理论和基本方法；正确了解企业基本经济业务与会计事项的核算方法；理解资产负债表、利润表、现金流量表和所有者权益变动表各项目的内容以及四张财务报表的简单编制方法，能够读懂财务报表；对会计规范与会计政策选择有所了解；在此基础上能够对企业财务报表进行初步的分析。结合专业教学，通过了解与分析课程思政案例，引导学生坚定理想信念、厚植爱国主义情怀、加强品德修养、增长知识见识、培养奋斗精神、提高综合素养。

作为经济管理类专业本科学生的公共必修课程，会计学课程理论性相对较强。本书尝试对各章内容讨论之初，通过"引例"的方式入手，引导学生思考与提问，带着问题深入学习。在本书编写的过程中，编者始终以会计理论相关知识的重要性、系统性、创新性，以及通俗易懂作为撰写的纲要，本教材具有以下特点。

首先，理论与实践相结合的教学资源建设。理论从实践中来，案例回到实践中去。案例将理论学习与实践有机结合，通过案例教学加深对理论的理解，通过问题引导逐步深入地了解经济事项全貌。同时激发初学者带着钻研的精神和探寻的动力，弄清每一个案例的来龙去脉，寻求相似案例的事发过程，而不仅囿于对会计学基础知识的学习。

其次，符合认知规律的教材体系建设。按照学科知识演变的路径和逐层深入的认知体系进行教材框架的设计，按照问题导向的设计逻辑层层深入地构建课件核心资源，同时在框架主线中将学习目标、思维导图、思政案例讨论、作业练习有机结合融为一体，培养学生解决复杂问题的综合能力。

再次，教学资源类型丰富，线上线下有机结合。提供类型丰富、分类清晰的资源模块，适用于课前、课中、课后的不同场景，将学生的时间合理分配到知识学习中，通过沉浸式教学使学生理解抽象概念的同时还原实践的应用场景，深入浅出，融会贯通。

本书是由史国英博士担任主编，负责组织拟定提纲、全书总纂以及校订。具体分工如下：第一章由张晨宇副教授编写，第二章由王晓珂副教授编写，第三章、第四章由彭雯博士编写，第五章由史国英博士编写，第六章、第九章由刘青青副教授编写，第七章、第八章由段梦然博士编写。刘佳琪、李琳同学参与了教材的校对工作。在教材撰写及修订过程我们参考了相关文献及会计学者的相关研究成果，此处一并致谢。

本书是北京工商大学会计系列教材之一，适用于高等学校非会计专业的本科教学，同时也供其他人士了解会计相关知识时使用。

本书若有不当之处，敬请读者批评指正！

编者

2021 年 2 月

目 录

第 1 章　总论——什么是会计 1
- 1.1 会计与管理有何关系 2
  - 1.1.1 管理相关概念 2
  - 1.1.2 会计相关概念 3
  - 1.1.3 会计与管理的关系 4
- 1.2 会计的目标、职能与分工 4
  - 1.2.1 会计目标 4
  - 1.2.2 会计信息使用者 5
  - 1.2.3 会计职能 6
  - 1.2.4 会计的种类 8
- 1.3 会计核算的基本前提 9
  - 1.3.1 会计主体 9
  - 1.3.2 持续经营 10
  - 1.3.3 会计分期 11
  - 1.3.4 货币计量 11
- 1.4 会计确认基础及计量属性 13
  - 1.4.1 会计确认基础 13
  - 1.4.2 会计计量属性 15
- 1.5 会计信息披露及质量要求 16
  - 1.5.1 会计信息披露载体 16
  - 1.5.2 会计信息质量要求 17
- 本章小结 21
- 关键词汇 22
- 思考题 22
- 思政案例讨论 23

第 2 章　期初——业务准备 25
- 2.1 会计循环概述 26
- 2.2 会计要素与会计等式 27
  - 2.2.1 会计要素 27
  - 2.2.2 会计等式 31
- 2.3 会计科目、账户与复式记账 34
  - 2.3.1 会计科目与账户 34
  - 2.3.2 账户与账户结构 35

		2.3.3	复式记账	36
	2.4	借贷记账法、会计分录及试算平衡		38
		2.4.1	借贷记账法	38
		2.4.2	会计分录	42
		2.4.3	过账和试算平衡	44
	本章小结			46
	关键词汇			47
	练习题			47
	思政案例讨论			47
第3章	日常——企业基本经济业务的会计核算			50
	3.1	融资活动的会计核算		51
		3.1.1	股权融资的会计核算	51
		3.1.2	债权融资的会计核算	53
	3.2	经营活动的会计核算		54
		3.2.1	采购核算	54
		3.2.2	生产核算	57
		3.2.3	销售核算	62
		3.2.4	营业外收支的核算	64
		3.2.5	应交税费的核算	65
	3.3	投资活动的会计核算		65
	3.4	利润形成与分配活动的会计核算		67
		3.4.1	利润形成的核算	67
		3.4.2	所得税的核算	68
		3.4.3	利润分配的核算	68
	3.5	会计凭证填制与审核		70
		3.5.1	会计凭证及其种类	70
		3.5.2	会计凭证的作用	72
		3.5.3	原始凭证的填制与审核	72
		3.5.4	记账凭证的填制与审核	73
	本章小结			74
	关键词汇			74
	思政案例讨论			75
第4章	期末——会计信息生成			77
	4.1	会计账簿的认知与登记		78
		4.1.1	会计账簿及其种类	78
		4.1.2	设置和登记账簿的意义	79
		4.1.3	账簿的基本内容及登记规则	79
		4.1.4	各类账簿的格式及登记方法	80

	4.1.5	错账的更正方法	84
4.2	期末账项调整		85
	4.2.1	期末账项调整的意义	85
	4.2.2	期末账项调整的内容	86
	4.2.3	期末账项调整的方法	87
4.3	财产清查		88
	4.3.1	财产清查的意义	88
	4.3.2	财产清查的种类	89
	4.3.3	财产清查的方法	89
	4.3.4	财产清查结果的处理	97
4.4	对账与结账		98
	4.4.1	对账	98
	4.4.2	结账	99
4.5	编制财务报表		100
	4.5.1	编制财务报表的意义	100
	4.5.2	财务报表的种类	101
	4.5.3	财务报表的编制要求	102

本章小结 103
关键词汇 103
思政案例讨论 103

第 5 章 资产负债表——财务状况 109

5.1	资产负债表概述		110
	5.1.1	资产负债表定义与性质	110
	5.1.2	资产负债表内容与格式	110
	5.1.3	资产负债表的作用	113
5.2	资产负债表的主要项目及填列实例说明		114
	5.2.1	资产项目	114
	5.2.2	负债项目	120
	5.2.3	所有者权益项目	124
5.3	资产负债表编制方法		125
	5.3.1	资产负债表填列方法总述	125
	5.3.2	资产负债表填列方法分述	126

本章小结 127
关键词汇 127
思考题 127
练习题 128
思政案例讨论 128

第6章 利润表——经营成果 ·· 130

6.1 利润表概述 ·· 131
6.1.1 利润表的报告范围与格式 ··· 131
6.1.2 利润表的功能 ··· 134

6.2 利润表的主要项目 ·· 135
6.2.1 营业总收入 ·· 135
6.2.2 营业总成本 ·· 135
6.2.3 利润表中的收益项目 ··· 136
6.2.4 营业利润 ··· 137
6.2.5 营业外收支 ·· 137
6.2.6 净利润 ·· 137
6.2.7 每股收益 ··· 137
6.2.8 其他综合收益的税后净额 ··· 137
6.2.9 综合收益总额 ··· 138

6.3 利润表的编制 ·· 138
6.3.1 利润表数字的填列方法 ·· 139
6.3.2 利润表项目的填列说明 ·· 139

6.4 实例说明 ·· 142

本章小结 ·· 144
关键词汇 ·· 144
思考题 ·· 144
练习题 ·· 145
思政案例讨论 ·· 146

第7章 现金流量表——资金流动 ·· 148

7.1 现金流量表的概述 ·· 149
7.1.1 现金流量表的概念 ··· 149
7.1.2 现金流量表的结构 ··· 150
7.1.3 现金流量表的作用 ··· 152

7.2 现金流量表的主要项目 ··· 154
7.2.1 经营活动产生的现金流量 ··· 154
7.2.2 投资活动产生的现金流量 ··· 155
7.2.3 筹资活动产生的现金流量 ··· 155
7.2.4 汇率变动对现金及现金等价物的影响 ································· 156
7.2.5 现金及现金等价物净增加额 ·· 156
7.2.6 期末现金及现金等价物余额 ·· 156
7.2.7 现金流量表补充资料 ··· 156

7.3 现金流量表编制 ··· 159
7.3.1 直接法和间接法 ·· 159

	7.3.2 工作底稿法、T 型账户法和分析填列法	159
	7.3.3 现金流量表项目之间的勾稽关系	160
7.4	现金流量表编制实例说明	161
	7.4.1 资料	161
	7.4.2 现金流量表主表中有关项目的计算方法	161
本章小结		164
关键词汇		164
思考题		164
练习题		164
思政案例讨论		165

第 8 章 所有者权益变动表及报表附注——结构性变动 … 166

8.1	所有者权益变动表概述	167
	8.1.1 所有者权益变动表的概念	167
	8.1.2 所有者权益变动表的结构	167
8.2	所有者权益变动表的填列方法	167
	8.2.1 "上年金额"栏的填列方法	167
	8.2.2 "本年金额"栏的填列方法	167
	8.2.3 各项目的列报说明	167
8.3	财务报表附注	172
	8.3.1 财务报表附注披露的内容	172
	8.3.2 财务报表附注的作用	174
本章小结		175
关键词汇		175
思考题		175
思政案例讨论		176

第 9 章 财务报表分析 … 177

9.1	财务报表分析的目的与方法	178
	9.1.1 财务报表分析的目的	178
	9.1.2 财务报表分析的方法	179
	9.1.3 财务报表分析的基础	181
9.2	偿债能力分析	183
	9.2.1 短期偿债能力分析	183
	9.2.2 长期偿债能力分析	185
9.3	管理效率分析	187
	9.3.1 应收账款周转率	187
	9.3.2 存货周转率	188
	9.3.3 流动资产周转率	189
	9.3.4 总资产周转率	189

9.4 盈利能力分析 190
　　9.4.1 资产报酬率 190
　　9.4.2 净资产收益率 191
　　9.4.3 销售毛利率 192
　　9.4.4 销售净利率 192
9.5 综合分析 193
9.6 财务报表分析的局限性 195
本章小结 195
关键词汇 196
思考题 196
练习题 196
思政案例讨论 200

参考文献 202

第1章
总论——什么是会计

本章作为全书的开篇，首先简要介绍了会计与管理的相关概念及关系，什么是会计信息、谁使用会计信息、如何传输会计信息、会计为什么能够提供反映企业财务活动的信息以及会计信息的种类等基本问题。其次，介绍了进行会计核算所依据的四项基本前提。再次，对会计确认基础及其计量属性进行介绍。最后，介绍了会计信息质量的基本要求，从而为后续内容的学习奠定了基础。

通过本章内容的学习，同学们应：

1. 掌握会计核算的基本前提、信息质量要求、会计确认基础及计量属性；
2. 理解会计的目标、职能分工；
3. 了解会计与管理的关系，会计信息使用者。

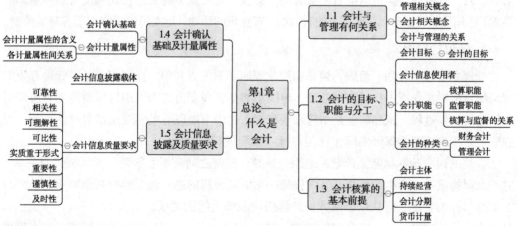

张仓是秦汉时期著名的会计专家。秦时张仓任柱下史，主管郡国上计，明习天下图书计籍，是一个善于抓会计核算的老手。西汉时归顺刘邦，萧何因他在秦国做过上计事务，能算计，对管理地方图书计籍有经验，就推举他以列侯身份居相府主持郡国上计事宜。张仓的具体办法如下。

（1）各封王侯国和各郡，都专设上计史，主管地方财政会计，掌握包括户口、垦田、物价、农业丰歉等基本情况和数字资料，每年底由各县核实情况后，上报郡国。

（2）每年年末专派上计史携带计籍到京师参加正月朝贺，向皇帝汇报工作，并据此考核官吏的治绩，成绩优良者奖励，差次者予以督责，违法乱纪者治罪。

这些办法，使上计制度在秦汉时期得到发展和完善，加强了会计核算和监督，使汉初的经济逐步得以恢复和发展。

试思考：会计有何作用？如何为信息使用者提供决策有用信息？

1.1 会计与管理有何关系

1.1.1 管理相关概念

1. 管理的定义

管理是管理者在特定的环境下，通过计划、组织、领导和控制等环节来协调组织所拥有的资源，以期更好地达到组织目标的一种活动。

应从以下几方面理解管理的定义：第一，管理是以管理者为主体进行的活动。所谓管理者，是指在管理中指挥和领导他人活动的人，即管理主体。管理主体可以以个人或者集体的形式存在。第二，管理活动是在特定环境下进行的。按照管理活动所处的环境来源，管理环境分为内部环境和外部环境。内部环境主要是管理活动所在的与外部无关的环境。外部环境主要是管理活动所处的自然环境和社会环境，其中，社会环境主要包含社会文化、制度、法律和政策。第三，管理采用的基本措施是计划、组织、领导和控制这四项基本活动。第四，管理是为实现组织目标服务的。第五，管理需要有效地协调和配置组织资源。第六，管理是一种活动。管理是人的有目的、有意识的活动，是人的主观作用于客观的活动。

2. 管理的职能

管理主要包括计划、组织、领导和控制等四大职能。其中，计划职能是指管理者为实现组织目标对工作所进行的筹划活动。组织职能是管理者为实现组织目标而建立与协调组织结构的工作过程。领导职能是指管理者指挥、激励下级以有效实现组织目标的行为。控制职能是指管理者为保证实际工作与目标一致而进行的活动。

管理的四项基本职能，计划、组织、领导、控制之间是相互联系、相互制约的关系。它们共同构成一个有机的整体，其中任何一项职能出现问题，都会影响其他职能的发挥乃至组织目标的实现。应从以下两方面理解四项职能之间的关系。

第一，从理论上讲，这些职能是按一定顺序发生的。计划职能是首要职能，因为管理活动首先从计划开始，而且计划职能渗透在其他各种职能之中，或者说，其他职能都是为执行计划职能即实现组织目标服务的；为了实现组织目标和保证计划方案的实施，必须建立合理的组织机构、权力体系和信息沟通渠道，因此产生了组织职能；在组织保证的基础上，管理者必须选择适当的领导方式，有效地指挥、调动和协调各方面的力量，解决组织内外的冲突，最大限度地提升组织效率，于是产生了领导职能；为了确保组织目标的实现，管理者还必须根据预先制定的计划和标准对组织成员的各项工作进行监控，并纠正偏差，即实施控制职能。可见，管理过程是先有计划职能，之后才依次产生了组织职能、领导职能和控制职能，体现出管理过程的连续性。

第二，从管理实践上讲，管理过程又是一个各种职能活动周而复始地循环进行的动态过程。例如，在执行控制职能的过程中，往往为了纠正偏差而需要重新编制计划或对原有计划进行修改完善，从而启动新一轮管理活动。

1.1.2 会计相关概念

1. 会计的定义

会计本质上是一种商业语言，是以货币为主要计量单位，以经济业务发生的相关凭证为主要依据，借助于专门的技术方法，对某一单位的资金运动进行全面、综合、连续、系统的核算与监督，向有关方面提供会计信息、参与经营管理、旨在提高经济效益的一种经济管理活动。

会计是随着人类社会生产的发展和经济管理的需要而产生、发展并不断完善起来的。人类文明不断进步，社会经济活动不断革新，生产力不断提高，会计核算的内容、方法也取得较大发展，逐步由简单的计量与记录行为发展成为主要以货币单位综合反映和监督经济活动过程的一种经济管理工作，并在参与单位经营管理决策、提高资源配置效率、促进经济健康发展方面发挥积极作用。

2. 会计的作用

会计是现代企业的一项重要的基础性工作，通过一系列会计程序，提供决策有用的信息，并积极参与经营管理决策，提高企业经济效益，服务于市场经济的健康有序发展。具体而言，会计的作用主要包括以下三个方面。

第一，提供决策有用的信息，提高企业透明度，规范企业行为。

企业财务会计通过其反映职能，提供有关企业财务状况、经营成果和现金流量方面的信息，是包括投资者和债权人在内的各方面进行决策的依据。信息使用者需要会计提供有助于他们进行决策的信息，通过提高会计信息透明度规范企业会计行为。

第二，加强经济管理，提高经济效益，促进企业可持续发展。

企业经营管理水平的高低直接影响着企业的经济效益、经营成果、竞争能力和发展前景，在一定程度上决定着企业的前途和命运。为了满足企业内部经营管理对会计信息的需要，现代会计已经渗透到了企业内部经营管理的各个方面。会计通过真实地反映企业的财务信息，参与经营决策，为处理企业与各方面的关系、考核企业管理人员的经营业绩、落实企业内部管理责任奠定基础，为加强企业经营管理、提高经济效益发挥积极作用。

第三，考核企业管理层经济责任的履行情况。

企业接受了包括国家在内的所有投资者和债权人的投资，就有责任按照其预定的发展目标和要求，合理利用资源，加强经营管理，提高经济效益，接受考核和评价。会计信息有助于评价企业的业绩，有助于考核企业管理层经济责任的履行情况。

1.1.3 会计与管理的关系

会计作为管理的一种特殊活动，是以货币为主要计量单位，反映和监督一个单位经济活动的一种经济管理工作。相对而言，会计的范畴相对更小，会计是为企业管理服务的一种特殊活动。

两者相同点：第一，目标相同。无论是会计活动还是管理活动，两者都是为了服务企业经营活动，实现财富价值创造。第二，实施主体相同。会计活动和管理活动都是作为主体的企业所实施的管理活动。

两者不同点：第一，实施路径不同。会计活动依赖于以货币计量的财务信息；管理活动并不局限于财务信息，还包含非财务信息。第二，活动范畴不同。会计活动范围相对较小，主要集中于经营活动可以量化的信息。管理活动内容更大，所有依赖于人的决策和活动都属于管理活动。

1.2 会计的目标、职能与分工

1.2.1 会计目标

会计是一种商业语言，其目标是向信息使用者提供决策有用的信息。然而，随着所有权与经营权的分离，作为所有权人的股东不参与公司实质经营，需要评价考核经理人的努力情况，所以会计信息需要反映管理层受托责任的履行情况，这样也是保证提供的会计信息有助于信息使用者作出决策。因而，会计信息的目标：向财务会计报告使用者提供对其决策有用的会计信息（决策有用观），反映企业管理层受托责任的履行情况（受托责任观）。

 相关链接

对我国会计目标定位的思考

一般地讲，会计目标是在一定的会计环境中，人们期望通过会计活动达到的境地或结果。从本质上看，会计目标是人们在对会计本质认识的基础上，以主观要求的形式提出来的、客观存在的范畴，其描述的核心问题是"会计应该为谁提供什么样的信息"，具有主观之于客观的特征。根据系统论的观点，会计应该有自己的目标，并与外部环境具有互动的关系，会计目标取决于相关的会计环境，尤其是相关会计环境中会计信息使用者的特征。可以说，有什么样的会计环境，就有什么样的会计信息使用者，从而就应该有什么样的会计目标，研究会计目标应该从会计环境入手。

根据我国会计信息使用者及其对会计信息的需求，我们认为，目前我国的会计目标总体应该定位在为管理型投资人提供真实可靠的经管责任会计信息，但由于我国证券市场上还有一部分职业投资者，而且随着上市公司投资者结构的不断变化，这部分比例会逐渐加大，因此，我们必须考虑未来潜在的职业投资人对决策有用会计信息的需求。对于会计目标，我们认为，可以通过三个层次表述：①会计应该提供有助于各类会计信息需求者进行各种决策时所需要的会计信息，包括管理型投资人、职业投资人、企业经营者、贷款人、政府、公众等。②根据我国的会计环境，目前企业应主要为管理型投资人提供真实可靠的财务会计信息。从相当长的一个历史时期来看，为管理型投资人提供真实可靠的会计信息基本上可以满足我国各类信息使用者对会计信息的需求。③随着会计环境的变化，在制度允许的范围内，企业可以适当提供对职业投资者投资决策有用的会计信息。

资料来源：《会计目标》课题组. 对我国会计目标定位的思考[J]. 会计研究，2005（8）.

1.2.2　会计信息使用者

会计目标是向信息使用者提供决策有用的会计信息，信息使用者主要有股东、投资者、债权人、政府部门、企业管理层、供应商以及客户等利益相关者。

1. 股东

股东是企业资本的重要提供者，也是公司重大事项的决策者。由于所有权与经营权的分离，作为出资者的股东需要了解在经理人管理下的企业财务状况和经营业绩，以利用会计信息对经理人受托责任的履行情况进行评价，进而作出经营决策和对经理人的奖惩。

2. 投资者

无论是个体投资者还是机构投资者[基金、保险、资管机构、PE/VC（私募股权/风险投资）]在进行投资决策时需要分析标的企业所处行业的市场前景、发展潜力和面临的风险，以作出维持现有投资、追加投资还是转让投资的决策。

3. 债权人

债权人是企业信贷资金的提供者，信贷资金是企业资金的最重要来源之一。债权人提供信贷资金的目的是按照约定条件收回本金与获取利息收入。因此，为了掌握企业能否按时还本付息，债权人要了解企业负债的构成、资产的结构与流动性，评价企业的盈利能力以及产生现金流量的能力等会计信息，以便作出向企业提供贷款、维持原贷款数额、追加贷款或是改变信用条件的决策。

4. 政府部门

企业是宏观经济的微观实现主体，是宏观经济的先行指标。国家在宏观经济决策，如重大产业政策、货币政策和财政政策的制定时需要依赖于企业相关会计信息。政府相关部门也是会计信息的重要使用者，如作为国有企业的主管部门，国资委在制定国有资本政策和国企高管任期考核时需要关注会计信息。税务部门为合理确定所得税征收中的应纳税所得额、流转税征收中的流转额，特别关注与企业利润和收入有关的会计信息。证券监督管理机构为加强对上市公司会计信息质量监管，会关注公司披露的会计信息是否真实、充分，是否会误导投资者。

5. 企业管理层

管理层作为受托责任人，为完成股东的受托责任和股东财富最大化目标，需要加强企业管理。同时，需要根据企业经营情况调整相关决策，而会计信息是管理层进行决策的重要依据。

6. 供应商与客户

上下游的供应商和客户是企业的重要战略合作伙伴，也是企业会计信息的重要使用者。尤其在现代业务交易中，赊销、赊购现象较为普遍。供应商在决定是否对企业采取赊销时会考虑企业的付款能力，出于自身利益也会关注企业的会计信息。企业对客户销售商品亦关心未来的回款能力，客户对提前预付款的采购关心未来企业提供产品的能力和质量，也会关心企业的会计信息。

7. 其他信息使用者

除此之外，还有其他利益相关者属于会计信息的使用者。如公司员工，对涉及员工的工资、福利、保险等事宜需要了解企业会计信息后作出决策。证券分析师出具研究报告需要依据企业会计信息作出盈余预测和评级报告。审计师需要对企业会计信息审计后出具审计报告。

1.2.3 会计职能

会计目标是向利益相关者提供决策有用的会计信息。那么如何提供会计信息呢？事实上，会计是通过发挥其职能来完成这项工作的。所谓会计的职能，是指会计具有的功能，是说明客观上会计能干什么。会计具有会计核算与会计监督两大职能。

1. 核算职能

核算职能又称反映职能，是以货币为主要计量单位，对企业或单位生产经营活动或预算执行过程进行计算和记录，为各类信息使用者提供会计信息。它是会计的首要职能，具有以下特点。

第一，从数量方面核算，提供以会计信息为主的经济信息。会计以货币计量为主要尺度，始终从数量方面、而非质的方面核算企业的经济活动过程和结果，反映经济活动的价值形态，最终提供以会计信息为主的经济信息。例如：会计记录企业产品成本、售价与数量等情况的变化，这些数据反映了特定企业经济活动的有关情况，按照规定方法处理后，就成为反映企业经济活动的会计信息，可供信息使用者加以使用。但会计并不记录企业的科技含量与顾客口碑等非数量方面的情况。

第二，核算已经发生的事实，以凭证为依据，并严格遵守会计规范。会计主要核算已经发生或已经完成的经济业务，反映事实，说明真相。为此，在每项经济业务发生或完成后，会计都要按规定取得、填制书面凭证，并进行审核；审核无误后，以会计凭证为依据进行会计核算。会计核算要严格遵守包括《中华人民共和国会计法》（以下简称《会法》)、《企业财务会计报告条例》以及《企业会计准则》等在内的一系列会计规范,以保证所提供会计信息的质量。会计核算过程中,账证、账账、账实相互牵制,使会计信息具有可验证性。正是会计的这一特点,使审计成为可能,也使会计信息的可靠性得到社会的公认。

第三,会计核算具有完整性、连续性、系统性与综合性。完整性是指空间上会计要全面核算企业的经济业务,不能有任何遗漏;连续性是指按时间顺序进行不间断的记录;系统性是指应按规定要求,将大量分散的数据进行科学分类、汇总,使之成为易于理解、能说明全面情况的信息;综合性是指运用货币计量,提供各种价值指标,最终综合反映企业经济活动的过程和结果。

会计的核算职能是通过一系列会计信息生成的专门方法(即会计核算方法)来实现的。从会计核算的内容上看,凡是能够用货币表现的经济活动都属于会计核算的内容。

2. 监督职能

监督职能是指会计在核算过程中对本单位经济活动的合法性和合理性进行的检查与监管。会计监督伴随会计核算同时进行,会计核算经济活动的过程,就是监督企业经济活动是否符合国家的方针、政策,是否符合企业的经营目标的过程。会计监督具有如下特点。

第一,属于经常性监督,是经济监督的主体形式。经济监督包括会计监督、审计监督、银行监督、财政监督、税务监督等。其中,会计监督是会计人员对本单位经济活动进行的监督,它伴随会计核算进行、贯穿整个经济活动过程,因而能对每一项经济活动进行完整而连续的监督。而其他经济监督则属于外部监督,只能定期进行,或针对某一类事项进行。因此,会计监督是整个经济监督的基础或主体形式。

第二,定量监督与定性监督结合进行。原则上,凡是会计核算的内容和领域,都是会计监督的对象。但会计核算只从数量方面反映经济活动,而会计监督需要对经济活动进行定量与定性的监督。因此,会计监督的内容更加广泛。具体包括:①监督会计资料的真实性;②监督经济业务的合法性;③监督经济活动的合理性;④监督企业财产的安全性。

第三,以法律、法规和准则为主要依据。国家用来规范企业和市场行为的各种法律、法规和条例等,均具有强制性、严肃性和权威性,是会计监督最主要的依据。会计机构、会计人员对本单位的经济活动实施会计监督时,发现不符合上述规定的,有权拒绝办理或按照职权予以纠正。此外,企业经济活动过程的事实与会计学的基本理论、方法和原则等也是进行会计监督的依据。

3. 核算与监督的关系

核算与监督是会计的两个基本职能,两者相互独立又相互依存。其中,核算职能是指反映经济活动,提供会计信息;监督职能是对经济活动进行检查与校正,保证其合理合法,保证会计信息符合规定的要求。可以说,会计核算为会计监督提供依据,会计监督是会计核算正常进行的保证。没有会计核算,会计监督无的放矢;没有会计监督,会计核算将无法正常进行,会计信息质量无法保证,以至失去原有的效用,造成企业生产经营秩序甚至社会经济秩序的混乱。因此,会计核算和会计监督两大职能相辅相成,共同为会计目标服务。

1.2.4 会计的种类

会计可以提供不同种类的信息，会计也因此可分为不同的种类。首先，根据会计信息服务对象的不同，会计分成了财务会计与管理会计，它们是现代会计的两个分支。

1. 财务会计

财务会计主要核算企业或单位的财务活动，即资金的筹集与使用、收入的取得、费用或支出的发生以及损益的结算等，通过记账、算账生成财务信息，并据此编制财务会计报告。财务会计又分成了企业会计与预算会计。

（1）企业会计（营利组织会计）。企业属于营利性的经济组织，企业会计也因此称为营利组织会计。无论企业所从事的生产经营活动有何不同，一般都必须从筹集资金开始，然后运用这些资金购置从事生产经营活动所必需的物资，如厂房、机器设备、原材料或商品等，（或经过加工后）再通过销售这些商品或提供服务收回货币资金、实现盈利并进行分配。企业会计提供的就是反映这个生产经营过程的会计信息。

（2）预算会计（非营利组织会计）。非营利组织包括学校、医院等以及各级政府机关。在我国，学校、医院等又称为事业单位，政府机关也即政府行政机关，所以非营利组织会计习惯上称为行政、事业单位会计。非营利组织一般通过预算控制各种收支，其会计主要以核算、监督这些单位的预算执行过程（按预算取得资金和按预算支付各项费用）和结果为目的，因此又称预算会计。非营利组织会计提供的是反映行政、事业单位各类收入、支出和结余的会计信息。

2. 管理会计

作为会计的一个分支，管理会计形成于 20 世纪四五十年代。当时，行为科学管理与数量管理理论在生产上得到广泛应用，于是需要一种能够为上述行为科学管理和数量管理服务的会计体系与之相配套。于是，专门以强化企业内部管理、提高经济效益为目的的现代管理会计体系正式形成了，它与财务会计一起成为现代会计的两个分支。

管理会计以成本、收益、组织与行为为研究对象，以决策、计划、控制和评价为运行主线，以企业价值最大化为终极目标。其主要内容包括经营决策与经营风险分析、资本预算与全面预算、成本计算与控制、责任会计与业绩评价等，并生成多种多样的管理会计报告。

会计报告与会计信息的分类如图 1-1 所示。

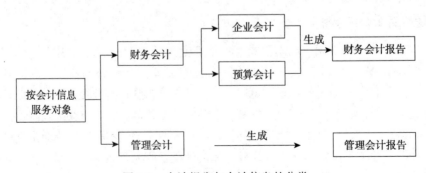

图 1-1　会计报告与会计信息的分类

除特别谈到非营利组织会计（预算会计），本书的会计均指营利组织会计。另外，本书主要介绍企业会计（以下均简称会计）的内容，有关预算会计和管理会计的内容在其他相关课程与教材中介绍。

1.3 会计核算的基本前提

如同进行任何科学研究需要作出基本假设一样，会计核算也需要一些合理设定。会计核算的基本前提就是对会计核算所处的时间、空间环境所作出的合理设定。由于会计面对的是变化不定、错综复杂的社会经济环境，因此，要正确进行会计核算就必须先对会计核算环境作出合理判断，即明确会计核算的基本前提。会计核算对象的确定、会计政策与会计方法的选择、会计数据的收集都要以这一系列的基本前提为依据。会计核算的基本前提包括会计主体、持续经营、会计分期和货币计量。

1.3.1 会计主体

会计的目标是向会计信息使用者提供会计信息，而会计信息是以财务会计报告为载体传输给各信息使用者的。会计人员在对外报送财务报表时，必须写明"编制单位"，以说明该财务报表所披露的信息反映的是属于某一特定单位的财务状况、经营成果、现金流量及所有者权益变动情况，而财务报表是一系列会计核算工作的最终成果。所以，会计人员在进行会计核算时，必须将影响该单位财务状况、经营成果、现金流量及所有者权益变动情况的所有经济事项全部纳入其会计核算范围，而所有不影响该单位财务状况、经营成果、现金流量及所有者权益变动情况的经济事项必须全部从其会计核算范围中排除。因此，确定会计主体就成了会计核算的基本前提。然而，由于社会经济关系的错综复杂，某一特定单位的经济活动总是与其他单位或个人的经济活动相联系。这就要求会计人员在进行会计核算时，站在特定主体的立场上，首先明确为谁核算，核算谁的经济业务，哪些经济业务应该纳入自己的核算范围，对其进行确认、计量、记录和报告。

从理论上讲，会计主体是指会计工作所服务的特定单位或组织，是会计确认、计量、报告的空间范围。实际工作中，会计主体一般是指独立核算的商品生产、经营企业及其他经济组织。不论独资、合伙企业，有限责任公司或股份有限公司，还是行政、事业单位，都是一个会计主体。会计主体规定了会计核算的空间范围和会计报告应予揭示的对象。

会计主体的形成经历了一个漫长的历史过程。最初，在业主独资经营、企业经营规模很小的情况下，企业的生产经营活动与业主个人的财产收支合二为一，会计直接服务于业主。会计核算的内容既包括企业的生产经营活动，也包括业主个人的财产变动，因而不存在会计主体的概念。合伙企业的出现，客观上要求会计必须将企业作为独立于合伙人之外的经营实体来反映它的财产、权益和经营成果。否则，企业经营活动中发生的收入、耗费与其合伙人的收支混在一起，势必难以在账簿上公平合理地处理各位合伙人的权益。随着公司制企业的发展，尤其是股份公司的出现，所有权与经营权分离，为了正确反映和考核企业的财务状况和经营成果等，要求会计核算必须从以经营者为代表的角度进行，必须将股东个人的财产变动与企业经营活动中的财产收支区别开来。因此可以说，股份制企业的发展对会计主体的形成起到了催化剂的作用。会计主体的确认，使会计核算的范围限定在特定企业，一方面反映了经营者正确计算和严格考核企业盈亏等的要求；另一方面，从记录财产和收支的角度看，所有者的财产一旦投入企业，就应按企业的经营要求加以运用，并在账簿上独立记录，严格排除那些与企业生产经营无关而属于所有者个人的财产收支和其他经济往来事项。只有这样，才能使企业的财务状况和经营成果等得到准确、完整的反映，企业的投资者、债权人才可能从企业的会计记录和财务报表中得到有用的会计信息。

确定会计主体应特别注意以下两个问题：一是划清会计主体与企业法人的界限。一般而言，企业法人必然是会计主体，但会计主体不一定是企业法人。例如：独资企业和合伙企业不是独立法人，但却是会计主体。母公司及其控制的子公司均为独立的企业法人，它们共同组成的企业集团虽然并不是企业法人，但却是会计主体。为了反映并考核企业集团整体的财务状况、经营成果、现金流量及所有者权益变动情况，企业集团作为一个会计主体，要编制合并财务报表。二是划清会计主体与内部核算单位的界限。目前，我国企业为了加强核算，提高管理水平，推行了各种形式的内部经济核算，如工厂内以车间或班组为单位进行内部核算等。这些车间或班组仅仅是企业内部的核算单位，它们之间只能相对划分各自的经济业务，无法进行真正的独立核算和自负盈亏，因而不是真正的会计主体。

1.3.2 持续经营

持续经营是指在可以预见的将来，企业会按当前的规模和状态继续经营下去，不会停业，也不会大规模削减业务。在持续经营前提下，会计核算应当以企业持续、正常的生产经营活动为前提。

在市场经济条件下，任何一个企业，从其存续时间来看都存在着两种可能：一种是在可以预见的将来，企业会按当前的规模和状态继续经营下去，不会停业，也不会大规模削减业务；另一种是在近期可能面临破产清算或大规模削减业务。两种不同的情况，决定会计核算将采用完全不同的方法。如果企业将持续经营下去，会计核算就应采用常规的方法，如资产采用实际成本核算，并按照既定用途使用，机器、设备可以按照使用年限等分摊成本，并转为各期的费用；企业按照既定的合约条件清偿债务，如银行借款、应付账款等债务，可以依据原来规定的期限偿还。相反，如果企业不能持续经营下去，会计上就应改用清算的方法，对现有资产按照变现价值核算，不再计提折旧；负债必须立即清偿，清偿的金额视企业资产变现后的实际清偿能力而定；等等。由此可见，会计人员只有先对企业存续的上述两种可能做出判断和选择，才能正确组织会计核算。

在市场经济条件下，任何企业都面临着破产风险。但究竟何时破产、清算，谁也无法预料。同时，企业经营的目的是获取利益，企业的本质决定了它要持续经营下去，并在持续经营中不断发展壮大，这也是社会经济发展的客观要求。另外，从企业经营的实际情况看，大多数企业确实能持续经营下去，破产清算的毕竟是少数，持续性已成为现代企业经营的一项重要特征。因此，会计核算应选择企业持续经营为其基本前提。

持续经营的确定，要求企业会计核算应当采用常规的方法进行。例如，企业的资产将以历史成本计价，而不采用现行市价；确认收入与费用采用权责发生制，而不是采用收付实现制；企业利润的确定应以资本保全为前提，在资本未得到保全之前，不能确认利润；等等。由此可见，持续经营的基本前提，可使企业在会计信息的收集和处理上按照相关原则进行，并使采用的会计核算程序与方法保持一致，做到对经济业务客观地确认、计量、记录和报告，从而提供高质量的会计信息。

持续经营并非意味着企业将永远存在下去，仅是表示企业可以存续到足以执行现有的计划（如将机器、设备按照原定用途用到其耐用的年限）及履行契约责任。如果有足够的证据预示企业不能继续存在下去或企业不打算继续存在下去，会计上就应放弃持续经营的基本前提，改用清算会计核算方法。

1.3.3 会计分期

会计分期是指将一个企业持续不断的生产经营活动划分为一个个连续的、长短相同的期间。每一个连续且长短相同的期间称为会计期间。会计分期基本前提是对持续经营基本前提的一个必要的补充。

面对持续经营基本前提的确定，以及企业持续不断进行的生产经营活动，会计人员如何核算企业从开始至终结的全部生产经营活动，并及时向财务报表使用者提供会计信息呢？在企业规模小、经济业务简单的情况下，这个问题并不难解决。但是，企业经营规模扩大后，在商品购、销业务等生产经营活动不断交叉进行的情况下，多长时间核算一次盈亏、间隔多长时间向财务报表使用者提供一次会计信息的问题便产生了。于是，人们将企业持续不断的生产经营活动人为划分成各个相等的期间，以便分期进行会计核算，编制财务会计报告，提供会计信息。

最常见的会计期间是一年，以一年确定的会计期间称为会计年度。会计年度可采用日历中的公历年度，即以每年1月1日起至同年12月31日为一个会计年度；也可以以某一日开始的365天的期间（如每年的4月1日至第二年的3月31日）作为一个会计年度。《会计法》中规定企业以公历年度作为会计年度。这样规定，一是与国家财政年度相一致，便于国家的财政管理；二是沿用多年的习惯，便于大家接受。此外，我国的会计期间还包括会计中期，中期是指短于一个完整的会计年度的报告期间，具体来说有半年度、季度与月度，其具体的起讫日期均按公历日期确认。

会计分期的确定，可使企业在持续正常经营的情况下，分清各个会计期间的经营成果，并连续提供各期的经营成果、期初与期末的财务状况及其变动情况等一系列会计信息；会计分期也是一贯性原则的基础，因为只有各个会计期间使用的会计处理方法一致，比较各期的财务状况和经营成果等才有意义，否则，比较也就失去了意义；会计分期还使得企业应该将其所发生的一切收入和费用按它们所属的会计期间予以确认。

1.3.4 货币计量

货币计量是指会计核算以货币作为主要的计量单位，主要提供反映企业财务状况、经营成果、现金流量及所有者权益变动情况的价值形态的信息。

在会计核算过程中之所以选择货币作为主要计量单位,是由货币本身的属性所决定的。在商品经济条件下,货币是商品的一般等价物,是衡量商品价值的共同尺度。会计核算以货币作为主要计量单位,使得各种企业不同的生产经营活动统一表现为价值运动,为进行汇总与比较提供了可能。同时,以货币作为主要计量单位,综合反映企业的财务状况和经营成果与现金流量、所有者权益变动情况,提供反映企业经济活动的价值指标,也是会计核算区别于统计、业务等其他经济核算形式的主要特点。

在货币计量前提下,企业的会计核算以人民币为记账本位币。业务收支以人民币以外的货币为主的企业,可以选定其中一种货币作为记账本位币,但是,编报的财务会计报告应当折算为人民币。在境外设立的中国企业向国内报送的财务会计报告,应当折算为人民币。

货币计量的基本前提包含着这样一个假设:货币的单位价值是稳定的,即一定会计期间内币值稳定。因为只有这样,不同时点的资产价值才具有可比性,不同时期的收入和费用才能进行比较,进而确定企业的经营成果,提供的会计信息才对信息使用者的决策有用。

会计核算以货币作为主要计量单位,并不排斥重量、容积、长度、工时等其他计量单位。这些计量单位虽然只能够从一个侧面反映企业的生产经营活动,无法在量上进行汇总与比较,但是,却能够具体反映各项财产物资的增减变动和生产过程中的劳动耗费,对会计核算和经济管理均是必要的,因而它们可以作为会计核算的辅助计量手段。

会计核算以货币作为主要计量单位也有不利之处。因为影响企业财务状况、经营成果、现金流量及所有者权益变动情况的因素并非都能够用货币计量。例如,企业的经营战略、企业的地理位置、企业的技术开发能力、产品在消费者中的信誉度,等等。为了弥补货币计量的局限性,非货币性的描述及补充说明,就成为财务报表不可或缺的必要补充。

上述会计主体、持续经营、会计分期及货币计量,被称为会计核算的基本前提或会计假设。在实际工作中,这些基本前提不需会计人员证明就理所当然地被接受并运用,故又称为会计惯例。它们是在特定社会经济环境中,决定会计运行和发展的基本前提与制约条件。因此,会计核算只有首先明确有关的前提条件,会计人员才能据以选择合理的会计处理方法,会计核算才能正常进行,才能为各信息使用者提供对其决策有用的会计信息。

相关链接

《企业会计准则——基本准则》之"第一章 总则"

第一条 为了规范企业会计确认、计量和报告行为,保证会计信息质量,根据《中华人民共和国会计法》和其他有关法律、行政法规,制定本准则。

第二条 本准则适用于在中华人民共和国境内设立的企业(包括公司,下同)。

第三条 企业会计准则包括基本准则和具体准则,具体准则的制定应当遵循本准则。

第四条 企业应当编制财务会计报告(又称财务报告,下同)。财务会计报告的目标是向财务会计报告使用者提供与企业财务状况、经营成果和现金流量等有关的会计信

> 息，反映企业管理层受托责任履行情况，有助于财务会计报告使用者作出经济决策。
> 　　财务会计报告使用者包括投资者、债权人、政府及其有关部门和社会公众等。
> 　　第五条　企业应当对其本身发生的交易或者事项进行会计确认、计量和报告。
> 　　第六条　企业会计确认、计量和报告应当以持续经营为前提。
> 　　第七条　企业应当划分会计期间，分期结算账目和编制财务会计报告。
> 　　会计期间分为年度和中期。中期是指短于一个完整的会计年度的报告期间。
> 　　第八条　企业会计应当以货币计量。
> 　　第九条　企业应当以权责发生制为基础进行会计确认、计量和报告。
> 　　第十条　企业应当按照交易或者事项的经济特征确定会计要素。会计要素包括资产、负债、所有者权益、收入、费用和利润。
> 　　第十一条　企业应当采用借贷记账法记账。
> 　　资料来源：财政部. 企业会计准则 2014.

1.4　会计确认基础及计量属性

1.4.1　会计确认基础

　　会计核算是以企业持续、正常不断的生产经营活动为前提条件的。在这一前提下，企业为了反映某一特定日期的财务状况和一定时期的经营成果，就需要将持续的生产经营过程人为地划分为一定的期间。会计期间确定后，为了合理地计算和反映企业一定期间的经营成果，就需要将该期间发生的费用和收入在相关的基础上进行比较，这种将相关的费用和收入相互配合与相互比较的计算程序称为"配比"，而保证每一会计期间收入和费用正确配比的前提，则是收入和费用在各个会计期间的正确划分，这种划分的标准一般有权责发生制和收付实现制两种。

　　《企业会计准则——基本准则》第9条规定，企业应当以权责发生制为基础进行会计确认、计量和报告。权责发生制是企业确认本期收入、费用的原则，是收入、费用两个会计要素的计量基础。该原则的建立以企业的持续经营和会计分期为前提。我们知道：持续经营的企业，为了分期提供会计信息，会计上需要分期核算。由于会计期间的划分，产生了本期与非本期的区别。就收入而言，本期销售产品，款项可能在本期收到，也可能已在前期收妥（预收账款）或在以后某期才能收回（即应收账款或应收票据）。就费用而言，根据受益原则确定的、应由本期负担的费用，款项可能在本期支付，也可能在前期支付（如待摊费用、固定资产折旧费等）或在以后某期才能支付（如各项应付费用）。这就产生了收入、费用的归属期与款项的实际收（付）期的不尽一致。会计上究竟以什么标准确认企业本期实现的收入、本期发生的费用？按照国际会计惯例，应采用权责发生制原则。

　　权责发生制按照归属期确认本期的收入或费用，而不管实际收（付）款在哪个会计期间。具体说，凡本期已经实现的收入，不管款项是否在本期收到，均作为本期的收入处理；相反，凡不属于本期的收入，即使款项在本期收到，也不作为本期的收入处理。对费用而言，凡属于本期的费用，不管款项是否已经支付，均作为本期的费用处理；相反，凡不属于本期的费用，即使款项在本期支付，也不能作为本期的费用处理。

除权责发生制外，会计上还有一种确认本期收入、费用的标准，即收付实现制。收付实现制是按照款项的实际收（付）期确认收入或费用。具体说，凡本期实际收到的货款，不管收入是否归属本期，均作为本期的收入处理；相反，凡不在本期收到的货款，即使收入归属本期，也不作为本期的收入处理。就费用而言，凡在本期支付的费用，不管是否属于本期，一律作为本期的费用处理；相反，凡不在本期支付的费用，即使属于本期，也不能作为本期的费用处理。

权责发生制是与收付实现制相对应的一种记账基础，虽然两者对收入的确认采用了完全不同的标准，但均以时间作为会计确认的基础。权责发生制的核心是根据权责关系的实际发生与影响期间来确认企业的收入和收益，因而能比较真实地反映企业的财务状况与经营成果。采用权责发生制要运用一些如应收、应付、预收、预付等账务处理手段，核算相对复杂。对广大企业来说，由于经济核算要求高，客观上需要准确核算各期盈亏，严格考核企业的经济效益。所以，我国新的《企业会计准则——基本准则》规定，企业应当以权责发生制为基础进行会计确认与计量。

【例 1-1】 A 公司 7 月发生如下经济业务，分别按权责发生制、收付实现制计算的本月收入和费用。

3 日，销售产品 40 000 元，货款当日收妥并存入银行。

6 日，销售产品 100 000 元，货款尚未收到。

10 日，以银行存款支付下半年 6 个月的租金 6 000 元。

15 日，收到上月应收的销货款 70 000 元存入银行。

20 日，收到某购货单位预付的货款 8 000 元存入银行，下月交货。

26 日，以银行存款支付进货运费 1 000 元。

30 日，本月应负担短期借款利息 3 000 元，于季末付款。

在权责发生制与收付实现制下，本月收入和费用计算见表 1-1。

表 1-1 权责发生制与收付实现制的比较

日期	权责发生制		收付实现制	
	收入	费用	收入	费用
3 日	40 000		40 000	
6 日	100 000			
10 日		1 000		6 000
15 日			70 000	
20 日			8 000	
26 日		1 000		1 000
30 日		3 000		
合计	140 000	5 000	118 000	7 000

1.4.2 会计计量属性

1. 会计计量属性的定义

会计计量是在一定的计量尺度下,运用特定的计量单位,选择合理的计量属性,确定应予记录的经济事项金额的会计记录过程。其中,计量属性反映的是会计要素金额确定的基础,主要包括历史成本、重置成本、可变现净值、现值和公允价值。不同的计量属性会使相同的会计要素表现为不同的货币数量,从而使会计信息反映的财务成果和经营状况不同。

1)历史成本

历史成本,又称实际成本,是取得或制造某项财产物资所实际支付的现金或现金等价物。在历史成本计量下,资产按照购置时支付的现金或者现金等价物的金额,或者按照购置资产时所付出的对价的公允价值计量。负债按照因承担现实义务而实际收到的款项或者资产的金额,或者承担现实义务的合同金额,或者按照日常活动中为偿还负债预期需要支付的现金或者现金等价物的金额计量。

2)重置成本

重置成本,又称现行成本,是指按照当前市场条件,重新取得同样一项资产所需支付的现金或现金等价物。在重置成本计量下,资产按照现在购买相同或者相似资产所需支付的现金或者现金等价物的金额计量。负债按照现在偿付该项债务所需支付的现金或者现金等价物的金额计量。

3)可变现净值

可变现净值,是指在正常生产经营过程中,以预计售价减去进一步加工成本和销售相关的税金的净额。在可变现净值下,资产按照其正常对外销售所能收到的现金或者现金等价物的金额扣减该资产至完工时估计将要发生的成本、估计的销售费用以及相关税费后的金额计量。

4)现值

现值是指对未来现金流量以恰当的折现率进行折现后的价值,是考虑货币时间价值因素后的一种计量属性。在现值计量下,资产按照预计从其持续使用和最终处置中所取得的未来净现金流入量的折现金额计量。负债按照预计期限内需要偿还的未来净现金流出量的折现金额计量。

5)公允价值

公允价值是指市场参与者在计量日发生的有序交易中,出售一项资产所能收到或者转移负债所需支付的价格。

2. 各计量属性间关系

在各计量属性中,历史成本通常反映的是资产或者负债过去的价值,重置成本、可变现净值、现值以及公允价值通常反映的是资产或者负债的现时成本或者现时价值,是与历史成本相对应的计量属性。但这种关系并非是绝对的。例如,资产或负债的历史成本有时是根据资产或负债交易时的公允价值确定的。再如,在应有公允价值时,如果资产或负债不存在活跃市场的报价或者不存在同类或类似资产的活跃报价，需要采用估值技术确定相关资产或者负债的公允价值，在采用估值技术时，现值是采用较为普遍的一种估值技术，此时，公允价值是以现值为基础确定的。在理解公允价值时应注意的是，公允价值只是相对于历史成本而言的，具有很强的时间概念，在现有环境下，某些资产或负债的历史成本可能是过去环境下该资产或负债的公允价值，而现有环境下某项资产或负债的公允价值可能是未来环境下该资产或负债的历史成本。

企业在对会计要素进行计量时，一般应当采用历史成本；采用重置成本、可变现净值、现值、公允价值计量的，应当保证所确定的会计要素金额能够取得并可靠计量。

1.5 会计信息披露及质量要求

1.5.1 会计信息披露载体

会计的目的是向信息使用者提供决策有用的信息，承担这一信息载体和功能的会计报告，是会计确认和计量的最终成果。由于会计信息使用者可分为外部使用者与内部使用者两类，按照提供对象的不同，会计报告分为两种：向外部信息使用者传输会计信息的财务会计报告；向内部信息使用者传输会计信息的管理会计报告。本书主要介绍与外部信息使用者相关的企业财务会计内容，与内部信息使用者相关的管理会计内容将在其他课程中介绍。

财务会计报告是企业对外提供的反映企业某一特定日期的财务状况和某一会计期间的经营成果、现金流量等会计信息的文件。财务会计报告包括财务报表、报表附注和其他应当在财务报告中披露的相关信息和资料，各部分内容相互联系，相互补充，指标相互衔接，构成一个完整的指标体系，从而能更充分揭示会计信息的本质。

财务报表是对企业财务状况、经营成果和现金流量的结构性描述。企业对外提供的财务报表的种类与格式由国家统一规定。根据我国发布的《企业会计准则第30号——财务报表列报》的规定，企业提供的财务报表至少应包括资产负债表、利润表、现金流量表和所有者权益（股东权益）变动表四张主表。

资产负债表是反映企业在某一特定日期的财务状况的会计报表。该报表通过如实反映企业的资产、负债和所有者权益金额及其结构情况，有助于信息使用者评价企业资产的质量、短期偿债能力、长期偿债能力等。

利润表是反映企业在一定会计期间的经营成果的会计报表。该报表通过如实反映企业实现的收入、发生的费用、应计入当期利润的利得和损失以及其他综合收益等金额及其结构情况，有助于使用者分析评价企业盈利能力及其构成与质量。

现金流量表是反映企业在一定会计期间的现金和现金等价物流入与流出的会计报表。该报表通过如实反映企业各项活动的现金流入、流出情况，有助于使用者评价企业的现金流和资金周转情况。

所有者权益变动表是反映企业在一定会计期间所有者权益各组成部分增减变动情况的会计报表。该报表通过如实反映所有者权益总量的增减变动、内部各组成部分变动的详细信息情况,有助于使用者理解所有者权益增减变动的具体原因。

财务报表附注是对在资产负债表、利润表、现金流量表和所有者权益变动表等报表中列示项目的文字描述或明细资料,以及对未能在这些报表中列示项目的说明等。附注是为了帮助信息使用者理解财务报表的内容,而对报表有关项目等所做的进一步解释和补充说明,以加深信息使用者对报表有关会计指标的理解。《企业会计准则》对财务报表附注的主要内容,作出了统一规定。

1.5.2 会计信息质量要求

对外财务报表所载信息能否帮助使用者做出正确的经济决策,很大程度上取决于会计信息质量的高低。会计信息质量是指通过会计核算生成的会计信息是否符合会计法律、法规和制度的规范;是否能够满足用户的信息需求;并能够真实反映企业单位的财务状况、经营成果和现金流量,具有可靠性和透明度。能够达到上述要求的,为有质量或高质量;反之,则为低质量。会计信息的质量应以满足用户的要求为出发点,这点与其他产品一样,没有脱离用户要求的质量标准,适合用户要求的产品就是好产品。

会计信息质量特征是使财务报表提供的信息对使用者有用的属性。也即为了使财务报告能够满足使用者的需要,会计信息在质量上应该达到的要求。根据决策有用论,会计的目标是向信息使用者提供符合质量特征的会计信息。这就决定了"财务报表的目标是提供关于企业财务状况、经营业绩和财务状况变动方面的信息,这种信息对于广大使用者制定经济决策是有用的"。可见,财务报表的目的与会计的基本目标一致,会计信息质量通常也就是指财务报告的质量。既然会计信息的质量和财务会计的目标密切相关,目标决定会计信息的质量特征,而具备应有质量特征的信息才能保证目标的实现。只有了解会计信息应具备什么样的质量特征才能满足使用者的要求,会计人员才能在会计的确认、计量、记录和报告的过程中,提高会计信息的质量,从而有效地实现财务会计的目标。

要保证会计信息质量,首先,必须在会计核算中遵守会计规范。其次,必须严格按照会计制度规定的编制基础、编制依据、编制原则和方法,编制会计报表。由于会计报表是在企业日常核算的基础上定期编制的,要保证会计信息质量,除会计报表的编制必须符合规定要求外,企业日常的会计核算也必须按规定要求进行。会计信息质量如何,也必须以会计信息质量原则作为评价标准。

会计信息质量要求主要包括可靠性、相关性、可理解性、可比性、实质重于形式、重要性、谨慎性和及时性。其中,可靠性、相关性、可理解性和可比性是会计信息的首要质量要求,是企业财务报告中所提供会计信息应具备的基本质量特征;实质重于形式、重要性、谨慎性和及时性是会计信息的次级质量要求,是对可靠性、相关性、可理解性和可比性等首要质量要求的补充和完善。在对某些特殊交易或者事项进行处理时,需要根据这些质量要求来把握其会计处理原则,另外,及时性还是会计信息相关性和可靠性的制约因素,企业需要在相关性和可靠性之间寻求一种平衡,以确定信息及时披露的时间。

1. 可靠性

可靠性要求企业应当以实际发生的交易或者事项为依据进行会计确认、计量和报告,如实反映符合确认和计量要求的各项会计要素及其他相关信息，保证会计信息真实可靠、内容完整。

会计信息要有用，必须以可靠性为基础。为贯彻可靠性要求，企业应当做到以下几点。

一是以实际发生的交易或事项为依据进行确认、计量，不得根据虚构的、没有发生的或尚未发生的交易或事项进行确认、计量和报告。

二是在符合重要性和成本效益原则的前提下，保证会计信息的完整性，不能随意遗漏或者减少应予披露的信息，与使用者决策相关的有用信息都应当充分披露。

三是财务报告中的会计信息应当是中立的、无偏的。若企业在财务报告中为达到事先设定的结果或效果，通过选择或列示有关会计信息以影响决策和判断，这样的财务信息就不是中立的。

2. 相关性

相关性要求企业提供的会计信息应当与财务会计报告使用者的经济决策需要相关，有助于财务会计报告使用者对企业过去、现在或者未来的情况作出评估或者预测。

会计信息是否有用，是否具有价值，应当看其是否与使用者的决策有关，是否有助于决策或者提高决策水平。相关的会计信息应当具有反馈价值，能够有助于使用者评价企业过去的决策，证实或者修正过去的有关预测。同时，相关的会计信息还应当具有预测价值，有助于使用者根据提供的会计信息预测企业未来的财务状况、经营成果和现金流量。

会计信息质量的相关性要求以可靠性为基础，但两者并不矛盾，不应将两者对立起来。在会计信息可靠性的前提下，尽可能具备相关性，以满足信息使用者的决策需求。

3. 可理解性

可理解性要求企业提供的会计信息应当清晰明了，便于信息使用者理解和使用。企业提供会计信息的目的在于使用，而让使用者有效地使用会计信息，应当让其了解会计信息的内涵，弄懂会计信息的内容，这就要求企业提供的会计信息应当清晰明了，易于理解。只有这样，才能提高会计信息的有用性，实现会计信息的目标，满足使用者的决策需求。

然而，会计信息是一种专业性较强的信息产品，在强调会计信息可理解性要求的同时，应假定使用者具有一定的有关企业经营活动和会计方面的知识，并愿意付出努力研究这些信息。对于复杂的信息，如交易本身较为复杂或会计处理较为复杂，但其对使用者的经济决策相关，应当在财务报告中充分披露。

4. 可比性

可比性要求企业提供的会计信息应当可比。这主要包括同一企业不同时期可比和不同企业相同会计期间可比两层含义。

（1）同一企业不同时期可比。为了便于投资者等财务报告使用者了解企业财务状况、经营成果和现金流量的变化趋势，比较企业在不同时期的财务报告信息，全面、客观地评价过去、预测未来，从而作出决策，会计信息质量的可比性要求同一企业不同时期发生的相同或者相似的交易或者事项，应当采用一致的会计政策，不得随意变更。例如，发出存货计价有加权平均法、先进先出法等，一经确定，就应在各个会计期间连续采用，不能交叉使用。因为方法不同、计算结果会有差异，最终影响同一指标在各期的可比性。但是，满足会计信息可比性要求，并非表明企业不得变更会计政策，如果按照规定或者在会计政策变更后可以提供更可靠、更相关的会计信息的，可以变更会计政策。有关会计政策变更的情况，应当在附注中予以说明。

（2）不同企业相同会计期间可比。为了便于投资者等财务报告使用者评价不同企业的财务状况、经营成果和现金流量及其变动情况，会计信息质量的可比性要求不同企业同一会计期间发生的相同或者相似的交易或者事项，应当采用规定的会计政策，确保会计信息口径一致、相互可比，以使不同企业按照一致的确认、计量和报告要求提供有关会计信息。

5. 实质重于形式

实质重于形式原则是指企业应当按照交易或事项的经济实质进行会计确认、计量和报告，不应当仅仅以交易或事项的法律形式为依据。多数情况下，企业发生交易或事项的经济实质与法律形式是一致的，但部分情况下可能出现不一致。例如，对于售后回购交易，若企业出售一栋办公大楼，法律形式上所有权已经转移给买方；但销售协议规定，一年后卖方应按规定价格回购。事实上，卖方仍承担商品价格变动产生的风险和报酬，仍对售出的商品实施控制。这项交易不能作为销售处理，实质上是一项融资协议。实务中，实质重于形式原则的应用是多方面的，如长期股权投资采用权益法核算、合并会计报表、承租人对融资租入资产应视同自有资产进行核算和管理等。

6. 重要性

重要性要求企业提供的会计信息应当反映与企业财务状况、经营成果和现金流量有关的所有重要交易或者事项。企业的经济活动纷繁复杂，会计是否要将所有零散的经济数据全部转化成会计报表指标详尽罗列、提供给信息使用者？回答是否定的。因为这样做，不但没有必要，而且也不可能。从会计信息使用者的要求看，他们主要了解那些对作出决策有重要影响的会计信息，并不要求面面俱到，否则，也无法有所侧重或有针对性地选择必要的会计信息。从成本与效益角度看，提供会计信息要付出代价，对一切经济业务的会计处理和报告，一律不分轻重主次、繁简详略，就需耗费更多的人力、物力和财力。这就要求企业提供会计信息时，做到全面性与重要性双兼顾。

"全面性"是指会计信息要尽可能全面完整地揭示企业会计核算的内容，会计由于采用货币计量，会计报表就能以价值形式全面反映企业的财务状况、经营成果和现金流量，会计信息也具有高度的综合性。"重要性"是指在会计核算过程中对交易或事项应当区别其重要程度，采用不同的核算方法。对资产、负债、损益有较大影响，进而影响信息使用者据以作出合理判断的重要会计事项，必须按照规定的会计方法和程序进行处理，并在财务会计报告中予以充分、准确的披露；对于次要的会计事项，在不影响信息真实性和不至于误导报表使用者作出正确判断的前提下，可适当简化核算。例如，一年内到期的长期债权投资、一年内到期的长期负债都应单独报告，不应混杂在"长期负债""长期债权投资"中，因为它们涉及企业未来的现金流入与现金流出，对评价企业短期偿债能力非常重要。某项经济业务是否重要，依赖于职业判断，企业应当根据其所处环境和实际情况，从项目的性质和金额大小两方面进行判断。

7. 谨慎性

谨慎性要求企业对交易或事项进行会计确认、计量和报告应当保持应有的谨慎，不高估资产或收益、低估负债或费用。在市场经济环境下，企业的生产经营活动面临着许多风险和不确定性，如应收款项的可收回性、固定资产的使用寿命、无形资产的使用寿命、售出存货可能发生的退货或者返修等。会计信息质量的谨慎性要求，需要企业在面临不确定性因素的情况下作出职业判断时，保持应有的谨慎，充分估计到各种风险和损失，既不高估资产或者收益，也不低估负债或者费用。例如，要求企业对可能发生的资产减值损失计提资产减值准备、对售出商品可能发生的保修义务等确认预计负债等，就体现了会计信息质量的谨慎性要求。

谨慎性的应用也不允许企业设置秘密准备，如果企业故意低估资产或者收益，或者故意高估负债或者费用，则不符合会计信息的可靠性和相关性要求，影响会计信息质量，扭曲企业实际的财务状况和经营成果，从而对使用者的决策产生误导，这是会计准则所不允许的。

8. 及时性

及时性要求企业对于已经发生的交易或者事项，应当及时进行会计确认、计量和报告，不得提前或者延后。会计信息的价值在于帮助所有者或其他方面作出经济决策，具有时效性。在会计确认、计量和报告过程中贯彻及时性，一是要求及时收集会计信息，即在经济业务发生后，及时收集整理各种原始单据；二是要求及时处理会计信息，即按照会计准则规定，及时对经济交易或事项进行确认或计量，并编制财务报告；三是要求及时传递会计信息，即按照国家规定的有关时限，及时将编制出的财务会计报告传递给信息使用者。

在实务中，为了及时提供会计信息可能需要在有关交易或者事项的信息全部获得之前即进行会计处理，这样虽然满足了会计信息的及时性要求，但可能会影响会计信息的可靠性；相反，如果企业等到与交易或者事项有关的全部信息获得之后再进行会计处理，这样的信息披露虽然提高了信息的可靠性，但可能会由于时效性问题，对于投资者等财务报告使用者决策的有用性将大大降低。这就需要在及时性和可靠性之间做相应权衡，以投资者等财务报告使用者的经济决策需要为判断标准。

 相关案例

獐子岛扇贝 6 年逃亡 4 次？证监会借北斗卫星找扇贝，"弥天大谎"无所遁形

从 2014 年獐子岛发生所谓的冷水团事件，到 2019 年，董事长吴厚刚表示因海水温度变化等原因扇贝再次大量损失，6 年 4 次扇贝大逃亡使獐子岛这家上市公司一再引发外界对其关注。2018 年，中国证监会正式启动对獐子岛的调查。

獐子岛的所谓"扇贝跑路死亡"事件为何一再发生？调查人员又是如何认定獐子岛的违法违规行为呢？

问题一：肆意操纵财务报表　寅吃卯粮

2016年，獐子岛公司已经连续两年亏损，当年能否盈利直接关系到公司是否会"暂停上市"。为了达到盈利目的，獐子岛利用了底播养殖产品的成本与捕捞面积直接挂钩的特点，在捕捞记录中故意少报采捕面积，通过虚减成本的方式来虚增2016年利润。

问题二：抽测数据造假　虾夷扇贝库存成谜

獐子岛在2017年披露的《秋测结果公告》中称，公司在120个不同点位进行了抽测。但卫星定位系统数据显示，抽测船只在执行秋测期间并没有经过其中60个点位，这说明抽测船只根本没有在这些点位执行过抽测。獐子岛故弄玄虚，凭空捏造"抽测"数据，掩盖自身资产盘点混乱的问题。

问题三：短时间内业绩大变脸　公司未及时披露

2018年1月初，獐子岛财务总监勾荣就知晓公司2017年净利润不超过3 000万元。之前獐子岛一直对外声称，2017年的盈利预估在9 000万元至1.1亿元之间。勾荣还向獐子岛公司董事长吴厚刚汇报了此事，这属于应当在2个工作日内披露的重大事项，但是獐子岛并没有按规定时间披露，直到1月30日，业绩变脸的公告才对外披露，严重误导了投资者。

几番折腾下，獐子岛的市值从巅峰时期的200多亿元，跌到27.45亿元。在这场财务造假中，上市公司留下一地鸡毛，坑的却是獐子岛的居民以及被套牢的投资者。

獐子岛财务造假手法之拙劣，对投资者权益侵害之肆无忌惮，在一定程度上也反映了部分上市公司对信息披露的侥幸心理——认为即便信息披露失真，也只不过是承受少量罚款了事。

中国证监会的行政处罚决定：对獐子岛公司给予警告，并处以60万元罚款，对15名责任人员处以3万元至30万元不等罚款，对4名主要责任人采取5年至终身市场禁入。

资料来源：央视财经和中国青年网

本章小结

本章介绍了会计与管理的区别和联系，作为管理的一种活动，会计的目标是提供决策有用的会计信息。会计信息的使用者包括企业股东、投资者、债权人、政府部门、企业管理层、上下游的供应商、客户等，向他们提供会计信息的最佳载体与媒介是会计报告。会计之所以能够提供反映企业财务活动的会计信息，是因为会计具有反映与监督两个基本职能。根据会计信息的种类，会计分成了财务会计与管理会计，财务会计又包括企业会计与预算会计。

会计面对的是变化不定、错综复杂的社会经济环境，因此，要正确进行会计核算就必须先对会计核算环境作出合理判断，即明确会计主体、持续经营、会计分期和货币计量这四个基本前提。

会计确认的基础是基于权责发生制，其计量属性主要有历史成本、重置成本、可变现净值、现值、公允价值等。

企业提供会计信息需要依赖于财务报告，财务报告由资产负债表、利润表、现金流量表和所有者权益变动表等四张报表和报表附注构成。为使企业提供的会计信息能够满足信息使用者的需求，会计信息需要具备可靠性、相关性、可理解性、可比性、实质重于形式、重要性、谨慎性和及时性等会计信息质量要求。

会计目标（accounting objective）

会计信息使用者（users of accounting information）

会计职能（accounting function）

会计假设（accounting assumption）

会计主体（accounting entity）

持续经营（going concern）

会计分期（accounting period）

货币计量（monetary measurement）

财务会计（financial accounting）

管理会计（management accounting）

权责发生制（accrual basis）

会计信息质量特征（qualitative characteristics of accounting information）

财务报告（financial reporting）

资产负债表（balance sheet）

利润表（income statement）

现金流量表（statement of cash flow）

所有者权益变动表（statement of changes in owner' equity）

附注（notes）

根据实践，试比较分析不同会计信息使用者在使用会计信息时的侧重点有何不同？如何保证提供的会计信息质量满足信息使用者的需求？

华为财经的华丽转身

华为是全球领先的信息与通信技术（ICT）解决方案供应商，专注于 ICT 领域，坚持稳健经营、持续创新、开放合作，在电信运营商、企业、终端和云计算等领域构筑了端到端的解决方案优势，为运营商客户、企业客户和消费者提供有竞争力的 ICT 解决方案、产品和服务，并致力于实现未来信息社会、构建更美好的全联接世界。2013 年，华为首超全球第一大电信设备商爱立信，华为的产品和解决方案已经应用于全球 170 多个国家，服务全球运营商 50 强中的 45 家及全球 1/3 的人口。2020 年，华为排名《财富》世界 500 强第 49 位。营收 8 914 亿元，净利润 646 亿元。细数华为成功的原因，除了我们耳熟能详的奋斗者精神、股权激励以及重视研发等原因之外，严格的财经管理也功不可没。

1. 公司要以人为本，但管理要以事为本

随着不断发展，财务成了华为发展的障碍，任正非聘请 IBM 精锐的财务咨询顾问团队进驻华为，启动了集成财务转型项目。明确把"加速现金流入，准确确认收入，项目损益可见，经营风险可控"列为变革目标。华为集成财务转型项目变革的过程并不轻松，因为触动的面广，很多部门对此有不满与抵触。重重阻力之下，任正非站出来力挺变革，几年后华为因此项变革获得了可观的收益。

2. 重新定位财务管理角色

华为实行财务集中管理，打破了原有的法人实体概念，重新建构了公司的运行逻辑。在华为的组织架构中，财经体系是一个独立的部门，集中管理公司所有的财务人员。华为的整个财务职能大体被分为四块：会计核算、资金监管、财经管理和审计监控。因为华为始终坚信只有同时保障账务和内审的财务数据足够准确，财经管理的决策才值得信任。

3. 财务共享数字化转型平台

华为的财务共享服务建设始于 2005 年。作为一家全球领先的信息与通信解决方案供应商，传统财务管理信息滞后、财务数据系统封闭、财务流程与业务流程脱节等弊端，已经严重影响到华为以客户为核心的战略，影响到集团企业的日常经营管理与决策。于是，华为从财务共享服务模式变革入手，进行企业的财务转型。华为深知财务共享服务最终是为业务服务的，因此共享的运营模式应该配合业务布局来设置，由此保证了华为的财务共享服务系统能够在制定预算时就保留业务层面的数据，做到实时的财务监控；也能够迅速从财务数据追溯到业务底层数据，为准确定位经营中存在的问题并进行实时决策提供支持。

4. 业财一体化

业财融合的财务共享服务组织建立后，搭建起财务的作业体系，使每个业务人员都知道业务流和财务数据流之间的业务逻辑。2013 年，华为开始推行财务内控，通过梳理影响财务报告结果的前端业务流程关键活动，建立相应的测评指标，逐步落入前端流程，保证财务共享服务中心的数据质量。加强端到端的业务流程的财经管理，"以业务为主导，以会计为监督"，将监控发挥组织级项目管理体系作用。把公司从以功能部门为中心的运作转向以项目为中心的运作。

5. 资金管理新模式

华为的现金流管理经验中有两个很重要的观点：第一点，一定要有一个总量的概念，前期要设计好，当销售额达到多少量级时，整个资本管理架构是什么样的；第二点，一定要让全员参与到改善现金流的行为中去，它绝不是"财务人员自己的事"。

6. 建设专业化的财会队伍

要夯实财经基础，不仅仅是财务基础。所有不熟悉业务的财务人员要明白自己身上担负的重任，必须抽时间去学习业务。所有业务人员都要知晓财经，才能使纬线管理优秀起来，纬线的贯通使我们运行效率加快。知道为谁服务，才能真正提供有价值的服务，才能深刻理解财务服务的意义。

华为财经从过去以记账、出纳及融资等基础功能为主的财务组织，经过一步一步华丽蜕变，最终形成为全面融入业务流程活动，以准确公允的财务信息为基础，支撑华为业务、提升经营绩效、监控经营风险、聚焦价值创造的财经管理队伍。

请结合华为公司财务报告，并对比同行业公司，分析华为取得成功的其他因素。

第 2 章

期初——业务准备

会计信息的生成方法是会计目标得以实现的重要手段,会计信息的生成方法包括日常会计信息处理方法和期末会计信息生成方法两部分。日常会计信息处理方法都有哪些,如何使用这些方法来处理日常会计信息,这是本章要介绍的主要内容。本章从阐述会计循环过程入手,详细介绍日常处理会计信息的各种专门方法,即设置会计科目和账户、复式记账、填制和审核会计凭证、登记账簿等。

通过本章内容的学习,同学们应:

1. 了解会计循环的流程和会计处理步骤;
2. 掌握会计等式及其构成要素,并能够运用会计等式分析企业经济业务;
3. 理解账户及其在记账中的作用;
4. 理解复式记账的原理和特点,并能够运用借贷记账法编制会计分录;
5. 掌握编制试算平衡表的方法并解释其作用。

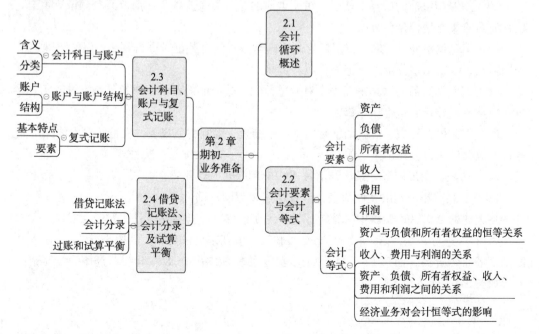

假设康华贸易公司是一家向零售商出售娱乐设施的批发企业,在经营过程中发现绝大多数客户都要求赊销赊购,那么康华贸易公司应该如何利用客户的财务信息来帮助自己选择赊销给哪些客户呢?

2.1 会计循环概述

通用财务报告的目标是以财务报表为载体,向各种利益相关者提供有利于投资决策的相关财务信息。把企业所发生的经济业务通过确认、计量、记录、报告等步骤生成相关财务信息,即为一个会计循环过程。换句话说,会计循环是企业编制某一特定期间财务报表的流程。这些步骤会贯穿于整个会计期间,所以说会计循环产生于会计分期假设。与提交财务报告的频率一致,这些步骤从每一会计期间的期初开始,在会计期末结束,并循环往复,周而复始,故称为会计循环。

当具体经济业务发生时,会计人员确认其对各会计要素的影响,计量其影响的金额,并进行记录,分类处理后经过一系列必要的调整和结算,编制财务报表,从而将企业信息传递给各利益相关者。具体来说,一个完整的会计循环包括如下步骤。

(1) 分析交易事项,交易事项发生后,收集相关信息,取得或填制有关的原始凭证,并对原始凭证的合法性、合规性和合理性等进行审核。

(2) 编制会计分录,利用复式记账原理将借方发生额和贷方发生额填入记账凭证。

(3) 记账,又称登记账簿,即根据记账凭证确定的会计分录,在日记账、明细账和总账中进行登记。

(4) 编制调整前的试算平衡表,对调整前的总分类账的各个账户及其余额进行汇总,检查前面的步骤是否存在错误。

(5) 编制调整分录,根据权责发生制原则对账户的有关记录进行调整,以便正确记录当期损益,编制调整分录,并记入相应分类账。

(6) 编制调整后的试算平衡表,对调整后的总分类账的各个账户及其余额进行汇总,再次检查调整分录后是否存在错误。

(7) 编制财务报表,根据调整后的试算平衡表,编制财务报表,将企业发生的经济业务转换成会计语言表达出来。

(8) 结账,做出结账分录,结清收入、费用等暂时性账户。

(9) 编制结账后的试算评衡表,检查结账过程的正确性。

在上述的9个基本步骤中,第(1)至(3)步骤为企业日常会计工作,会在本书第2章和第3章进行介绍,第(4)至(9)步骤为企业期末会计工作,其中步骤(4)在本书的第2章加以介绍,而第(5)至(9)步骤将在本书的第4~8章介绍。具体的会计循环流程如图2-1所示。

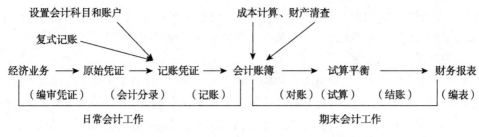

图 2-1 会计循环

2.2 会计要素与会计等式

2.2.1 会计要素

如上所述,会计循环过程可以把输入端的经济业务通过一系列的步骤转化成会计信息输出,从而提供给相关的信息使用者。对一个规模较大的企业来说,输入端的经济业务纷繁复杂、规格繁多,如果按照传统的语言方式进行记录,就会比较烦琐混乱,容易发生差错,需要对经济业务进行一个基本的分类,以会计语言的方式进行描述,便于记录、归类和汇总。

会计要素即为按照经济业务的特征所做的基本分类,一般分为反映企业财务状况的会计要素和反映企业经营成果的会计要素。我国企业会计要素按照其性质分为资产、负债、所有者权益、收入、费用和利润。其中资产、负债和所有者权益侧重反映企业的财务状况,收入、费用和利润要素侧重反映企业的经营成果。

1. 资产

从会计的角度看,资产是指过去的交易或者事项形成的、由企业拥有或控制的、预期会给企业带来经济利益的资源。一般来说,资产是企业拥有或者控制的能以货币计量的经济资源,包括各种财产、债权和其他权利。例如,农民所拥有的土地、网络服务公司所拥有的服务器;债权人对未清偿债务的求偿权;以赊销方式销售商品或提供服务而对客户具有的应收款项的权利。

1)资产的特征

资产必须同时具备以下三个基本特征。

首先,资产是由过去的交易或事项形成的。未来将要进行的交易不能形成企业现有资产,例如已经购进的机器设备应计入企业资产,而企业已签订的在下月购进机器设备的合同,不能作为计入固定资产的依据。

其次,资产须由企业拥有所有或控制。这是指只有在法律上具有所有权或具备实际控制权,这类经济资源才能记为企业的资产。反之即使企业能够使用某项资源,如空气,但企业不具有所有权或者实际控制权,所以不能把空气计入企业的资产。

最后,资产预期会给企业带来经济利益流入。只有能够直接或者间接带来现金或者现金等价物流入企业的资源才可计入资产。例如企业购买的机器设备,它可以在未来一定期间增加企业的现金流,因此可确认为资产,而一旦有证据表明机器设备损坏或者报废,这项固定资产在未来不能产生经济利益流入,将被从资产项目中转出。

2)资产的分类

企业的资产按流动性可以分为流动资产和非流动资产,按有无实物形态可分为有形资产和无形资产。在资产负债表上,资产一般按照按流动性进行分类,便于掌握企业资产的变现能力。流动资产是指可以在1年或者超过1年的一个营业周期内变现或者耗用的资产,包括现金、银行存款、应收票据、应收账款、预付款项、存货和待摊费用等。非流动资产包括长期股权投资、固定资产、无形资产、长期待摊费用和其他资产等。

2. 负债

从会计的角度看,负债是指企业过去的交易或者事项形成的、预期会导致经济利益流出企业的现时义务。一般来说,负债是企业所承担的能以货币计量、需以资产或劳务偿付的债务。例如,给员工的应付职工薪酬、给供应商的应付账款等。

1)负债的特征

负债具备以下三个基本特征。

首先,负债是由企业过去的交易或事项引起的,是企业当前应承担的义务。如向银行借入资金,从借入之日起就负有还本付息的责任,未来发生的交易或事项形成的义务,不属于现时义务,不应当作为负债确认。

其次,负债须由企业在将来某个时日清偿。大多数负债,如银行借款、应付票据,都有确切的债权人及到期日;有的负债,债权人及到期日只能合理估计。例如,对售出商品或产品应付的保修费,这项负债在销售业务发生时成立,但究竟有多少商品需要保修、何时发生修理服务、需要多少修理费用、购买人是谁,在销售成立时尚未确定,一般只能根据该种商品的销售额、保修期、以往的返修率及其费用开支情况作出合理估计。

最后,清偿负债会导致未来经济利益流出企业。如用现金、实物资产或通过提供劳务清偿。有时,企业也可以通过承诺新的负债或转换为所有者权益了结一项负债,前一种情况只是负债的展期,后一种情况则是用增加所有者权益的方式了结负债。

2)负债的分类

企业的负债一般按照偿还期限的不同,分为流动负债和非流动负债。流动负债是指将在1年或者超过1年的一个营业周期内偿还的债务,包括短期借款、应付票据、应付账款、预收货款、应付职工薪酬、应交税费、应付利息、应付股利、其他应付款等。非流动负债是指偿付期在1年或者超过1年的一个营业周期以上的债务,包括长期借款、应付债券、长期应付款、递延收益、预计负债等项目。

3. 所有者权益

所有者权益是企业资产扣除负债后由所有者享有的剩余权益,是所有者对企业资产所享有的求偿权,因此把所有者权益也称为净资产,或者剩余权益。所有者权益会随着所有者投资和企业收入的增加而增加。所有者投资即所有者可以通过现金出资或者其他出资形式(如机器设备出资)向企业投资,取得相应的资本。所有者权益还会随着收入的增加而增加，收入指的是通过向客户销售商品、提供劳务所赚取的收益。所有者权益会随着费用和所有者提出权益的发生而减少。

总的来说，所有者权益包括实收资本（股本）、资本公积、其他综合收益和留存收益。

实收资本（股本），是指所有者投入企业的资本部分。各投资者的出资额构成企业的资本总额，经市场监督管理部门认可后即为注册资本。如果投资者一次足额缴付资本，企业的实收资本与注册资本一致；有时，投资者是按企业生产经营不同阶段的需要分期投入资本，这样，在投资者未足额缴付资本之前，则实收资本一般小于注册资本。

资本公积，是指所有者投入资本超过注册资本或者股本部分的金额及资本溢价或股本溢价。

其他综合收益，是指不应计入当期损益，会导致所有者权益发生增减变动的、与所有者投入资本或者向所有者分配利润无关的利得或者损失。

留存收益，是企业历年实现的净利润留存于企业的部分，主要包括累计计提的盈余公积和未分配利润。盈余公积是指企业按照规定从税后利润（净利润）中提取的各种积累资金。其目的是防止企业的短期行为，增强企业实力及抵御风险的能力，同时保护企业投资者和债权人的利益。盈余公积是一种指定专门用途的留存利润，其主要用途是弥补企业亏损或转增资本金，一般不得用于其向投资者分配利润。按照其提取方式的不同可分为法定盈余公积与任意盈余公积两类。未分配利润是指未指定用途、留待以后年度进行分配的留存收益。相对于其他所有者权益项目来说，未分配利润的使用与分配具有较大的灵活性和自主权。

4. 收入

收入是指企业在日常活动中形成的、会导致所有者权益增加的、与所有者投入资本无关的经济利益的总流入。其中日常活动，是指企业为完成其经营目标所从事的经常性活动以及与之相关的活动。如工业企业制造并销售产品、商品流通企业销售商品、保险公司签发保单、咨询公司提供咨询服务等，都属于日常活动。

整体来说，收入可能表现为企业资产的增加，或负债的减少，或两者兼而有之，无论何种形式，企业取得收入一定能增加所有者权益。但是并不是每一项导致所有者权益增加的事项都是收入。例如，企业接受投资者的出资，虽然能导致企业所有者权益的增加，但它并非企业日常活动所带来的经济利益的流入，在收入的定义中明确将其排除在外，所以不能算作企业的收入。

企业的收入包括主营业务收入和其他业务收入两大类。主营业务收入是指企业为完成其经营目标而从事的日常活动中的主要业务活动而取得的收入。其他业务收入是指企业从事主营业务以外的其他日常活动而取得的收入，如商业企业出租资产取得的租金收入，工业企业出售剩余材料取得的收入。一般来说，主营业务收入在企业的营业收入中所占比重较大，对企业经济效益有较大影响；而其他业务收入相对居于次要地位。

5. 费用

费用是指企业在日常活动中发生的、会导致所有者权益减少的、与向所有者分配利润无关的经济利益的总流出。费用会导致企业资产减少或负债增加,并最终减少所有者权益。但是,所有者权益的减少并不一定都是由于费用导致的。例如,向股东支付股利会导致所有者权益的减少,但不是费用事项。具体来说,费用包括营业成本、税金及附加和管理费用、销售费用和财务费用。

6. 利润

利润是指企业在一定会计期间的经营成果,是收入与费用相抵后的"净收益"(如果收入小于费用,则表示亏损)。利润是企业经营管理活动效率与效益的综合表现。由于收入、费用都会直接导致所有者权益的增加或减少,所以,最终所实现的利润也是归所有者享有(如果实现亏损,会构成所有者权益的减项)。

总体来说,现行准则对会计要素的定义主要体现了资产负债观的要求,首先从经济利益的流入和流出角度规范有关资产和负债的计量,而收入和费用是资产或负债的增加或减少。与资产负债观相对应的是收入费用观,收入费用观要求在制定准则时首先考虑相关收入和费用的直接确认与计量。

 相关链接

财务报表会计要素的定义

2018年3月,国际会计准则理事会(IASB)发布的财务报告概念框架对1989年版的概念框架进行了重大修改,在财务报表要素定义、确认标准和计量方面发生了重大变革,将会对未来财务的发展和会计准则的制定产生重大影响。

概念框架(1989)中从"决策有用观"的财务目标出发,将资产的主要特征定义为预期会给企业带来经济利益的资源(负债是预期会导致经济利益流出的义务)。但是,在资产(负债)定义中引入未来经济利益的流入(流出),模糊了经济资源(义务)和由此导致的经济利益流入(流出)之间的区别。

因此,在财务报告概念框架(2018)中将资产定义修改为过去事项形成的由主体控制的现时经济资源(负债是由过去事项形成的,会导致主体转移经济资源的现时义务)。其中,经济资源是有潜力带来经济利益的权利。从这一定义看,资产的本质是一项有潜力带来经济利益的权利。并且指出,有潜力并不要求是确定的,甚至是可能的。对于购入的期权,尽管购入时并不意味着未来的经济利益,但一定是一项有潜力带来经济利益的权利,因而在财务报告概念框架(2018)中,购入期权肯定满足资产的定义。除此之外,将资产定义为权利,与将负债定义为义务,概念上更为对应。

财务报告概念框架(2018)中资产概念的应用仍充满挑战。一方面,将资产定义为权利,意味着主体的每一项权利都是一项单独的资产。当一项经济资源对应多项权利时,就应当确认多项资产。例如,对实物而言,一项实物本身不是资产,对实物拥有的权利才是资产。但由于对实物的法定所有权包括使用权、处置权、抵押权以及未列示的其他权利,这意味着对实物的每一项权利都可以单独确认为一项资产,这将大大提高准则制定和执行的成本。尽管财务报告概念框架（2018）指出，在这种情况下将权利的集合表述为实物往往会以最简明和可理解的方式提供对这些权利的如实反映。但问题是，什么时候应当将一项权利确认为一项单独的资产，什么时候应当将权利的集合确认为一项资产，往往很难判断。而当一项交易同时涉及权利和义务时，什么时候应当将权利和义务分别确认为资产和负债，什么时候应当只确认资产或负债，将涉及更复杂的专业判断。

为了解决这一问题，财务报告概念框架（2018）中提出了"核算单元"的概念。核算单元是应用于确认标准和计量概念的权利或权利组合、义务或义务组合、权利和义务组合。然而，在资产被定义为权利时，核算单元的使用将更加紧迫，原因是一项经济资源可能会对应多项权利，这时可能需要将不同来源的权利或义务视为单个核算单元，或将同一来源的权利或义务分开。此外，对现金产出单元或资产组的计量将变得更加复杂，因为现金产出单元或资产组是资产的组合，而资产是权利的组合，这种分拆组合计量有时并不满足成本效益原则。要素的确认和要素的定义紧密相连，要素定义的变化相应地导致了确认标准的变化。

资料来源：毛新述，戴德明，张栋. 财务报告概念框架：变革与挑战[J]. 会计研究，2019（9）.

2.2.2 会计等式

1. 资产与负债和所有者权益的恒等关系

无论何种类型的企业，要进行商品生产经营活动，都必须运用一定的经济资源。企业可以通过投资者投入和负债方式来取得资产。因此，资产、负债、所有者权益是企业最基本的三个会计要素，它们构成了以下最基本的恒等关系。

$$资产 = 负债 + 所有者权益$$

理论上所有企业活动都可以用会计等式来展示。会计等式适用于所有的交易和事项，也适用于所有的公司和任何形式的企业。在等式中，负债通常放在所有者权益的前面，因为所有者享有的是企业满足债权人的求偿权后的剩余权益。在公司破产或者清算时，债务资本具有优先求偿权，所以等式可以变形成为

$$资产 - 负债 = 所有者权益$$

企业的生产经营活动连续不断地进行，随时都会发生各种各样的经济业务。任何一项经济业务的发生都会引起会计等式一边或两边的项目及金额发生变化。但会计等式反映了企业的两个基本方面，自己拥有什么和欠别人什么，在任何情况下，其左右双方的平衡关系，都不会被破坏。

2. 收入、费用与利润的关系

利润是收入与费用相抵后的"净收益"。收入、费用与利润之间存在下面的恒等式：

$$收入 - 费用 = 利润 \tag{2.3}$$

这一会计等式反映了收入、费用和利润三个会计要素之间的关系，将它们列示在利润表中，可以反映企业一定期间的经营成果。由于这个等式只是反映了收入扣除费用后形成

利润的过程,所以,虽然它也属于会计等式,但是会计上并不将其称为基本会计等式或者会计恒等式。

3. 资产、负债、所有者权益、收入、费用和利润之间的关系

企业经营资金的运动是一个整体,资产、负债、所有者权益、收入、费用和利润之间也就存在密切的联系。"资产 = 负债 + 所有者权益"既是企业经营资金运动的起点,又是企业经营资金运动的终点;资产、负债、所有者权益、收入、费用和利润六个要素各具其特定含义,但又相互关联;在企业生产经营活动过程中,收入、费用和利润最终会影响资产、负债和所有者权益。

由于企业是所有者投资的,收入、费用都是直接增加或减少所有者权益,企业实现的利润应归所有者。因此,利润的实现构成所有者权益增加;反之,企业经营亏损,也只能由所有者承担,构成所有者权益的减少。所以,可将会计等式(2.3)代入会计等式(2.1),则有资产 = 负债 + (所有者权益 + 利润),即

$$资产 = 负债 + 所有者权益 + 收入 - 费用 \qquad (2.4)$$

等式(2.4)虽然不被称为国际通用的基本会计等式,但它是会计等式,属于基本会计等式的扩展。它将财务状况要素与经营成果要素有机地结合起来,完整地反映了企业财务状况与经营成果之间的相互联系。

4. 经济业务对会计恒等式的影响

无论企业的经济业务如何纷繁复杂,其对会计恒等式的影响,概括起来可以分为八种类型:①资产项目之间的此增彼减,会计恒等式保持不变;②负债项目之间的此增彼减,会计恒等式保持不变;③资产与负债项目的同增,会计恒等式保持不变;④资产与负债项目的同减,会计恒等式保持不变;⑤资产与所有者权益项目的同增,会计恒等式保持不变;⑥资产与所有者权益项目的同减,会计恒等式保持不变;⑦负债与所有者权益项目的此增彼减,会计恒等式保持不变;⑧所有者权益项目之间的此增彼减,会计恒等式保持不变。

为了阐述经济业务对会计恒等式的影响,以南山公司为例,分析其2020年12月所发生的交易是如何影响会计恒等式的。

【例 2-1】开办企业 12月1日,安然投资 400 000 元创办了南山网络远程教育公司,款项存入银行。

这项经济业务使该南山公司的银行存款(资产)、实收资本(所有者权益)同时增加 400 000 元。这笔业务对会计恒等式的影响如下:

$$400\,000 = 0 + 400\,000$$
$$资产 = 负债 + 所有者权益$$

【例 2-2】取得银行借款 南山公司向银行借入短期借款 400 000 元,存入银行。

这项经济业务使南山公司的银行存款(资产)、短期借款(负债)同时增加 400 000 元,不影响所有者权益。这笔业务对会计恒等式的影响如下:

$$800\,000 = 400\,000 + 400\,000$$
$$资产 = 负债 + 所有者权益$$

【例 2-3】 购置办公楼 南山公司支付了 200 000 元银行存款购置一栋办公楼。

这项经济业务使南山公司银行存款（资产）减少 200 000 元，同时固定资产（资产）增加 200 000 元。由于该项经济业务只涉及资产内部项目的变动，不影响负债和所有者权益。这笔业务对会计恒等式的影响如下：

$$800\ 000 = 400\ 000 + 400\ 000$$
$$资产 = 负债 + 所有者权益$$

【例 2-4】 取得追加投资 接受杉杉公司追加投资 200 000 元存入银行。

这项经济业务使南山公司银行存款（资产）增加 200 000 元，同时杉杉公司在南山公司的所有者权益（实收资本）也增加 200 000 元。该项经济业务的发生，不影响负债。这笔业务对会计恒等式的影响如下：

$$1000\ 000 = 400\ 000 + 600\ 000$$
$$资产 = 负债 + 所有者权益$$

【例 2-5】 购买原材料 南山公司购入了价值 20 000 元的原材料，货款尚未支付。

这项经济业务使南山公司原材料（资产）增加 20 000 元，同时应付账款（负债）也增加 20 000 元。该项经济业务的发生，不影响所有者权益。这笔业务对会计恒等式的影响如下：

$$1020\ 000 = 420\ 000 + 600\ 000$$
$$资产 = 负债 + 所有者权益$$

【例 2-6】 支付购货款 从银行借入短期借款 20 000 元偿还到期应付的购货款。

这项经济业务使南山公司的短期借款（负债）增加 20 000 元，同时应付账款（负债）减少 20 000 元。由于该项经济业务只涉及负债内部项目的变动，不影响资产和所有者权益。这笔业务对会计恒等式的影响如下：

$$1020\ 000 = 420\ 000 + 600\ 000$$
$$资产 = 负债 + 所有者权益$$

【例 2-7】 取得服务收入 南山公司为顾客提供培训服务而取得 20 000 元银行存款收入。

这项经济业务使南山公司的银行存款（资产）增加 20 000 元，同时服务收入（收入）增加 20 000 元，这笔业务对会计恒等式的影响如下：

$$1040\ 000 = 420\ 000 + 600\ 000 + 20\ 000 - 0$$
$$资产 = 负债 + 所有者权益 + 收入 - 费用$$

收入业务使得企业得以成长，期末结转利润时，导致所有者权益的增加。

$$1040\ 000 = 420\ 000 + 620\ 000$$
$$资产 = 负债 + 所有者权益$$

【例 2-8】 费用支出 南山公司用银行存款支付了 10 000 元的费用，其中水电等公用事业费用 5 000 元，利息费用 5 000 元。

这项经济业务使南山公司的银行存款（资产）减少 10 000 元，同时管理费用增加 5 000 元和财务费用增加 5 000 元。这笔业务对会计恒等式的影响如下：

$$1030\ 000 = 420\ 000 + 600\ 000 + 20\ 000 - 10\ 000$$

$$资产 = 负债 + 所有者权益 + 收入 - 费用$$

费用与收入的作用正好相反，期末结转利润时，导致所有者权益的减少。

$$1030\,000 = 420\,000 + 610\,000$$

$$资产 = 负债 + 所有者权益$$

上述内容介绍了会计最基本的分类，资产、负债、所有者权益、收入、费用和利润六个基本会计要素，但这种分类还是高度概括的，能够提供的有效信息十分有限，因此会计上还需要更具体详细的分类方法，这就是账户。

2.3 会计科目、账户与复式记账

2.3.1 会计科目与账户

1. 会计科目的含义

经济业务发生以后，在满足信息处理要求，进而服从管理需要的基础上，对会计要素进行科学再分类，并赋予标准名称，这些标准名称就叫会计科目。以会计要素负债为例，可以按照使用期限长短分为流动负债和非流动负债；流动负债又可以分为短期借款、应付账款和预收账款等，而应付账款又可以分为应付账款——A公司、应付账款——B公司等。这些项目在具备负债要素定义特征的前提下，又各有其特点，在具体债务特征和内容构成上也存在着差异。将各会计要素按其特点、形态和内容的不同进一步分为若干项目，就为企业分类核算提供了依据。

2. 会计科目的分类

1）按会计要素分类

按会计要素，可将会计科目分为资产类、负债类、所有者权益类、收入类、费用类和利润类。企业常用会计科目如下。

资产类：库存现金、银行存款、交易性金融资产、应收票据、应收账款、（坏账准备）、预付账款、其他应收款、材料采购、原材料、库存商品、待摊费用、长期股权投资、固定资产、（累计折旧）、无形资产、长期待摊费用、待处理财产损溢等。

负债类：短期借款、应付票据、应付账款、预收账款、其他应付款、应付职工薪酬、应交税费、应付利息、应付股利、长期借款、应付债券、预计负债等。

所有者权益类：实收资本或股本、资本公积、盈余公积等。

收入类：主营业务收入、其他业务收入、营业外收入、投资收益、公允价值变动损益等。

费用类：主营业务成本、其他业务成本、管理费用、财务费用、税金及附加、营业外支出、所得税等。

利润类：本年利润、利润分配。

坏账准备、累计折旧、利润分配分别是应收账款、固定资产、本年利润的抵减科目。在运用这些科目时应特别留意抵减科目与被抵减科目之间的关系。待处理财产损溢等会计科目具有双重性质，在运用时也应特别留意。

2）按提供指标的详细程度分类

按提供指标的详细程度，可将会计科目分为总分类科目和明细分类科目。总分类科目是对某一会计要素的具体内容进行总括分类而形成的项目，这类科目通常为财政部颁布的会计科目表中的科目；明细分类科目是对某一总分类科目进一步分类的项目，这类科目可以根据企业的实际需要自行开设。

2.3.2 账户与账户结构

1．账户

1）账户的含义

账户是根据会计科目开设的、具有一定结构和格式的记账实体。所以，会计科目与账户是有区别的，会计科目仅仅是指账户的名称，而账户除了有名称（会计科目）外，还有用来记录的相应结构。不过现在对账户和会计科目这两个概念已不加以严格区分，往往是在互相通用。

2）设置账户的意义与作用

设置账户的作用主要体现在以下方面。

（1）把数据转换为初始信息必须借助于账户。企业在生产经营活动过程中，很多事物都有数量表现，一切未经确认并按账户分类和正式记录的都属于数据，把数据区分为会计信息和非会计信息的最初界限就是账户。数据一旦记入账户，就转化为会计信息，从而与数据产生了质的区别。

（2）可以压缩信息数量，提高质量。通过设置账户，可以在记录经济业务时，按照经营管理的需要，把大量纷繁复杂的经营活动数据进行分类、归并、汇总、整理和加工，使之井然有序。

（3）为编制财务报表提供数据。财务报表作为会计信息的载体，它所输出的会计信息绝大部分都来源于各账户的记录。

（4）保护财产的安全。通过设置账户，还可以把价值形式的综合核算与财产的实物核算有机地结合起来，从而有效地控制各项财产的实物形态，保护各项财产物资的安全。

3）账户的设置原则

设置账户，是复式记账系统中一种非常重要的方法，因此必须遵循以下几项基本原则。

账户的设置既要能够明确地反映不同账户质的区别，方便对它们进行归类反映，又要能科学、系统、全面地反映企业的会计要素。

设置账户应密切配合编制财务报表的要求，满足决策与管理的需要。

设置账户应适当考虑行业特点，坚持统一性和灵活性相结合的原则。

就企业而言，既要遵守国家统一规定设置账户，又要根据本企业生产经营管理的特点和要求，相应地增减一些账户。

4）总分类账户与明细分类账

账户还应当分层次设置，使所有账户成为一个多层次的分类记录体系。在一级账户下，按总括程度依次降低，亦即详细程度的依次提高，还可设置明细分类账户。总分类账户是所属明细分类账户的统驭账户，而明细分类账户则是某一总分类账户的从属账户。

从数量上看，总分类账户"金额"的借方合计、贷方合计和余额应当与它所统驭的所有明细分类账户的借方合计之和、贷方合计之和和余额合计之和各自保持相等。因此，总分类账户对明细分类账户起着控制的作用，而明细分类账户则是总分类账户的补充和具体化，起着辅助总分类账户的作用。

2. 账户的结构

1）账户的基本结构

经济业务的发生对会计要素的影响从数量上看表现为增加和减少两种情况，与此相适应，用来记录经济业务的账户在结构上也划分为增减两个基本部分，按相反的方向分别记录各个会计要素的增加金额和减少金额。通常把账户划分为左右两个部分，分别记录它们的增加额和减少额。但需要说明的是，在具体账户的两方究竟哪一方记录增加额，哪一方记录减少额，取决于各个账户所记录的经济内容和所采用的记账方法。

在教学中，一般用 T 型账户来说明账户结构，其格式如图 2-2 所示。

图 2-2　教学中 T 型账户结构

在实务中，一般使用的账户结构要比教学中的复杂一些，除了增减两部分基本内容以外，还设有日期、凭证编号、摘要和余额等内容。借贷记账法下三栏式账户结构如表 2-1 所示。

表 2-1　借贷记账法下三栏式账户结构

账户名称：（会计科目）

年		凭证字号	摘要	借方金额	贷方金额	借或贷	余额
月	日						

2）账户中的金额

账户的金额包括期初余额、本期发生额和期末余额。本期发生额是指本期账户中登记的增加额和减少额。期末余额是指增加发生额与减少发生额相抵后的差额。如果将本期的余额转入下期，就是下期的期初余额，即本期的期初余额等于上期的期末余额。

账户的余额与发生额之间的关系可用下列公式表示：

期末余额 = 期初余额 + 本期增加发生额 − 本期减少发生额

2.3.3　复式记账

复式记账法是相对单式记账法而言的。会计在其发展历程中，先有单式记账法，后来才发展为复式记账法,这是两种不同的记账方法,其原理和科学性也不同。

单式记账法,是指对发生的每一笔经济业务只在一个账户中记一笔账。例如,用现金支付有关费用,只记录现金减少,不记录费用的增加。其优点在于手续简单、易学易懂。缺点是只能孤立地反映一项经济业务引起资金某一方面的变化,不能全面反映资金的来龙去脉及增减变动情况,无法利用账户之间的对应关系检查账户记录的正确性。

1. 复式记账法的基本特点

复式记账法是一种科学的记账方法,其主要特点是每项经济业务都要求同时在两个(或两个以上)相互联系的账户中以相等的金额进行记录。运用了复式记账之后,由于对每一项经济业务都在相互联系的两个或两个以上账户中做双重记录,不仅可以了解每一项经济业务的来龙去脉,而且可以通过账户记录,完整、系统地反映出经济活动的过程和结果,并检查账户记录的正确性和完整性。

2. 复式记账法的三要素

复式记账法的三要素包括记账符号、记账规则以及试算平衡。

复式记账法的基础是"资产=负债+所有者权益"的会计恒等式。复试记账法要求每一笔交易至少会对两个账户产生影响,因此需要在这两个账户中分别记录金额的增减变动,记录时需要记账符号以反映账户的增减变化。同时需要记账规则使交易引起的金额变动不能破坏会计等式的平衡。

 相关链接

复式记账法

在我国的会计实务中,曾经使用过三种复式记账的方法,它们均以其记账符号而命名,它们是"增减记账法""收付记账法"和"借贷记账法"。

增减记账法是由张以宽教授(原北京商学院会计系教师)在总结前人经验的基础上提出的一种记账方法。该记账方法是以"增""减"作为记账符号,以"资金占用=资金来源"为理论基础,直接反映经济业务所引起的会计要素增减变化的一种复式记账方法。它是在我国会计实务中曾经实行的一种特有的记账方法。该法经过试行,于1964年开始,在我国商业系统全面推行,工业企业和其他行业也有采用这种记账方法的。1993年7月1日《企业会计准则》实施后,增减记账法废止,改为借贷记账法。

收付记账法是徐永祚先生为应对西式借贷记账法对中式商业簿记的冲击,总结前人经验提出的一种记账方法。该记账方法是以"收""付"作为记账符号,反映经济业务所引起会计要素增减变动的一种记账方法。这种记账方法曾被我国预算会计长期使用。收付记账法,按其记账主体的不同,分为资金收付记账法、财产收付记账法和现金收付记账法。1998年1月1日后,随着《事业单位会计准则(试行)》和《行政单位会计制度》的施行,收付记账法停止使用,改为借贷记账法。

借贷记账法起源于13—14世纪的意大利。最初,意大利佛罗伦萨的"借贷资本家"

从贷主处借入款项，并计入贷主名下的贷方，归还记借方；将款项贷出时，计入借主名下的借方，收回记贷方。贷主名下所记内容表示的是"借贷资本家"债务的增减变动，借主名下所记内容表示的是"借贷资本家"债权的增减变动。这时，"借"和"贷"分别表示借贷资本家与债权人、债务人之间的债权债务关系。在以后的几百年里，随着商品经济的发展，借贷记账法又经过了热那亚阶段和威尼斯阶段而不断发展和完善，"借""贷"两字逐渐失去其本来含义，变成了纯粹的记账符号。记录的内容也不仅仅局限于货币资金的借贷业务，而是逐步扩展到财产物资、经营损益和经营资本的增减变化，并广泛应用于许多行业。随后，借贷记账法传遍欧洲、美洲等地，成为世界通用的记账方法。1494年，意大利数学家卢卡·帕乔利的《算术、几何、比与比例概要》一书问世，标志着借贷记账法正式成为大家公认的复式记账法，同时，也标志着近代会计的开始。卢卡·帕乔利被称为"近代会计之父"。

资料来源：根据百度百科资料整理。

2.4 借贷记账法、会计分录及试算平衡

2.4.1 借贷记账法

借贷记账法是以"借"和"贷"作为记账符号的一种复式记账法。借贷记账法要求对每项经济业务都同时在两个或两个以上相互联系的账户中按照借、贷相等的金额进行反映。借贷记账法的特点主要体现在记账符号、账户结构、记账规则和试算平衡等方面。

1. 借贷记账法的记账符号

借贷记账法的记账符号就是"借"和"贷"。对账户来说，它们是账户的两个部位。如果用T型账户表示，分别代表左方和右方。而对借贷记账法来说，"借"和"贷"则是它的记账符号，用来指明应记入某一账户的某一部位（或方向）。只有规定了记账符号，才能保证账户记录有条不紊、不错不乱，保证会计恒等式的平衡关系。

在借贷记账法中，当"借"和"贷"转化为记账符号后，它们失去了原有的字面含义，成为一个纯粹的记账符号。就符号这一层面意义而言，可以用任何两个字或符号来代替"借"和"贷"，其作用不会受到任何影响。

当然，借贷记账法中的"借"和"贷"与具体的账户相结合，可以表示不同的意义。

首先，代表账户中两个固定的部位。如上所述，一切账户，均需设两个部位记录数量上的增减变化，在T型账户中，左方一律称为借方，右方一律称为贷方。

其次，与不同类型的账户相结合，分别表示增加或减少。"借"和"贷"本身不等于增或减，只有当其与具体类型的账户相结合以后，才可以表示增加或减少。例如，对资产和费用类账户来说，"借"表示增加，"贷"表示减少；对负债、所有者权益类账户而言，正好相反，"贷"表示增加，"借"表示减少。

最后，表示余额的方向。通常，资产、负债和所有者权益类账户期末都会有余额。其中，资产类账户的正常余额在"借"方，负债、所有者权益账户的正常余额在"贷"方。

2. 借贷记账法的账户结构

在借贷记账法下，账户的结构分为"借"方和"贷"方，左方为"借"方，右方为"贷"方。至于哪方记录增加，哪方记录减少，则取决于账户所反映的经济内容和性质。具体账户的性质由它所归属会计要素的性质决定，"借"方和"贷"方用来反映会计要素及其项目增减变化。账户按其所反映的经济内容，首先可分为资产类账户、负债类账户、所有者权益类账户、收入类账户、费用类账户，其具体变化关系如表2-2所示。

表2-2 借方、贷方与会计要素增减变化的关系

账户类别	所反映经济内容的变动情况	借贷记录方向
资产类（银行存款）	增加（如把现金存入银行）	借方
	减少（如用银行存款购买原材料）	贷方
负债类（短期借款）	增加（如从银行取得短期借款）	贷方
	减少（如偿还银行短期借款）	借方
所有者权益类（实收资本）	增加（如投资者追加投资）	贷方
	减少（如投资者收回投资）	借方
收入类（主营业务收入）	增加（如企业销售商品提供劳务）	贷方
	减少（如企业发生销售退回）	借方
费用类（主营业务成本）	增加（如销售产品时，库存商品转化为销售成本）	借方
	减少（如会计期末结转成本）	贷方

1）资产、负债和所有者权益账户结构

根据会计恒等式，资产＝负债＋所有者权益。资产的增加额记在账户的借方，减少额记在账户的贷方，如有余额一般在账户的借方；负债和所有者权益的增加额都记在账户的贷方，减少额记在账户的借方，如有余额一般在账户的贷方。

各类账户期末余额计算公式如下：

资产类账户期末余额（借方）＝期初余额（借方）＋本期增加额（借方发生额）
－本期减少额（贷方发生额）

负债类账户期末余额（贷方）＝期初余额（贷方）＋本期增加额（贷方发生额）
－本期减少额（借方发生额）

所有者权益类账户期末余额（贷方）＝期初余额（贷方）
＋本期增加额（贷方发生额）
－本期减少额（借方发生额）

2）收入、费用和利润类账户结构

损益类账户结构的基本特点是一方用来登记损益的发生额，另一方登记损益的转销

额，所以损益类账户期末结账后无余额。由于损益类账户是由收入和费用两大类账户构成的，收入减去费用即为利润，因此用于登记收入和费用两大类账户发生额和转销额的方向正好相反。

根据扩展的会计恒等式：资产＋费用＝负债＋所有者权益＋收入。所以，费用类账户的结构与资产类账户的结构相类似；收入类和利润类账户的结构则与负债类和所有者权益类账户结构相类似。费用类账户的增加额记入借方，减少额记入贷方，期末时，应将账户的借方与贷方的差额转入"本年利润"账户，期末转销额记入账户的贷方，结转后账户期末无余额。收入类账户的增加额记入贷方，减少额记入借方，期末时，应将账户的借方与贷方的差额转入"本年利润"账户，期末转销额记入账户的借方，结转后账户期末无余额。

综上所述，在借贷记账法下，"借"和"贷"作为记账符号所表示的含义是不同的：借方表示资产和费用的增加，负债及所有者权益的减少，收入的转销；贷方表示负债、所有者权益及收入的增加，资产的减少，费用的转销。

"借"就是增加，"贷"就是减少，这种说法正确吗？

3. 借贷记账法的记账规则

会计恒等式表明，任何时点上会计主体的全部资产与其相应的来源存在恒等关系，而且这一恒等关系不会因为经济业务的发生而打破。也就是说，任何一笔交易或事项，都不会破坏会计恒等式的平衡关系。从简单的数量关系对比来看，任何交易或事项如果不会打破会计等式的平衡关系，必定符合下列四种方式中的一种：①等式双方同时增加一个等量；②等式双方同时减少一个等量；③等式左方一增一减一个等量；④等式右方一增一减一个等量。从而可以得出借贷记账法的记账规则。

第一，任何一笔交易或事项的发生，都必然会同时导致至少两个账户发生变化。

第二，所记入的账户可以是等式同一方向，也可以是不同方向。但每一笔交易或事项发生后，必须要至少记入一个账户的借方和另一个账户的贷方。如果某项交易或事项同时涉及三个以上的账户，至少要在一个账户的借方和一个账户的贷方进行登记。总之，有借必有贷。

第三，所记入两个账户的金额，借方和贷方必须相等。本期发生的全部交易或事项在进行正常的处理后，记入所有账户借方的发生额合计，应当等于记入所有账户贷方的发生额合计。亦即借贷必相等。

上述三条记账规则用最简洁的语言表述，就是："有借必有贷，借贷必相等"。

采用借贷记账法记录南山公司12月发生的经济业务（见例2-1、例2-2、例2-3、例2-4、例2-5、例2-6、例2-7、例2-8，共8笔）。

例2-1 运用借贷记账法进行记录，应在"银行存款"账户借方记录400 000元，在"实收资本"账户贷方记录400 000元。即

借方 银行存款 贷方	借方 实收资本 贷方
400 000	400 000

例 2-2 运用借贷记账法进行记录，应在"银行存款"账户借方记录 400 000 元，在"短期借款"账户贷方记录 400 000 元。即

借方 银行存款 贷方	借方 短期借款 贷方
400 000	400 000

例 2-3 运用借贷记账法进行记录，应在"固定资产"账户借方记录 200 000 元，在"银行存款"账户贷方记录 200 000 元。即

借方 固定资产 贷方	借方 银行存款 贷方
200 000	200 000

例 2-4 运用借贷记账法进行记录，应在"银行存款"账户借方记录 200 000 元，在"实收资本"账户贷方记录 200 000 元。即

借方 银行存款 贷方	借方 实收资本 贷方
200 000	200 000

例 2-5 运用借贷记账法进行记录，应在"原材料"账户借方记录 20 000 元，在"应付账款"账户贷方记录 20 000 元。即

借方 原材料 贷方	借方 应付账款 贷方
20 000	20 000

例 2-6 运用借贷记账法进行记录，应在"应付账款"账户借方记录 20 000 元，在"短期借款"账户贷方记录 20 000 元。即

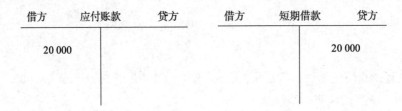

例 2-7 运用借贷记账法进行记录，应在"银行存款"账户借方记录 20 000 元，在"主营业务收入"账户贷方记录 20 000 元。即

借方	银行存款	贷方		借方	主营业务收入	贷方
20 000						20 000

例 2-8 运用借贷记账法进行记录，应在"管理费用"账户借方记录 5 000 元，"财务费用"账户借方记录 5 000 元，"银行存款"账户贷方记录 10 000 元。即

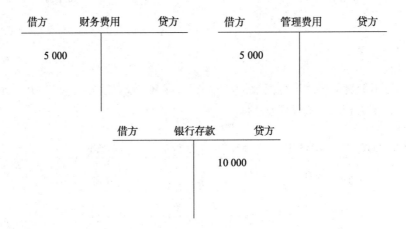

2.4.2 会计分录

1. 会计分录的定义与格式

所谓会计分录，是指对每项经济业务都按复式记账要求，分别列示出应借、应贷账户及其金额的一种记录。会计分录分为简单会计分录和复合会计分录。在会计分录中，借、贷双方账户的这一对立统一关系称为账户的对应关系，它们彼此称对方的账户为对应账户。

简单会计分录是指"一借一贷"的会计分录，其格式如下：

借：×××账户　　　　　　　　　　　　　　　　　　　　　　　　金额
　　贷：×××账户　　　　　　　　　　　　　　　　　　　　　　　金额

在复合会计分录中，一般是指"一借多贷"或"一贷多借"的会计分录。除纯粹属于会计上的结转分录外，最好避免作成"多借多贷"的会计分录。其一般格式为

借：×××账户　　　　　　　　　　　　　　　　　　　　　　　　金额
　　贷：×××账户　　　　　　　　　　　　　　　　　　　　　　　金额
　　　　×××账户　　　　　　　　　　　　　　　　　　　　　　　金额
借：×××账户　　　　　　　　　　　　　　　　　　　　　　　　金额
　　×××账户　　　　　　　　　　　　　　　　　　　　　　　　金额
　　贷：×××账户　　　　　　　　　　　　　　　　　　　　　　　金额

2. 编制会计分录的步骤

按照借贷记账法做会计分录，其具体程序如下。

第一，分析经济业务，判断经济业务所涉及的会计账户；

第二，判断所涉及会计账户的性质，它们各属于什么会计要素，位于等式的左方还是右方。

第三，确定这些账户受影响的方向，即是增加还是减少。

第四，根据这些账户的性质和其增减方向，确定究竟是借记还是贷记。

第五，根据会计分录的格式要求，编制完整的会计分录。

根据上述八笔经济业务编制的会计分录如下。

（1）借：银行存款　　　　　　　　　　　　　　　　　　　　　400 000
　　　　贷：实收资本　　　　　　　　　　　　　　　　　　　　400 000
（2）借：银行存款　　　　　　　　　　　　　　　　　　　　　400 000
　　　　贷：短期借款　　　　　　　　　　　　　　　　　　　　400 000
（3）借：固定资产　　　　　　　　　　　　　　　　　　　　　200 000
　　　　贷：银行存款　　　　　　　　　　　　　　　　　　　　200 000
（4）借：银行存款　　　　　　　　　　　　　　　　　　　　　200 000
　　　　贷：实收资本　　　　　　　　　　　　　　　　　　　　200 000
（5）借：原材料　　　　　　　　　　　　　　　　　　　　　　 20 000
　　　　贷：应付账款　　　　　　　　　　　　　　　　　　　　 20 000
（6）借：应付账款　　　　　　　　　　　　　　　　　　　　　 20 000
　　　　贷：短期借款　　　　　　　　　　　　　　　　　　　　 20 000
（7）借：银行存款　　　　　　　　　　　　　　　　　　　　　 20 000
　　　　贷：主营业务收入　　　　　　　　　　　　　　　　　　 20 000
（8）借：管理费用　　　　　　　　　　　　　　　　　　　　　　5 000
　　　　财务费用　　　　　　　　　　　　　　　　　　　　　　 5 000
　　　　贷：银行存款　　　　　　　　　　　　　　　　　　　　 10 000

上面举例的8组会计分录中，第1~7组均属于简单会计分录，第8组属于多借一贷

的复合会计分录。

2.4.3 过账和试算平衡

1. 过账

根据上述 8 项经济业务所编制的 8 个会计分录，经检查审核无误后，应当分别计入各相关账户，只有通过账户进行分类汇总，才能形成各类信息。把会计分录中的金额分别向账户登记的步骤，称为"过账"。

在实际工作中，过账之前，账户中在上月末如有余额，应首先结转为账户中本月的"月初余额"。在本例中，由于是南山公司是新开设的企业，账户月初均没有余额，因此不必登记；然后，再把上述 8 个分录作为 12 月的发生额，按发生的先后顺序记入有关账户。为了简化，假设南山公司 2020 年 12 月仅发生了上述的 8 项经济业务，现将过账后的各账户情况分别进行列示。

借方	银行存款	贷方
（1）400 000		（3）200 000
（2）400 000		（8）10 000
（4）200 000		
（7）20 000		
本期发生额：1 020 000		210 000
期末余额： 810 000		

借方	实收资本	贷方
		（1）400 000
		（4）200 000
本期发生额：		600 000
期末余额：		600 000

借方	短期借款	贷方
		（2）400 000
		（6）20 000
本期发生额：		420 000
期末余额：		420 000

借方	固定资产	贷方
（3）200 000		
本期发生额：200 000		
期末余额： 200 000		

借方	原材料	贷方
（5）20 000		
本期发生额：20 000		
期末余额： 20 000		

借方	应付账款	贷方
		（5）20 000
（6）20 000		
本期发生额：20 000		20 000
期末余额：		0

借方	主营业务收入	贷方
		（7）20 000
本期发生额：		20 000
期末余额：		20 000

借方	管理费用	贷方
（8）5 000		
本期发生额：5 000		
期末余额： 5 000		

借方	财务费用	贷方
（8）5 000		
本期发生额：5 000		
期末余额： 5 000		

2. 试算平衡

借助借贷记账法自动平衡的机制,就可编制"试算平衡表"进行试算平衡。试算平衡表是借贷记账法优于其他复式记账法的一个重要标志。它实际上有两个作用:验证本期所有经济业务在作成会计分录并过入账户后借贷金额是否相等,从而检查日常核算资料的正确性和完整性;为编制资产负债表和损益表等提供了基本的会计资料。

试算平衡有发生额试算平衡法和余额试算平衡法两种,前者是根据借贷记账法的记账规则来确定的,后者是根据会计的恒等式来确定的。

1)发生额试算平衡法

根据借贷记账法的记账规则,对每笔经济业务都必须以"有借必有贷,借贷必相等"的规则在相互联系的账户中作双重的记录,这样使得每笔经济业务登记入账以后,借方金额必然等于贷方金额,那么将一定时期内全部经济业务按此规则登记入账以后,所有账户的本期借方发生额合计与所有账户贷方本期发生额合计必定是相等的。发生额试算平衡法的计算公式如下:

全部账户本期借方发生额合计 = 全部账户本期贷方发生额合计

根据上述例子所示的本期发生额,编制本期发生额试算平衡表如表 2-3 所示。

表 2-3 本期发生额试算平衡表

账户名称	借方发生额	贷方发生额
银行存款	1 020 000	210 000
实收资本		600 000
短期借款		420 000
固定资产	200 000	
原材料	20 000	
应付账款	20 000	20 000
主营业务收入		20 000
管理费用	5 000	
财务费用	5 000	
合计	1 270 000	1 270 000

2)余额试算平衡法

在借贷记账法下,由于资产类账户的余额表现为借方余额,负债和所有者权益类账户的余额表现为贷方余额。因此,所有账户借方余额合计,即为资产的总额,所有账户贷方余额合计,即为负债和所有者权益的总额,根据会计恒等式"资产=负债+所有者权益",两者的金额必然相等的。余额试算平衡法的计算公式如下:

全部账户借方余额合计 = 全部账户贷方余额合计

根据上述例子所示的各账户余额,编制期末余额试算平衡表,结果如表 2-4 所示。

严格来说,所有收入类和费用类账户都属于期间账户,在会计期末的时候要全部结清,不应该有余额。这里属于结账前的试算平衡表,尚未进行结账,所以期末余额试算平衡表包括了相关收入类和费用类账户。

表 2-4 期末余额试算平衡表

账户名称	借方余额	贷方余额
银行存款	810 000	
实收资本		600 000
短期借款		420 000
固定资产	200 000	
原材料	20 000	
应付账款		
主营业务收入		20 000
管理费用	5 000	
财务费用	5 000	
合计	1 040 000	1 040 000

总之，通过编制试算平衡表并结合已有的分录和账户资料，可发现下列错误：会计分录中一方金额记错、一方金额遗漏记载或重复记载；过入账户的一方金额过错、一方方向过错，或把分录中一方遗漏、重复记载过入账户；账户借方或贷方合计数计算错误，以及在账户借方和贷方两个合计数相减时计算错误；等等。但是，也有一些错误无法通过试算平衡表发现。例如，会计分录中借贷双方全部漏记、全部重记、方向颠倒、用错账户等。

假设有一笔借记固定资产 28 000 元的日记账分录，在过入总账的时候，错误地记成了借记 20 000 元。试分析这一错误会对试算平衡表的借方余额合计和贷方余额合计产生什么样的影响？

本章小结

会计循环过程能够确认企业经济交易和事项，分析和记录经济业务的影响，并汇总相关信息为决策制定者提供帮助。所以首先需要了解会计循环各步骤的基本内容，理解会计信息的生成过程。会计要素是根据经济业务的特征进行的基本分类，以便于记录、归类和汇总相关信息。我国企业会计要素按照其性质分为资产、负债、所有者权益、收入、费用和利润。账户是按照会计要素对经济活动进行分类记录的工具；与会计要素具有同一性的是，账户也分成了六类；通过对账户中的信息进行分析汇总，可以编制出各种财务报表及其他报表，为决策者提供帮助。将经济业务的增减变化进行记录的方法是复式记账法，其依据来源于会计等式，借贷记账法是方法之一。通过定义借方和贷方来描述账户的增减变动，每笔交易的发生至少会影响到两个账户，并且至少影响到一个账户的借方和另一个账户的贷方，对于资产和费用类账户而言，账户的借方代表正常余额，但对负债、所有者权益和收入类账户来说，账户的贷方代表正常的余额。试算平衡表列出了总分类账中包含的所有账户，为编制财务报表提供帮助，并帮助查找出记账过程中存在的错误。

 **关键词汇**

会计要素（accounting elements）
资产（assets）
负债（liabilities）
所有者权益（owner's equity）
收入（revenue）
费用（expense）
利润（profit）
会计等式（accounting equation）
会计循环（accounting cycle）
会计科目（accounting subject）
账户（accounting）
复式记账（double entry bookkeeping）
借贷记账（debit-credit bookkeeping）
试算平衡（trial balancing）

 **练习题**

南山公司202×年4月发生如下业务：

（1）4月1日，用银行存款向乙公司预付商品购货款5万元；

（2）4月3日，从乙公司购入商品，价值10万元，扣除预付款后，余款以后支付；

（3）4月5日，预收A公司购货款5万元，存入银行；

（4）4月20日，购入电脑等办公设备10万元，款项未支付，并开具银行承兑汇票一张；

（5）4月31日，本月应支付管理人员的工资薪酬为10万元，工资尚未发放。

要求：请为上述业务编制会计分录。

答案解析 扫描此码

 **思政案例讨论**

税收制度变迁

目的：结合我国税收制度变迁对于减轻企业税费负担，增强国家经济实力从而惠及民众的重要意义，让学生更直观感受新中国成立及改革开放以来我国发生翻天覆地的变化，祖国繁荣昌盛，增加学生对我国制度的自信和道路自信。

要求：试分析我国税制变迁历史，分析税制改革对我国带来的重大影响。

分析：新中国成立以来，我国税制变迁始终和国家发展一脉相承、一体并进。各历史时期的社会经济环境对税制建设提出诉求，这些诉求直接引领着当时税制的改革方向；税制建设与发展在具体的历史阶段刻印其自身轨迹，这些轨迹接连成相对自洽的演进路径；不仅反映了我国社会政治经济发展的内在流变，体现了政府与市场关系的深层变革，更为社会主义市场经济的培育壮大提供了深远动力。

（一）社会主义过渡和建设时期（1949—1977）的税制变迁——社会主义税制初步建立和曲折发展阶段

税制建设发展的演进路径：沿节点分明的纵轴线展开。一是1950年建立新税制。1949年9月，《中国人民政治协商会议共同纲领》明确国民依法纳税义务，提出建立统一税制的要求。1950年1月，《全国税政实施要则》及其后附的各税种暂行条例，规定在全国范围征收14种中央税和地方税，统一了全国税政。二是1953年修订新税制，公私有别是此次修订的主要特征，衍生出庞大复杂的税制系统。三是1958年改革工商税制。这是第一次大规模税制改革，简化税制，税收的地位开始下降。四是1973年调整简并税制。已经简化的税制仍被批判为"繁琐哲学"，税制调整凸显"税利合一"的简并特征。

（二）改革开放初期（1978—1992）的税制变迁——社会主义市场经济税制早期建构阶段

税制建设发展的演进路径：遵从"对外开放"和"对内搞活"两条主线展开。一是适应"对外开放"要求的涉外税制建立与发展。1980年至1981年，《中外合资经营企业所得税法》《个人所得税法》《外国企业所得税法》3部涉外税法相继出台。陆续制订了《关于外商从我国所得的利息有关减免所得税的暂行规定》（1983年）等鼓励外商投资的税收法规，初步建立起一套比较完整的涉外税收制度。1983年，与日本签订了第一个双边税收协定。二是助力"对内搞活"改革探索的国内税制构建。理论界对国有企业征税问题做出了充分论证后，1980年陆续试点增值税。1983年，第一步利改税，开始对有盈利的国营企业征收所得税。1984年，第二步利改税，对国营大中型企业实现的利润继续按55%税率征收所得税后，对剩余利润较多的企业再征收国营企业调节税。工商税制改革全面启动，把原有的工商税分解为产品税、增值税和营业税，恢复和新增了盐税、资源税等其他税种，发布了国营企业所得税等一系列行政法规。截至1992年底，我国工商税制共设七大类37个税种。

（三）社会主义市场经济建立和完善时期（1993—2012）的税制变迁——社会主义市场经济税制基本确立阶段

税制建设发展的演进路径：沿从主体改制到循序完善的递进态势展开。一是1994年的税制改革开启了税制发展大幕。税制结构调整方面，逐步确立增值税和营业税并行征收、增值税和消费税交叉征收的流转税征收格局，取消国营企业所得税等税种；对个人收入和个体工商业户的生产经营所得统一实行修改后的《个人所得税法》；调整、撤并、开征其他税种；企业承包上缴所得税等。分税制改革方面，构建了中央税收和地方税收体系，建立了税收返还和转移支付制度。二是货物劳务税改革与完善。2009年全面实现从生产型增值税到消费型增值税的转型，2012年启动营改增试点，2000年以车辆购置税取代车辆购置附加费，自2006年开始，多次调整消费税税目、税率。三是所得税改革与完善。2008年，将《企业所得税暂行条例》和《外商投资和外国企业所得税法》合并，制定新的企业所得税法。2005年起，3次提高个人工资、薪金免征额，多次给予其他个税政策优惠。四是其他税种改革与完善。2006—2007年间，对车船使用税、城镇土地使用税等零星税种进行了调整完善。2010—2012年间，车船税、城镇土地使用税等税种相继实现内外统一。2006年，农业税废止，沿袭2000年之久的古老税种退出税制历史。

（四）进入新时代的税制改革（2013—）——现代税收制度全面建设阶段

税制建设发展的演进路径：从6大税种具体改革方向切入展开。一是推进增值税改革，2017年，在中国实施60多年的营业税正式退出历史舞台，增值税改革持续深化。二是建立综合与分类相结合的个人所得税制，2018年，对《个人所得税法》进行了第7次修订。三是构建"绿色"环保税制，2018年，《环境保护税法》正式施行。四是深化资源税改革，2014—2016年，分别对煤炭资源等全面实施清费立税；2017年12月，水资源税改革在北京等9个省份实施扩大试点。五是完善消费税制，先后取消了汽车轮胎消费税，提高"高档化妆品"税率；提高成品油消费税税率，对无汞原电池、锂电池免征消费税等。六是加快房地产税改革。

第 3 章

日常——企业基本经济业务的会计核算

本章介绍了企业融资活动的会计核算;经营活动的会计核算;投资活动的会计核算。具体包括企业从创立开始进行债权融资以及股权融资到日常的经营活动购入材料物资、领用材料物资进行生产、支付薪酬及各项费用、生产出的产品对外销售、计算应交税费、结算债权债务、对外投资再到结转收入及费用、利润的形成和按照规定的程序进行分配的最基本的经济业务及其相应的会计核算。

通过本章内容的学习,同学们应:

1. 掌握融资活动的会计核算;
2. 掌握经营活动的会计核算;
3. 掌握投资活动的会计核算;
4. 掌握利润形成与分配活动的会计核算;
5. 理解会计凭证填制与审核。

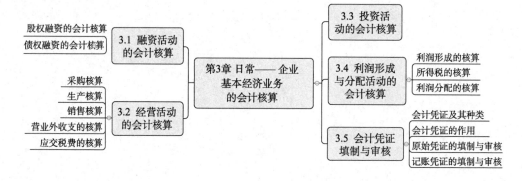

一年一度的"双 11"已然成为全国人民的购物狂欢节。你是购物达人吗?作为购物达人的你,每天"下单—付款—收货",一定忙得不亦乐乎。你知道吗?在这全民"买买买"的盛宴中,有一群人因为你的买买买快要忙翻了。他们就是——"双 11"中忙碌的

第3章 日常——企业基本经济业务的会计核算

会计人。

"双11",你多半会有在天猫的"剁手"经历。现在就以你在天猫买衣服的购物经历为例,我们一起回顾一下你买买买的过程(图3-1)。

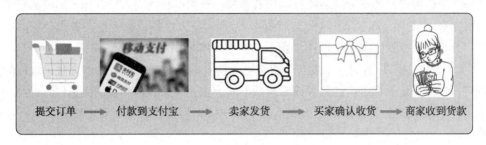

图3-1 网购过程

第一步,你提交订单,要买一件心仪已久的衣服。
第二步,你不再犹豫,在"待支付"订单中,选中这笔订单结算付款。
第三步,卖家把这件衣服交付给快递公司,发货给你。
第四步,你收到快递员送来的衣服,查验无误,确认收货。
第五步,卖家收到货款。
请思考:在你买衣服的过程中,卖家的会计需要做什么会计处理呢?谈谈你的想法吧。

在"日常——企业基本经济业务的会计核算"这一章,我们将会一起学习企业从创立到采购、生产、销售等各项基本经济业务的会计处理。

3.1 融资活动的会计核算

本节介绍企业融资活动的会计核算,包括股权融资与债权融资等。资金是企业的"血液",企业所需要的资金来源于两方面:一是投资者的投入,二是负债形成。适度举债对于优化资本结构、降低资本成本有着重要意义。

3.1.1 股权融资的会计核算

投资者按照企业章程或合同、协议的约定,实际投入企业的资本是企业的实收资本。所有者向企业投入的资本,一般情况下无须偿还,可以长期周转使用。企业组织形式不同,所有者投入资本的会计核算方法也有所不同。除股份有限公司对股东投入资金应设置"股本"账户外,其余企业均设置"实收资本"账户,核算企业实际收到的投资者投入的资本。企业实收资本(或股本)除下列情况外,不得随意变动:符合增资条件,并经有关部门批准增资;企业按法定程序报经批准减少注册资本。投资人可以用现金投资,也可以用现金以外的其他有形资产投资,符合国家规定比例的,还可以用无形资产投资。

"实收资本"账户是所有者权益类账户,核算企业接受股东投入的股本。贷方登记投资者投入企业的资本，借方登记按法定程序报经批准减少的注册资本，期末贷方余额反映企业实收资本或股本总额。本账户按投资人设置明细账，进行明细核算。

"资本公积"账户是所有者权益类账户，核算企业收到投资者出资额超过其在注册资本或股本中所占份额的部分及直接计入所有者权益的利得和损失。贷方登记形成的资本公积，借方登记减少的资本公积（如转增资本），期末贷方余额反映企业的资本公积。本科目应当分别设置"资本溢价（股本溢价）""其他资本公积"进行明细核算。

"无形资产"账户是资产类账户，核算企业持有的无形资产成本。借方登记取得的无形资产，贷方登记无形资产的处置或对预期不能为企业带来经济利益的无形资产的结转，期末借方余额反映企业无形资产的成本。本账户按无形资产项目设置明细账，进行明细核算。

1. 投资者以现金投资的核算

投资者以现金投入的资本，按其在注册资本或股本中所占份额入账。

例 3-1：2020 年 9 月 8 日，甲、乙、丙共同投资设立 A 有限责任公司，注册资本为 200 万元，甲、乙、丙持股比例分别为 60%、25%和 15%。按照章程规定，甲、乙、丙投入资本分别为 120 万元、50 万元和 30 万元。A 有限责任公司已如期收到各投资者一次缴足的款项。A 有限责任公司应编制如下会计分录：

借：银行存款　　　　　　　　　　　　　　　　　　　　　　　　200
　　贷：实收资本——甲　　　　　　　　　　　　　　　　　　　　120
　　　　　　　　——乙　　　　　　　　　　　　　　　　　　　　 50
　　　　　　　　——丙　　　　　　　　　　　　　　　　　　　　 30

2. 投资者以非现金资产投资的核算

投资者以非现金资产投入的资本，应当按照投资合同或协议约定的价值确定。

例 3-2：甲有限责任公司于设立时收到乙公司作为资本投入的不需要安装的机器设备一台，合同约定该机器设备的价值为 200 万元，增值税进项税额为 26 万元（由投资方支付税款，并提供或开具增值税专用发票）。经约定，甲公司接受乙公司的投入资本为 226 万元，全部作为实收资本。合同约定的固定资产价值与公允价值相符，不考虑其他因素。甲公司应编制如下会计分录：

借：固定资产　　　　　　　　　　　　　　　　　　　　　　　　200
　　应交税费——应交增值税（进项税额）　　　　　　　　　　　　 26
　　贷：实收资本——乙公司　　　　　　　　　　　　　　　　　　226

例 3-3：丙有限责任公司于设立时收到 A 公司作为资本投入的非专利技术一项，该非专利技术投资合同约定价值为 60 000 元，增值税进项税额为 3 600 元（由投资方支付税款，并提供或开具增值税专用发票）；同时收到 B 公司作为资本投入的土地使用权一项，投资合同约定价值为 80 000 元，增值税进项税额为 7 200 元（由投资方支付税款，并提供或开具增值税专用发票）。合同约定的价值与公允价值相符，不考虑其他因素。

丙有限责任公司应编制如下会计分录：

借：无形资产——非专利技术	60 000
——土地使用权	80 000
应交税费——应交增值税（进项税额）	10 800
贷：实收资本——A 公司	63 600
——B 公司	87 200

3.1.2 债权融资的会计核算

企业所需要的资金，除了来源于所有者的投入外，还可以通过负债取得。常见的负债方式包括向银行或其他金融机构借入款项和发行债券等。

短期借款是企业向银行或其他金融机构等借入的期限在 1 年以下（含 1 年）的各种款项。短期借款一般是企业为维持正常生产经营或者为抵偿某项债务而借入的。长期借款指偿还期在 1 年以上，或超过 1 年的一个营业周期以上的债务，主要用于解决企业长期资产购建活动对资金的需求。

"短期借款"是负债类账户，核算企业向银行或其他金融机构等借入的期限在 1 年以下（含 1 年）的各种借款。贷方登记企业借入的款项，借方登记归还的借款，期末贷方余额，反映企业尚未偿还的借款，本账户应按债权人设置明细账，并按借款种类和币种进行明细核算。

"长期借款"是负债类账户，核算企业向银行或其他金融机构等借入的期限在 1 年以上（不含 1 年）的各种借款。贷方登记企业借入的款项，借方登记归还的借款，期末贷方余额，反映企业尚未偿还的借款，本账户应按债权人设置明细账，并按借款种类和币种进行明细核算。

"短期借款"账户只核算借款的本金，而"长期借款"账户可核算借款的本息。

企业所发生的借款费用，是指因借款而发生的利息、折价或溢价的摊销和辅助费用，以及因外币借款而发生的汇兑差额。因借款而发生的辅助费用包括手续费等。为购建固定资产的专门借款所发生的借款费用，在固定资产达到预定可使用状态前的，借记"在建工程"，贷记"长期借款"，固定资产达到预定可使用状态后的，以及生产经营期间其他借款费用，于发生当期借记"财务费用"，贷记"长期借款"。

例 3-4： A 公司 2020 年 10 月 1 日从银行借入 100 万元，期限 6 个月，年利率为 6%，按季度支付利息，借款到期后一次还本。

A 公司应编制如下会计分录：

（1）取得借款时：

| 借：银行存款 | | 100 |
| 贷：短期借款 | | 100 |

（2）A 公司 2020 年 10 月末计提利息：

| 借：财务费用 | （100×6%/12） | 0.5 |
| 贷：应付利息 | | 0.5 |

（3）11月末计提利息同10月：

借：财务费用　　　　　　　　　　　　　　　　　　　　　　　　0.5
　　贷：应付利息　　　　　　　　　　　　　　　　　　　　　　　　0.5

（4）按季实际支付利息时：

12月末支付当月利息：

借：财务费用　　　　　　　　　　　　　　　　　　　　　　　　0.5
　　贷：银行存款　　　　　　　　　　　　　　　　　　　　　　　　0.5

12月末支付前2个月计提的利息：

借：应付利息　　　　　　　　　　　　　　　　　　　　　　　　1
　　贷：银行存款　　　　　　　　　　　　　　　　　　　　　　　　1

（5）2021年3月末归还本金：

借：短期借款　　　　　　　　　　　　　　　　　　　　　　　　100
　　贷：银行存款　　　　　　　　　　　　　　　　　　　　　　　　100

例3-5：A公司于2020年11月31日向银行借入1 000 000元用于日后建造厂房，期限2年，年利率8%，每年年底归还借款利息，借款期满后一次还清本金。会计分录如下：

借：银行存款　　　　　　　　　　　　　　　　　　　　　　　　1 000 000
　　贷：长期借款　　　　　　　　　　　　　　　　　　　　　　　　1 000 000

3.2　经营活动的会计核算

工业企业为满足商品生产的需要，要有计划地采购材料，工人利用机器设备等固定资产将材料加工成产品，产品通过销售获得收入，抵补各项费用，从而实现利润。商业企业通过购进库存商品对外转售，进销差价抵补各项费用，从而实现利润。

3.2.1　采购核算

1. 购建固定资产的核算

固定资产是企业最基本的生产资料，一般企业在创立阶段会发生购建固定资产的业务，在正常的生产经营阶段也会发生增加固定资产的业务。固定资产是指企业使用期限超过1年的房屋、建筑物、机器、机械、运输工具以及其他与生产、经营有关的设备、器具、工具等。"固定资产"属于资产类账户，借方登记固定资产取得时的成本，贷方登记由于各种原因转出的和由于出售、报废或者毁损等原因减少的固定资产的取得成本，期末借方余额反映企业实有的固定资产的取得成本。

1）自行建造固定资产的核算

企业自行建造的固定资产，按建造该项资产达到预定可使用状态前所发生的必要支出，作为入账价值。"建造该项资产达到预定可使用状态前所发生的必要支出"，包括工程用物资成本、人工成本、应予以资本化的固定资产借款费用、交纳的相关税金以及应分摊的其他间接费用等。

"在建工程"账户是资产类账户,该账户核算企业进行的基建工程、安装工程、技术改造工程、大修理工程等发生的实际支出,借方登记有关工程的建造成本,贷方结转达到预定可使用状态的工程的实际成本,期末借方余额反映尚未达到预定可使用状态的在建工程的成本。本账户可按"建筑工程""安装工程""在安装设备""待摊支出"以及单项工程等设置明细账,进行明细核算。

"工程物资"账户是资产类账户,核算企业为在建工程准备的各种物资的实际成本。借方登记取得上述物资的实际成本,贷方反映领用上述物资的成本,期末借方余额反映企业为工程购入但尚未领用的各种物资的实际成本。本账户可按"专用材料""专用设备""工器具"等设置明细账,进行明细核算。

例 3-6: A公司2020年10月自营建造车间一幢,购入为工程准备的各种物资500 000元,增值税专用发票上注明的增值税税额为65 000元,全部用于工程建设。领用本企业生产的水泥一批,实际成本为400 000元,应计工程人员工资100 000元。支付的其他费用并取得增值税专用发票,注明安装费30 000元,税率9%,增值税税额2 700元。工程完工并达到预定可使用状态。A公司为增值税一般纳税人,根据上述业务应编制会计分录如下:

(1)购入工程物资时:

借:工程物资 500 000
　　应交税费——应交增值税(进项税额) 65 000
　　贷:银行存款 565 000

(2)领用工程物资时:

借:在建工程 500 000
　　贷:工程物资 500 000

(3)工程领用本企业生产的水泥时:

借:在建工程 400 000
　　贷:库存商品 400 000

(4)分配工程人员薪酬时:

借:在建工程 100 000
　　贷:应付职工薪酬 100 000

(5)支付工程发生的其他费用时:

借:在建工程 30 000
　　应交税费——应交增值税(进项税额) 2 700
　　贷:银行存款 32 700

(6)工程完工转入固定资产时:

该工程的成本 = 500 000 + 400 000 + 100 000 + 30 000 = 1 030 000(元)

借:固定资产 1 030 000
　　贷:在建工程 1 030 000

2)外购固定资产的核算

企业外购固定资产的成本包括买价、相关税费,以及为使固定资产达到预定可使用状态前发生的可直接归属于该资产的其他支出,如场地整理费、运输费、装卸费、安装费和专业人员服务费等。

例 3-7: A 公司 2020 年 11 月购入一台需要安装的设备,取得的增值税专用发票上注明的价款为 200 000 元,增值税税额为 26 000 元,支付安装费并取得增值税专用发票,注明安装费 40 000 元,税率 9%,增值税税额 3 600 元。公司为增值税一般纳税人,有关会计分录如下:

(1) 购入进行安装时:

借:在建工程　　　　　　　　　　　　　　　　　　　　　　200 000
　　应交税费——应交增值税(进项税额)　　　　　　　　　　26 000
　　贷:银行存款　　　　　　　　　　　　　　　　　　　　　226 000

(2) 支付安装费时:

借:在建工程　　　　　　　　　　　　　　　　　　　　　　 40 000
　　应交税费——应交增值税(进项税额)　　　　　　　　　　 3 600
　　贷:银行存款　　　　　　　　　　　　　　　　　　　　　 43 600

(3) 设备安装完毕交付使用时:

该设备的成本 = 200 000 + 40 000 = 240 000(元)

借:固定资产　　　　　　　　　　　　　　　　　　　　　　240 000
　　贷:在建工程　　　　　　　　　　　　　　　　　　　　　240 000

2. 材料购进的核算

企业正常的生产经营活动通常以购入原材料作为开始,购入原材料时可以采取即时付款、信用期之内付款和预付账款的方式。

"在途物资"账户是资产类账户,核算企业货款已付尚未验收入库的各种物资的采购成本,包括:买价加运输费、装卸费、保险费、包装费、仓储费、运输途中的合理损耗、入库前的挑选整理费用和按规定应计入成本的税金以及其他费用。借方登记支付货款或运杂费或开出承兑商业汇票时尚未到达或尚未验收入库的物资,贷方登记到达验收入库的物资,期末借方余额反映企业已付款或已开出承兑商业汇票但尚未到达或尚未验收入库的在途物资的采购成本。本账户按供应单位和物资品种设置明细账,进行明细核算。

"原材料"账户是资产类账户,核算企业库存的各种材料,借方登记入库的原材料,贷方登记领用的或出售的原材料,本账户期末借方余额,反映企业库存原材料的成本。本账户应按材料的保管地点(仓库)、材料的类别、品种和规格设置材料明细账。

"应付账款"账户是负债类账户,核算企业因购买材料、商品和接受劳务供应等而应付给供应单位的款项。贷方登记企业购入材料、商品等验收入库但尚未支付的货款,企业接受供应单位提供劳务而发生的应付未付款项。支付时,借记本账户。本账户期末贷方余额,反映企业尚未支付的应付账款余额。本账户应按债权人设置明细账,进行明细核算。

"预付账款"账户是资产类账户,核算企业按合同规定预付的款项。借方登记企业因购货而预付的款项和收到所购物资时补付的款项,贷方登记收到所购物资的应付金额和退回多付的款项,期末借方余额,反映企业实际预付的款项,如为贷方余额,反映企业尚未补付的款项。本账户应按供货单位设置明细账，进行明细核算。预付款项情况不多的，也可以不设置本科目，将预付的款项直接记入"应付账款"科目。

"应交税费——应交增值税"账户是负债类账户，一般纳税人在借方设置"进项税额""已交税金"，在贷方设置"销项税额""进项税额转出""出口退税"专栏。购买商品或接受劳务允许抵扣的增值税在进项税额中核算，交纳税金时在已交税金核算；销售商品或提供应税劳务应交的增值税在销项税额中核算，进项税额转出核算外购材料改变用途用于非应税项目（如构建固定资产等）时原进项税额的转出，出口退税核算应收政府的退税额，当月应交的增值税额等于贷方合计减借方合计。

例 3-8：A 公司 2020 年 10 月 1 日购入原材料 500 吨，价款 300 000 元，增值税专用发票上注明的增值税进项税额 39 000 元，应计入材料采购成本的运杂费为 10 000 元，材料到达并验收入库，货款已通过银行支付。有关会计分录如下：

（1）结算材料货款时：

借：在途物资	310 000
应交税费——应交增值税（进项税额）	39 000
贷：银行存款	349 000

（2）材料验收入库时：

借：原材料	310 000
贷：在途物资	310 000

例 3-9：A 公司 2020 年 11 月 1 日购入原材料 500 吨，价款 350 000 元，增值税专用发票上注明的增值税进项税额 45 500 元，材料尚未到达，货款未付。有关会计分录如下：

借：在途物资	350 000
应交税费——应交增值税（进项税额）	45 500
贷：应付账款	395 500

例 3-10：A 公司 2020 年 12 月 1 日预付材料款 28 250 元，会计分录如下：

借：预付账款	28 250
贷：银行存款	28 250

例 3-11：A 公司 2020 年 12 月 31 日收到材料 50 吨，价款 25 000 元，增值税专用发票上注明的增值税进项税额 3 250 元，已于 12 月 1 日预付了 29 250 元。有关会计分录如下：

借：原材料	25 000
应交税费——应交增值税（进项税额）	3 250
贷：预付账款	28 250

3.2.2　生产核算

在产品的生产过程中，劳动者利用劳动资料对劳动对象进行加工使之成为劳动产品，因此生产过程的主要会计业务是材料费的发生、职工工资的发生、固定资产折旧的发生和分配、用货币开支的水电费及办公费等的归集和分配。因而对产品生产业务的核算应从以下几方面进行：

1. 领用材料的核算

工业企业生产产品需要消耗材料，各部门领用材料需填制领料单，会计期末根据发料凭证的汇总将材料的消耗分别计入有关成本费用。

"生产成本"账户是成本类账户，核算企业进行工业性生产，包括生产各种产品（包括产成品、自制半成品、提供劳务等）、自制材料、自制工具、自制设备等所发生的各项生产成本。借方登记企业发生的各项直接生产成本，贷方登记期末已经生产完成并已验收入库的产成品成本。期末借方余额，反映企业尚未加工完成的各项在产品的成本。本账户应当分别按照基本生产车间和成本核算对象（如产品的品种、类别、订单、批别、生产阶段等）设置明细账（或成本计算单），并按规定的成本项目设置专栏。

"制造费用"账户是成本类账户，核算企业为生产产品和提供劳务而发生的各项间接费用，借方登记生产车间发生的机物料消耗，发生的车间管理人员工资等职工薪酬，生产车间计提的固定资产折旧，生产车间支付的办公费、水电费等，发生的季节性停工损失等。贷方登记分配计入有关成本核算对象的制造费用。除季节性生产性企业外，本账户期末应无余额。

例 3-12：A 公司 2020 年 12 月的"发料凭证汇总表"中列明的各部门领用原材料情况如下：基本生产车间共计领用 200 000 元，其中用于甲产品生产 120 000 元，用于乙产品生产 80 000 元，车间管理部门共计领用 34 000 元，产品销售部门共计领用 10 000 元，企业管理部门共计领用 30 000 元。根据上述汇总情况，编制有关会计分录如下：

借：生产成本——甲　　　　　　　　　　　　　　　　　　　　120 000
　　　　　　——乙　　　　　　　　　　　　　　　　　　　　 80 000
　　制造费用　　　　　　　　　　　　　　　　　　　　　　　 34 000
　　销售费用　　　　　　　　　　　　　　　　　　　　　　　 10 000
　　管理费用　　　　　　　　　　　　　　　　　　　　　　　 30 000
　　贷：原材料　　　　　　　　　　　　　　　　　　　　　　 274 000

2. 职工薪酬的核算

职工薪酬，是指企业为获得职工提供的服务而给予的报酬以及其他相关支出。包括：职工工资、奖金、津贴和补贴；职工福利费；医疗保险费、养老保险费、失业保险费、工伤保险费和生育保险费等社会保险费；住房公积金；工会经费和职工教育经费；非货币性福利；因解除与职工的劳动关系给予的补偿；其他与获得职工提供的服务相关的支出。

为了总括反映企业职工薪酬的结算及分配情况，会计上单设"应付职工薪酬"账户。"应付职工薪酬"账户是负债类账户，该账户集中核算根据有关规定应付给职工的各种薪酬，贷方反映应付给职工的薪酬，借方反映实际支付给职工的薪酬。期末贷方余额反映企业应付未付的职工薪酬。本账户可按"工资""职工福利""社会保险费""住房公积金""工会经费""职工教育经费""非货币性福利""辞退福利""股份支付"等设置明细账，进行明细核算。

薪酬是企业的一种支出，会计上对各月应付的职工薪酬，需按职工的工作岗位分别计入有关成本、费用。其中，生产工人的职工薪酬计入生产成本，车间管理人员的职工薪酬计入制造费用,管理部门人员的职工薪酬计入管理费用,销售部门人员的职工薪酬计入销售费用,应由在建工程负担的职工薪酬,计入在建工程成本。

例 3-13:A 公司 2020 年 12 月的"工资汇总表"上列示应付职工薪酬 181 000 元。其中:生产甲产品的工人薪酬 57 000 元,生产乙产品的工人薪酬 34 200 元,车间管理人员薪酬 32 800 元,产品销售部门人员薪酬 22 800 元,企业行政管理人员薪酬 34 200 元。有关会计分录如下:

借:生产成本——甲　　　　　　　　　　　　　　　　　　　57 000
　　　　　　——乙　　　　　　　　　　　　　　　　　　　34 200
　　制造费用　　　　　　　　　　　　　　　　　　　　　　32 800
　　销售费用　　　　　　　　　　　　　　　　　　　　　　22 800
　　管理费用　　　　　　　　　　　　　　　　　　　　　　34 200
　　贷:应付职工薪酬　　　　　　　　　　　　　　　　　　181 000

企业发放职工薪酬的会计分录如下:

借:应付职工薪酬　　　　　　　　　　　　　　　　　　　　181 000
　　贷:银行存款　　　　　　　　　　　　　　　　　　　　181 000

注:因发放职工薪酬一般在下月,因而此笔分录无须登记在本月的账户中。

3. 固定资产计提折旧的核算

固定资产折旧是指在固定资产使用寿命内,按照确定的方法对应计折旧额进行的系统分摊。固定资产折旧计入生产成本的过程,即是随着固定资产价值的转移,以折旧的形式在产品销售收入中得到补偿,并转化为货币资金的过程。

从本质上讲,折旧也是一种费用,只不过这一费用没有在计提期间付出实实在在的货币资金,但这种费用是前期已经发生的支出,而这种支出的收益在资产投入使用后的有效使用期内实现,无论是从权责发生制的原则,还是从收入与费用配比的原则讲,计提折旧都是必要的,如果不提折旧或不正确地计提折旧,都会错误地计算企业的产品成本、损益。

"累计折旧"是"固定资产"的备抵账户,核算企业固定资产的累计折旧。贷方登记按月计提的固定资产折旧,借方登记处置固定资产而相应结转的累计折旧,贷方余额反映企业现有固定资产的累计折旧额。本账户可按固定资产的类别或项目设置明细账,进行明细核算。

例 3-14:2020 年 12 月 31 日企业根据车间"固定资产折旧计算表"按月计算出固定资产折旧额,机器设备假定能使用 5 年,不考虑净残值,按直线法计提折旧,每月折旧额为 660 000÷5÷12=11 000(元),会计分录如下:

借:制造费用　　　　　　　　　　　　　　　　　　　　　　11 000
　　贷:累计折旧　　　　　　　　　　　　　　　　　　　　11 000

本章省略其他固定资产折旧计算及无形资产摊销。

4. 费用的核算

企业生产经营过程中发生的各项费用按其支付期间与归属期间的关系可以分为两种情况:第一,费用的支付期间与归属期间一致,即本期内已支付的费用就是本期应当负担的费用。第二，费用的支付期间与归属期间不一致，即本期内支付不应由本期负担的费用或应由本期负担但尚未支付的费用。

1）支付期间与归属期间一致的费用的核算

企业在经营活动过程中，经常会发生各项组织和管理费用，为筹集生产经营所需资金的费用，销售商品过程中的费用等。

"销售费用"账户是损益类账户，核算企业销售商品和材料、提供劳务的过程中发生的各种费用。借方登记发生的销售费用，期末应将本账户的余额转入"本年利润"账户，结转后本账户应无余额。本账户应按费用项目设置明细账，进行明细核算。

"管理费用"账户是损益类账户，核算企业为组织和管理企业生产经营所发生的费用，借方登记发生的管理费用，期末，应将本账户的余额转入"本年利润"账户，结转后本账户应无余额。本账户应按费用项目设置明细账，进行明细核算。

"财务费用"账户是损益类账户，核算企业为筹集生产经营所需资金等而发生的费用，借方登记发生的财务费用，贷方登记发生的应冲减财务费用的利息收入、汇兑损益、现金折扣。期末，应将本账户的余额转入"本年利润"账户，结转后本账户应无余额。本账户应按费用项目设置明细账，进行明细核算。

"其他应收款"账户是资产类账户，核算企业除应收票据、应收账款、预付账款等以外的其他各种应收、暂付款项，借方登记企业发生的各种应收、暂付款项，贷方登记各种款项的收回或转销，期末借方余额，反映企业尚未收回的其他应收款项。本账户可按对方单位（或个人）设置明细账，进行明细核算。

例 3-15：2020 年 12 月 1 日提取现金 10 000 元，会计分录如下：

借：库存现金　　　　　　　　　　　　　　　　　　　　10 000
　　贷：银行存款　　　　　　　　　　　　　　　　　　　　10 000

例 3-16：A 公司 2020 年 12 月用银行存款支付广告费用 8 787 元。会计分录如下：

借：销售费用　　　　　　　　　　　　　　　　　　　　8 787
　　贷：银行存款　　　　　　　　　　　　　　　　　　　　8 787

例 3-17：2020 年 12 月 30 日归还到期的短期借款本息，会计分录如下：

借：短期借款　　　　　　　　　　　　　　　　　　　　200 000
　　财务费用　　　　　　　　　　　　　　　　　　　　7 500
　　贷：银行存款　　　　　　　　　　　　　　　　　　　　207 500

例 3-18：2020 年 12 月 20 日，职工预借差旅费 3 000 元，会计分录如下：

借：其他应收款　　　　　　　　　　　　　　　　　　　3 000
　　贷：库存现金　　　　　　　　　　　　　　　　　　　　3 000

例 3-19：A 公司 2020 年 12 月支付办公费、业务招待费等共计 17 500 元，其中现金支付 800 元，其余银行转账支付，会计分录如下：

借：管理费用　　　　　　　　　　　　　　　　　　　　17 500
　　贷：库存现金　　　　　　　　　　　　　　　　　　　　800
　　　　银行存款　　　　　　　　　　　　　　　　　　　　16 700

例 3-20：2020 年 12 月 30 日，职工报销差旅费 2 500 元，会计分录如下：

借：库存现金 500
　　管理费用 2 500
　　贷：其他应收款 3 000

2）支付期间与归属期间不一致的费用的核算

按照权责发生制的要求，凡属于本期的收入和费用，不管其款项是否在本期收付，均作为本期的收入或费用处理；相反，凡不属于本期的收入和费用，即使款项在本期收付，也不作为本期的收入或费用处理。对于两期不一致的费用，会计上设置"长期待摊费用"和"应付利息"等账户进行核算。

"长期待摊费用"账户是资产类账户，核算企业已经支出，但应由本期和以后各期分别负担的分摊期限在1年以上的各项费用。借方登记发生的长期待摊费用，贷方登记在受益期限内平均摊销的费用，期末借方余额，反映企业各种已支付但尚未摊销完毕的费用。应按费用种类设置明细账，进行明细核算。

"应付利息"账户是负债类账户，核算企业按合同约定应支付的利息，贷方登记按合同计算确定的应付未付利息，借方登记实际支付的利息，期末贷方余额反映企业应付未付的利息。本账户可按存款人或债权人设置明细账，进行明细核算。

例 3-21：A 公司 2020 年 12 月 31 日向银行借入一笔生产经营用短期借款，共计 1 200 000 元，期限为 9 个月，年利率为 4%。根据与银行签署的借款协议，该项借款的本金到期后一次归还，利息按季支付。月末，计提利息时的会计分录如下：

本月应计提的利息 = 1 200 000 × 4% ÷ 12 = 4 000（元）

借：财务费用 4 000
　　贷：应付利息 4 000

例 3-22：A 公司 2020 年 6 月 1 日甲公司对以租赁方式新租入的办公楼进行装修，发生有关支出：领用生产用材料 800 000 元；有关人员工资等职工薪酬 400 000 元。

2020 年 11 月 30 日，该办公楼装修完工，达到预定可使用状态并交付使用，按租赁期 10 年进行摊销。假定不考虑其他因素。A 公司应编制如下会计分录：

（1）装修领用原材料时：

借：长期待摊费用 800 000
　　贷：原材料 800 000

（2）确认工程人员职工薪酬时：

借：长期待摊费用 400 000
　　贷：应付职工薪酬 400 000

（3）2020 年 12 月摊销装修支出时：

应分摊的装修支出 =（800 000 + 400 000）÷ 10 ÷ 12 = 10 000（元）

借：管理费用 10 000
　　贷：长期待摊费用 10 000

5. 产品生产完工验收入库，核算产成品成本

制造费用应按企业成本核算办法的规定，分配计入有关的成本核算对象。月份终了，分配制造费用。制造费用的分配方法一般有下列几种：按生产工人工资；按生产工人工时；按机器工时；按耗用原材料的数量或成本；按直接成本（原材料、燃料、动力、生产工人工资）；按产品产量。企业具体采用哪种分配方法由企业自行决定。分配方法一经确定，不得随意变更。如需变更，应当在会计报表附注中予以说明。

"库存商品"账户是资产类账户，核算企业库存的各种商品的实际成本，借方登记生产完工验收入库的产成品或购入的商品，贷方登记销售的产成品或商品，期末借方余额，反映企业库存各种商品的实际成本。本账户应按库存商品的种类、品种和规格设置明细账，进行明细核算。

例 3-23：承接例 3-13，2020 年 12 月 31 日按生产工人工资比例分配制造费用，会计分录如下：

甲产品应分配的制造费用：57 000÷（57 000+34 200）×77 800=48 625（元）
乙产品应分配的制造费用：34 200÷（57 000+34 200）×77 800=29 175（元）

借：生产成本——甲　　　　　　　　　　　　　　　　　　　48 625
　　　　　　——乙　　　　　　　　　　　　　　　　　　　29 175
　　贷：制造费用　　　　　　　　　　　　　　　　　　　　77 800

例 3-24：2020 年 12 月 31 日，本月生产的甲产品 100 件和乙产品 100 件已经全部生产完工并已验收入库。甲产品完工产品成本 225 625 元，乙产品完工产品成本 143 375 元。会计分录如下：

借：库存商品——甲　　　　　　　　　　　　　　　　　　 225 625
　　　　　　——乙　　　　　　　　　　　　　　　　　　 143 375
　　贷：生产成本——甲　　　　　　　　　　　　　　　　　225 625
　　　　　　　　——乙　　　　　　　　　　　　　　　　　143 375

3.2.3　销售核算

1. 主营业务收支的核算

商品通过销售才能获得收入，从而抵补各项费用实现经营利润，商品销售过程包括发出商品和结算货款两方面内容。会计核算上一方面要按商品的售价反映商品销售收入，另一方面要按已销商品的成本结转商品的销售成本，并注销库存商品。销售商品的收款方式可以分为即时收款、信用期以内收款和预收账款几种方式。

"主营业务收入"账户是损益类账户，核算企业销售商品、提供劳务等主营业务所产生的收入。贷方登记实现的商品销售收入、实现的劳务收入。期末，应将本账户的余额转入"本年利润"账户，结转后本账户应无余额。本账户应按主营业务的种类设置明细账，进行明细核算。

"主营业务成本"账户是损益类账户，核算企业因确认销售商品、提供劳务等主营业务收入应结转的成本。借方登记月度终了，根据本月销售各种商品、提供各种劳务等的实际成本计算应结转的主营业务成本。期末，应将本账户的余额转入"本年利润"账户，结转后本账户应无余额。本账户应按主营业务的种类设置明细账，进行明细核算。

"应收账款"账户是资产类账户,核算企业因销售商品、提供劳务等经营活动应收取的款项,借方登记企业发生的应收账款和代购货单位垫付的包装费、运杂费,贷方登记收回的应收账款或与债务人进行债务重组的重组债权,期末借方余额,反映企业尚未收回的应收账款,如为贷方余额反映企业预收的账款。本账户可按债务人设置明细账,进行明细核算。

"坏账准备"账户是"应收账款"账户的备抵调整账户,贷方登记坏账准备的提取金额,借方登记坏账准备的转销金额,贷方余额反映已经提取尚未转销的坏账准备金额。

"信用减值损失"是指因应收账款的账面价值高于其可收回金额而造成的损失,其对应科目是坏账准备。企业造成信用减值损失的原因是企业因购货人拒付、破产、死亡等原因无法收回,而遭受的损失。

"合同负债"账户是负债类账户,核算企业按照合同规定预收的款项,贷方登记预收的款项,借方登记销售实现时实现的收入。期末贷方余额,反映企业预收的款项,如为借方余额,反映企业尚未转销的款项。本账户应按购货单位设置明细账,进行明细核算。预收款项情况不多的,也可以不设置本科目,将预收的款项直接记入"应收账款"科目。

例 3-25:A 公司 2020 年 12 月 31 日销售甲商品 30 件和乙商品 30 件给 E 公司,商品的销售货款为甲商品共计 24 万元,乙商品共计 18 万元,增值税专用发票上注明的增值税销项税额为 54 600 元,货款收到,会计分录如下:

 借:银行存款   474 600
  贷:主营业务收入   420 000
    应交税费——应交增值税(销项税额)   54 600

例 3-26:A 公司 2020 年 12 月 31 日销售甲商品 20 件和乙商品 20 件给 F 公司,商品的销售货款为甲商品共计 16 万元,乙商品共计 12 万元,增值税专用发票上注明的增值税销项税额为 36 400 元,货款尚未收到,会计分录如下:

 借:应收账款   316 400
  贷:主营业务收入   280 000
    应交税费——应交增值税(销项税额)   36 400

例 3-27:2020 年 12 月 31 日结转本月已售商品成本,会计分录如下:

 借:主营业务成本   184 500
  贷:库存商品——甲   112 812.50
    ——乙   71 687.50

例 3-28:A 公司 2020 年 12 月 25 日预收货款 200 000 元,会计分录如下:

 借:银行存款   200 000
  贷:合同负债   200 000

例 3-29:A 公司 2020 年 12 月 31 日按应收账款余额的 0.5%计提坏账准备,会计分录如下:

借:信用减值损失 1 582
　　贷:坏账准备 1 582

2. 其他业务收支的核算

工业企业除销售商品、提供劳务及让渡资产使用权等日常活动中所产生的主营业务收支外,还会产生其他销售或其他业务的收支,如材料销售、包装物出租等收入和相关的成本、费用和税金及附加等。

"其他业务收入"账户是损益类账户,核算企业除主营业务活动以外的其他经营活动实现的收入,如材料销售、出租固定资产、出租无形资产、出租包装物和商品等实现的收入。贷方登记企业确认的其他业务收入。期末,应将本账户的余额转入"本年利润"账户,结转后本账户应无余额。本账户可按其他业务收入的种类设置明细账,进行明细核算。

"其他业务成本"账户是损益类账户,核算企业除主营业务活动以外的其他经营活动所发生的支出,如销售材料的成本、出租固定资产的折旧额、出租无形资产的摊销额、出租包装物的成本或摊销额等。借方登记企业发生的其他业务成本,期末,应将本账户的余额转入"本年利润"账户,结转后本账户应无余额。本账户可按其他业务成本的种类设置明细账,进行明细核算。

例 3-30:A 企业 2020 年 12 月 28 日销售原材料 10 吨,获得收入 7 000 元(成本为 6 200 元),存入银行,会计分录如下:

借:银行存款 7 910
　　贷:其他业务收入 7 000
　　　　应交税费——应交增值税(销项税额) 910
借:其他业务成本 6 200
　　贷:原材料 6 200

3.2.4　营业外收支的核算

企业发生的与生产经营无直接关系的各项收支通过"营业外收入"和"营业外支出"账户核算。

"营业外收入"账户是损益类账户,核算企业发生的各项营业外收入,包括非流动资产处置利得、非货币性资产交换利得、债务重组利得、政府补助、盘盈利得、捐赠利得等。贷方登记企业确认的营业外收入,期末,应将本账户的余额转入"本年利润"账户,结转后本账户应无余额。本账户应按收入项目设置明细账,进行明细核算。

"营业外支出"账户是损益类账户,核算企业发生的各项营业外支出,包括非流动资产处置损失、非货币性资产交换损失、债务重组损失、盘亏损失、公益性捐赠支出、非常损失等。借方登记企业确认的营业外支出,期末,应将本账户的余额转入"本年利润"账户,结转后本账户应无余额。本账户应按支出项目设置明细账进行明细核算。

例 3-31:A 企业 2020 年 12 月 29 日获得政府补助 36 000 元,会计分录如下:

借:银行存款 36 000
　　贷:营业外收入 36 000

例 3-32：2020 年 12 月 31 日企业发生公益性捐赠支出 3 100 元，会计分录如下：

借：营业外支出　　　　　　　　　　　　　　　　　　　　　　　3 100
　　贷：银行存款　　　　　　　　　　　　　　　　　　　　　　　3 100

3.2.5　应交税费的核算

企业在一定时期内取得的营业收入和实现的利润，要按照国家规定向国家交纳各种税金和费用，这些应交的税金和费用，按照权责发生制的原则应计入本期有关费用科目。这些应交的税金和费用在尚未交纳之前暂时停留在企业，形成一项负债。

"应交税费"账户是负债类账户，核算企业应交纳的各种税费，如增值税、消费税、所得税、城市维护建设税、资源税、土地增值税、房产税、土地使用税、车船使用税、教育费附加、矿产资源补偿费、代扣代交的个人所得税等。贷方登记企业按规定计算应交的各种税费，借方登记各种税费的实际交纳，期末贷方余额，反映企业尚未交纳的税金；期末如为借方余额，反映企业多交或尚未抵扣的税金。本账户可按应交的税费项目设置明细账，进行明细核算。

"税金及附加"账户是损益类账户，核算企业发生的消费税、城市维护建设税、资源税和教育费附加及与投资性房地产相关的房产税、土地使用税等相关税费。借方登记企业按规定计算确定的与经营活动相关的税费，期末将本账户的余额转入"本年利润"账户，结转后本账户应无余额。

1. 应交城市维护建设税

为了加强城市的维护建设，扩大和稳定城市维护建设资金的来源，国家开征了城市维护建设税。企业按规定计算出的城市维护建设税，借记"税金及附加"账户，贷记"应交税费——应交城市维护建设税"。

2. 教育费附加

教育费附加是国家为了发展我国的教育事业，提高人民的文化素质而征收的一项费用，按照企业交纳流转税（增值税、消费税）的一定比例计算，并与流转税一起交纳。企业按规定计算出应交纳的教育费附加，借记"税金及附加"账户，贷记"应交税费——应交教育费附加"账户。

例 3-33：A 公司 2020 年 12 月计算应交城市维护建设税为 380.8 元，应交教育费附加为 163.2 元。会计分录如下：

借：税金及附加　　　　　　　　　　　　　　　　　　　　　　　544
　　贷：应交税费——应交城市维护建设税　　　　　　　　　　　380.8
　　　　　　　　——应交教育费附加　　　　　　　　　　　　　163.2

3.3　投资活动的会计核算

企业出于盈利、扩张等原因，除将资金用于本身的经营活动之外，还可以根据国家的法律、法规的规定，将现金及其他资产投资于有价证券或其他企业，这就形成了企业的对外投资。

"交易性金融资产"账户是资产类账户，核算企业为交易目的所持有的债券投资、股票投资、基金投资等交易性金融资产的公允价值。借方登记取得的交易性金融资产的公允价值和资产负债表日交易性金融资产的公允价值高于其账面余额的差额，贷方登记出售的交易性金融资产的账面余额和资产负债表日交易性金融资产的公允价值低于其账面余额的差额，本账户期末借方余额，反映企业持有的交易性金融资产的公允价值。应按交易性金融资产的类别和种类分别"成本""公允价值变动"设置明细账，进行明细核算。

"长期股权投资"账户是资产类账户，核算企业持有的长期股权投资，本账户期末借方余额，反映企业长期股权投资的价值。应按被投资单位设置明细账，进行明细核算。

"公允价值变动损益"账户是损益类账户，核算企业交易性金融资产、交易性金融负债，以及采用公允价值模式计量的投资性房地产、衍生工具、套期保值业务等公允价值变动形成的应计入当期损益的利得或损失。贷方登记资产负债表日交易性金融资产公允价值高于账面余额的差额（或资产负债表日交易性金融负债公允价值低于账面余额的差额），借方登记资产负债表日交易性金融资产公允价值低于账面余额的差额（或资产负债表日交易性金融负债公允价值高于账面余额的差额），出售交易性金融资产或交易性金融负债时，将原计入该金融资产或该金融负债的公允价值变动转出。期末将本账户余额转入"本年利润"账户，结转后本账户无余额。本账户可按交易性金融资产、交易性金融负债、投资性房地产等设置明细账，进行明细核算。

"投资收益"账户是损益类账户，反映企业确认的投资收益或投资损失，贷方登记取得的投资收益，借方登记发生的投资损失，期末将本账户余额转入"本年利润"，结转后本账户应无余额。本账户应按投资项目设置明细账，进行明细核算。

例 3-34：A 企业 2020 年 12 月 1 日购入 E 公司发行的股票 2 000 股，作为交易性的金融资产，该股票的公允价值为每股 10.10 元，不考虑交易费用，款项以银行存款支付。会计分录如下：

借：交易性金融资产　　　　　　　　　　　　　　　　　　　　　　20 200
　　贷：银行存款　　　　　　　　　　　　　　　　　　　　　　　　20 200

例 3-35：A 企业 2020 年 12 月 1 日购入 F 公司发行的股票 50 000 股，每张面值 12 元，另支付相关税费 3 000 元，准备长期持有。A 企业的会计处理如下：

计算初始投资成本：成交价 + 税费 = 50 000 × 12 + 3 000 = 603 000（元）

借：长期股权投资　　　　　　　　　　　　　　　　　　　　　　　603 000
　　贷：银行存款　　　　　　　　　　　　　　　　　　　　　　　　603 000

例 3-36：承接例 3-34，A 企业购买的股票于 2020 年 12 月 15 日以每股 11 元的价格出售了 1 000 股，手续费 350 元从出售价款中扣除，收到价款共计 10 650 元存入银行。编制会计分录如下：

借：银行存款　　　　　　　　　　　　　　　　　　　　　　　　　10 650
　　贷：交易性金融资产　　　　　　　　　　　　　　　　　　　　　10 100
　　　　投资收益　　　　　　　　　　　　　　　　　　　　　　　　　550

例 3-37：2020 年 12 月 31 日，例 3-34 中本月 1 日购买的未出售的股票其公允价值为每股 10.30 元。编制会计分录如下：

　　借：交易性金融资产　　　　　　　　　　　　　　　　　　　　200
　　　　贷：公允价值变动损益　　　　　　　　　　　　　　　　　　　　200

3.4　利润形成与分配活动的会计核算

利润是企业一定期间的经营成果。企业当期实现的利润，加上年初未分配利润，减去本年弥补以前年度的亏损后的余额，为可供分配的利润。

3.4.1　利润形成的核算

企业同一会计期间内的各项收入和与其相关的成本、费用应当配比计算利润。因而会计期末将各损益类账户的发生额结转至"本年利润"账户。

"本年利润"账户是所有者权益类账户，核算企业实现的净利润（或发生的净亏损）。贷方登记结转的"主营业务收入""其他业务收入""营业外收入""公允价值变动损益"及"投资收益"的净收益，借方登记结转的"主营业务成本""税金及附加""其他业务成本""销售费用""管理费用""财务费用""营业外支出""所得税费用""资产减值损失""公允价值变动损益"及"投资收益"的净损失。年度终了，应将本年收入和支出相抵后结出的本年实现的净利润（或净亏损），转入"利润分配——未分配利润"账户，结转后本账户应无余额。

例 3-38：乙公司 2020 年有关损益类科目的年末余额如表 3-1 所示（该企业采用表结法年末一次结转损益类科目，所得税税率为 25%）。

表 3-1　乙公司 2020 年有关损益类科目的年末余额　　　　　　　万元

科目名称	借或贷	结账前余额
主营业务收入	贷	600
其他业务收入	贷	70
其他收益	贷	15
投资收益	贷	100
营业外收入	贷	5
主营业务成本	借	400
其他业务成本	借	40
税金及附加	借	8
销售费用	借	50
管理费用	借	77
财务费用	借	30
营业外支出	借	25

将各损益类科目年末余额结转入"本年利润"科目。

（1）结转各项收入、利得类科目：

　　借：主营业务收入　　　　　　　　　　　　　　　　　　　　　600

	其他业务收入	70
	其他收益	15
	投资收益	100
	营业外收入	5
	贷：本年利润	790

（2）结转各项费用、损失类科目：

借：本年利润		630
	贷：主营业务成本	400
	其他业务成本	40
	税金及附加	8
	销售费用	50
	管理费用	77
	财务费用	30
	营业外支出	25

3.4.2 所得税的核算

按照税法规定，企业取得利润后，应先向国家缴纳所得税。企业应交纳的所得税须按照企业当期的应纳税所得额及规定的税率计算求得。应纳税所得额和应交所得税的计算公式如下：

$$应纳税所得额 = 税前会计利润 \pm 税法规定应予调整的金额$$
$$应交所得税 = 应纳税所得额 \times 所得税税率$$

"所得税费用"账户是损益类账户，核算企业确认的应从当期利润总额中扣除的所得税费用。借方登记期末按税法规定计算确定的当期应交所得税，期末，应将本账户的余额转入"本年利润"账户，结转后本账户应无余额。本账户可按"当期所得税费用""递延所得税费用"设置明细账，进行明细核算。

例 3-39：承接例 3-38，经过上述结转后，"本年利润"科目的贷方发生额合计 790 万元减去借方发生额合计 630 万元即为税前会计利润 160 万元。

假设乙公司 2020 年度不存在所得税纳税调整因素。

$$应交所得税 = 160 \times 25\% = 40（万元）$$

（1）确认所得税费用：

借：所得税费用		40
	贷：应交税费——应交所得税	40

（2）将所得税费用结转入"本年利润"科目：

借：本年利润		40
	贷：所得税费用	40

3.4.3 利润分配的核算

企业交纳所得税后的净利润加上年初未分配利润（或减去年初未弥补亏损）和其他转

入后的余额,为可供分配的利润,企业可供分配的利润按下列顺序分配:

(1)提取法定盈余公积;

(2)应付优先股股利;

(3)提取任意盈余公积;

(4)应付普通股股利;

(5)转作资本(或股本)的普通股股利。

"利润分配"账户是所有者权益类账户,核算企业利润的分配(或亏损的弥补)和历年分配(或弥补)后的余额。年度终了,企业应将本年实现的净利润,自"本年利润"账户转入本账户。借方登记从净利润中提取的盈余公积和经股东大会和类似机构决议,分配给股东或投资者的现金股利、利润或股票股利(应办理增资手续),贷方登记用盈余公积弥补的亏损。本账户应分别为"提取法定盈余公积""提取任意盈余公积""应付现金股利或利润""转作股本的股利""盈余公积补亏"和"未分配利润"等设置明细账,进行明细核算。年度终了,将本账户所属其他明细账户的余额转入"未分配利润"明细账户,结转后,除"未分配利润"明细账户外,其他明细账户应无余额。本账户年末余额,反映企业的未分配利润(或未弥补亏损)。

"盈余公积"账户是所有者权益类账户,核算企业从净利润中提取的盈余公积。贷方登记按规定提取的盈余公积,借方登记经股东大会和类似机构决议用盈余公积弥补亏损、转增资本或派送新股,本账户期末贷方余额,反映企业的盈余公积。本账户应按"法定盈余公积"和"任意盈余公积"设置明细账,进行明细核算。

"应付股利"账户是负债类账户,核算企业分配的现金股利或利润。贷方登记根据股东大会或类似机构审议批准的利润分配方案应支付的现金股利或利润,借方登记实际支付的现金股利或利润,本账户期末贷方余额,反映企业应付未付的现金股利或利润。本账户可按投资者设置明细账,进行明细核算。

例 3-40:承接例 3-39,将"本年利润"科目年末余额 120 万元(790 - 630 - 40)转入"利润分配——未分配利润"科目:

借:本年利润 120
  贷:利润分配——未分配利润 120

例 3-41:2020 年 12 月 31 日,按净利润的 10%提取法定盈余公积,会计分录如下:

借:利润分配——提取法定盈余公积 12
  贷:盈余公积—法定盈余公积 12

例 3-42:2020 年 12 月 31 日,按净利润的 15%提取任意盈余公积,向投资者分配利润 10 万元,会计分录如下:

借:利润分配——提取任意盈余公积 18
  贷:盈余公积——任意盈余公积 18
借:利润分配——应付现金股利或利润 10
  贷:应付股利 10

3.5 会计凭证填制与审核

3.5.1 会计凭证及其种类

会计凭证是记录经济业务，明确经济责任，并据以登记账簿的书面证明。一切会计单位发生任何一项经济业务，都要由经办人员按照有关规定填制或取得会计凭证，用以详细记录经济业务的内容，并明确有关的责任。填制和审核会计凭证，是会计核算的一种专门方法，它是会计工作的初始阶段和基本环节。

会计凭证多种多样，按其填制程序和用途不同，可分为原始凭证与记账凭证两大类。

1. 原始凭证

原始凭证是在经济业务发生时取得或填制的、用以记录和证明某项经济业务发生或完成情况的书面证明。它是进行会计核算的原始资料，真实的、审核无误的原始凭证具有法律效力。

原始凭证按其形成来源不同可分为两种，企业同外部单位发生经济业务时，从外单位取得的原始凭证，称为外来原始凭证，如购货时取得的发货票、付款时从收款单位取得的收据等；本单位内部经办经济业务的部门或人员，在办理经济业务时所填制的凭证，称为自制原始凭证，如材料入库时填制的收料单、领用材料时填制的领料单等。领料单的格式如表3-2 所示。

表 3-2 （企业名称）

领料单

年　月　日

领料单位：_____　　　　　凭证编号：_____
用　　途：_____　　　　　发料仓库：_____

材料类别	材料编号	材料名称及规格	计量单位	数量		单价	金额
				请领	实发		

备　注：

仓库管理员（签章）　　发料（签章）　　领料主管（签章）　　领料（签章）

2. 记账凭证

记账凭证是会计人员根据审核后的原始凭证或原始凭证汇总表进行归类、整理，并确定会计分录而编制的作为登记账簿依据的会计凭证。在实际工作中，记账凭证也称为传票。记账凭证按反映的经济业务是否与货币资金有关，可分为收款凭证、付款凭证和转账凭证三种。收款凭证是指反映货币资金收入业务的记账凭证，一般包括库存现金收款凭证和银行存款收款凭证。付款凭证是指反映货币资金支出业务的记账凭证，一般包括库存现金付款凭证和银行存款付款凭证。转账凭证是指反映与货币资金收付无关的转账业务的记账凭证。需要指出的是，对于货币资金之间的划拨业务，如将库存现金存入银行、从银行存款中提取现金等,为了避免重复记账,一般只以支出的货币资金为准编制付款凭证,不再编制收款凭证。

上述三种记账凭证的格式如表3-3、表3-4、表3-5所示。

表3-3 收款凭证

借方科目_____   年 月 日   字第 号

摘要	贷方总账科目	明细科目	记账符号	金 额									附单据
				千	百	十	万	千	百	十	元	角	分	
														张
合计														

财务主管   记账   出纳   审核   制单

表3-4 付款凭证

贷方科目_____   年 月 日   字第 号

摘要	借方总账科目	明细科目	记账符号	金 额									附单据
				千	百	十	万	千	百	十	元	角	分	
														张
合计														

财务主管   记账   出纳   审核   制单

表3-5 转账凭证

年 月 日   字第 号

摘要	总账科目	明细科目	记账符号	借方金额									记账符号	贷方金额									附单据
				千	百	十	万	千	百	十	元	角	分		千	百	十	万	千	百	十	元	角	分	
																									张
合计																									

财务主管   记账   出纳   审核   制单

3.5.2 会计凭证的作用

一切会计记录都要有真凭实据,使核算资料具有客观性,这是会计核算必须遵循的一条基本原则,也是会计核算的一个重要特征。为了如实反映每一会计主体各种经济业务的实际发生情况及其对会计要素的影响程度和结果,进而反映其对财务报表的影响,有必要在经济业务发生时,填制或取得适当的证明文件并对其进行审核。正确填制和审核会计凭证的作用如下:

1. 会计凭证是记录经济活动的载体和传导会计信息的工具

会计凭证既是记录和反映经济活动的原始资料,又可以通过会计凭证的加工、整理,产生新的信息,传导这些信息为经济管理服务。因此会计凭证既是取得数据的手段,也是传导信息的工具。

2. 会计凭证是登记账簿的依据

任何单位每发生一项经济业务,经办人员都必须按照规定的程序和要求,填制或取得会计凭证,将所发生的经济业务的内容及时记录在会计凭证上。通过会计凭证对经济业务的分类,为登记会计账簿提供可靠的依据。

3. 审核会计凭证是实行会计监督的手段

通过审核会计凭证,可以监督各项经济业务的合法性、合理性和合规性,及时发现企业经营管理上存在的问题,改善企业经营管理,有效地实施会计监督。

4. 填制和审核会计凭证可以加强经济责任制

会计凭证记录了经济业务的内容、发生时间以及有关人员的签字盖章等,据此可以明确各经办单位或人员的经济责任,单位领导也便于对有关人员进行考查,从而有利于加强企业内部和企业之间的经济责任。

3.5.3 原始凭证的填制与审核

为了确保会计资料的真实性、可靠性和正确性,必须按照有关的规定填制和审核原始凭证。

1. 原始凭证的基本内容

由于各个经济单位的经济业务不同,从而各个原始凭证的名称、格式和内容也是多种多样的。但是不管怎样,所有的原始凭证,都必须详细载明有关经济业务的发生或完成情况,必须明确经办单位和人员的经济责任。因此,各种原始凭证都应具有一些共同的基本内容,这些内容也称为原始凭证的基本要素。它包括:①原始凭证的名称,表明原始凭证所记录经济业务内容的种类,如"发货票";②填制凭证的日期;③填制凭证单位名称或者填制人姓名;④经办人员的签名或盖章;⑤接受凭证单位的名称;⑥经济业务的内容摘要;⑦经济业务涉及的数量、单价和金额。

2. 原始凭证的填制

原始凭证的填制一般有三种方法：一是根据经济业务的执行和完成的实际情况直接填制的；二是根据账簿记录对某项经济业务加以归类、整理重新编制的；三是以若干张反映同类经济业务的原始凭证为依据，定期汇总填制汇总原始凭证。

原始凭证是具有法律效力的证明文件，是进行会计核算的依据，必须认真填制。为了保证原始凭证能够正确地、及时地、清晰地反映各项经济业务的真实情况，原始凭证的填制，必须符合下列要求：记录真实、书写规范、填写及时完整、明确经济责任。

3. 原始凭证的审核

为了保证原始凭证内容的真实性和合法性，财会部门必须对各种原始凭证进行严格的审查和核对。只有经过审核无误的原始凭证，才能作为编制记账凭证和登记账簿的依据。原始凭证审核的内容，应包括以下内容：①合规性、合法性审核。审核原始凭证所记录的经济业务是否合法、合规，是否符合审批权限和手续等。②完整性审核。审核原始凭证各个项目是否填写齐全、手续是否完备。③正确性审核。审核计算、书写是否清楚、正确，大小写金额是否相符。

3.5.4 记账凭证的填制与审核

1. 记账凭证的基本内容

记账凭证虽然格式不一，但其主要作用都在于对原始凭证进行归类、整理，确定会计科目，编制会计分录，直接据以记账。因此各种记账凭证都具有一些共同的基本内容，这些内容也称为记账凭证的基本要素。它包括：①记账凭证的名称；②记账凭证的填制日期和编号；③经济业务的内容摘要；④应借应贷的账户名称（包括一级账户和明细账户）和金额；⑤所附原始凭证的张数；⑥制证、审核、记账和会计主管等人员的签名或盖章。

2. 记账凭证的填制

记账凭证的填制方法如下：收款凭证和付款凭证是根据库存现金或银行存款收付业务的原始凭证填制的，它不仅是登记库存现金、银行存款日记账、明细账等有关账簿的依据，同时也是出纳人员收、付款项的依据。收款凭证的"借方科目"应填列"库存现金"或"银行存款"科目，收款凭证中的"贷方科目"则应填列与收入库存现金或银行存款相对应的会计科目。付款凭证的"贷方科目"应填列"库存现金"或"银行存款"科目，其"借方科目"则应填列与付出库存现金或银行存款相对应的会计科目。对于库存现金与银行存款之间的相互划转业务，只编付款凭证，不编收款凭证，以避免重复记账。转账凭证是根据有关转账业务的原始凭证填列的，是登记转账日记账、明细账、总账等有关账簿的依据。

记账凭证是会计人员根据审核无误的原始凭证或原始凭证汇总表填制的，是登记账簿的直接依据。记账凭证的填制应符合以下基本要求：①摘要应简明扼要地说明经济业务内容的要点。②对经济业务的记录明确,不能把不同类型的经济业务合并填制一张记账凭证。③会计科目运用准确,必须按照统一规定的会计科目及其核算内容,正确编制会计分录。④记账凭证的内容填写完整、项目齐全,并按规定程序办理签章手续。⑤所附原始凭证的张数必须注明,以便复核和查阅。⑥记账凭证应连续编号,一项业务需要填制多张凭证的,应采用"分数编号法"。

3. 记账凭证的审核

为了保证账簿记录的正确性,必须对记账凭证进行严格的审核。其审核内容包括:①记账凭证是否根据审核无误的原始凭证填制,是否附有原始凭证;所附原始凭证的张数、经济内容、金额合计是否与记账凭证一致。②应借应贷会计科目和金额是否正确,账户对应关系是否清晰。③有关项目的内容是否填列齐全,有关人员是否签名盖章。④记账凭证所记录的内容是否合规、合法。审核中如果发现错误应及时更正,只有审核无误的记账凭证才能作为登记账簿的依据。

本章小结

本章以举例的方式,介绍了企业融资活动的会计核算、经营活动的会计核算和投资活动的会计核算。具体包括企业从创立开始进行债权融资以及股权融资到日常的经营活动购入材料物资、领用材料物资进行生产、支付薪酬及各项费用、生产出的产品对外销售、计算应交税费、结算债权债务、对外投资再到结转收入及费用、利润的形成和按照规定的程序进行分配的最基本的经济业务及其相应的会计核算。

关键词汇

库存现金(cash)

银行存款(cash in bank)

应收账款(account receivable)

预付账款(advance money)

其他应收款(other notes receivable)

原材料(raw materials)

库存商品(finished goods)

长期股权投资(long-term investment on stocks)

固定资产(fixed assets)

累计折旧(accumulated depreciation)

在建工程(construction-in-process)

无形资产(intangible assets)

长期待摊费用(long-term deferred and prepaid expenses)

短期借款(short-term borrowing)

应付账款（account payable）
应付职工薪酬（accrued wages）
应交税费（tax payable）
应付股利（dividends payable）
长期借款（long-term loans）
实收资本（paid-up capital）
资本公积（capital reserve）
盈余公积（surplus reserves）
本年利润（current year profits）
利润分配（profit distribution）
生产成本（cost of manufacture）
制造费用（manufacturing overhead）
主营业务收入（prime operating revenue）
其他业务收入（other operating revenue）
投资收益（investment income）
营业外收入（non-operating revenue）
主营业务成本（prime operating costs）
其他业务成本（other operating costs）
营业税金及附加（tax and associate charge）
销售费用（operating expenses）
管理费用（administrative expenses）
财务费用（finance charge）
营业外支出（non operating expenditure）
所得税费用（income tax）

思政案例讨论

明星偷漏税被罚案例

目的：结合明星偷漏税被巨额罚款事件，融入践行"社会主义核心价值观"中的法制理念，让同学真切感受"偷税抗税违法，纳税协税光荣"，激发同学们的家国情怀和担当意识，做一个自觉纳税的遵纪守法好公民。

案例：2018年著名节目主持人曝光某明星4天6 000万元天价片酬，并起底疑似大小合同、阴阳合同等偷漏税潜规则一事，最终该明星因巨额逃税案被处以8.8亿元人民币的罚款，这一罚款额创下了明星因偷税漏税所受处罚的最高纪录。这一事件使中国演艺界明星逃税情况又成了社会关注的热点话题。

明星通过签订阴阳合同来逃避缴税，早就不是什么新闻。很多剧组都有阴阳合同，演员的"阳"合同是骗税务局的"税后"合同,这是收税依据;"阴"合同是剧组与演员的私下协议,是真实的薪酬合同,两者相差数倍。近年来,有关部门加强了对包括明星在内的高收入群体的纳税监管,但随着明星片酬一路水涨船高,明星需要缴纳的税费也在增加,避税花样仍然较多,其中包括签订阴阳合同,以成立工作室、独资合伙企业、有限责任公司等名义,用企业赋税曲线避税。

案例分析

要求:试结合明星偷漏税被巨额罚款事件,分析明星偷税漏税的危害、动因及其应对策略。

第 4 章
期末——会计信息生成

期末会计信息的生成方法是完成会计期末工作的重要手段,期末会计信息生成方法都有哪些,如何使用这些方法来记录和报告会计信息,这是本章要介绍的主要内容。本章详细介绍了期末账项调整、财产清查、对账与结账,以及编制财务报表的各种会计核算方法。

通过本章内容的学习,同学们应:
1. 了解会计账簿登记;
2. 掌握期末账项调整;
3. 掌握财产清查;
4. 了解对账与结账;
5. 掌握编制财务报表。

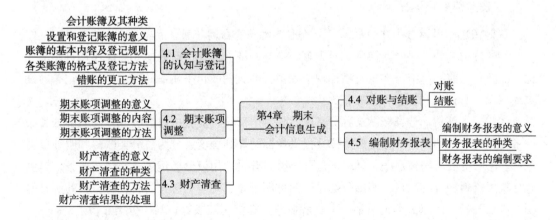

思极公司是一家从事卫浴设备生产与销售的企业。小白是公司财务部的新人。月底,经理安排小白核对银行存款和应收账款。

小白先核对的是银行存款。小白把银行存款的账面余额与银行对账单的余额核对了一下，发现存在 46 500 元的差异。这时，他首先想到了"未达账项"。经过核实，的确存在 3 笔未达账项，银行已经付款而企业尚未付款的电费和通信费共 2 笔，银行已经收款而企业尚未收款的利息共 1 笔。小白编制了银行存款余额调节表，调整后企业银行存款和银行对账单的金额刚好一致。

接下来就要核对应收账款，小白首先把思极公司的应收账款清理核对一遍，然后再跟客户核对。核对过程中发现，思极公司记录应收君悦集团 25 万元，而君悦集团记录应付思极公司 22 万元。

请同学们思考一下，思极公司和君悦集团账面记录的 3 万元差异，可能是什么原因造成的呢？

4.1 会计账簿的认知与登记

4.1.1 会计账簿及其种类

会计账簿简称账簿，是由具有专门格式、互有联系的若干账页所组成的，用以全面、系统、序时、分类地登记经济业务的簿籍。从外表形式上看，账簿是由若干具有专门格式、并相互联系的账页组成的；从记录的内容上看，账簿记录的是各个账户的增减变动和结存情况。根据会计凭证，按照一定的程序，在账簿中登记和反映会计要素的增减变动情况，简称记账，它是会计核算的专门方法之一。

各个单位经济业务的特点和管理的要求不同，所设置的账簿种类及格式也多种多样。这些账簿可以按不同的标志进行分类。主要的分类方法有以下两种。

1. 按账簿的用途分类

账簿按用途可以分为序时账簿、分类账簿和备查账簿三种。

（1）序时账簿。序时账簿又称日记账，是按经济业务发生时间的先后顺序逐日逐笔登记的账簿。目前，我国通常只对库存现金和银行存款的收付采用序时账簿进行登记，即设置库存现金日记账和银行存款日记账。

（2）分类账簿。分类账簿又称分类账，是对全部经济业务按总分类账户和明细分类账户进行分类登记的账簿。分类账簿按其提供指标的详细程度又分为总分类账簿和明细分类账簿。总分类账簿简称总账，是根据总分类科目开设，用以分类记录全部经济业务，提供总括核算资料的分类账户；明细分类账簿简称明细账，是根据总账科目设置，按其所属的明细科目开设，用以分类记录某一类经济业务，提供明细核算资料的分类账簿。

（3）备查账簿。备查账簿又称辅助账簿，是对某些不能在序时账和分类账等主要账簿中记录的经济业务或记录不全的经济业务进行补充登记的账簿。它可以对某些经济业务的内容提供必要的参考资料，如租入固定资产登记簿等。备查账簿并非必设账簿，各企业可根据具体情况和实际需要设置。

2. 按账簿的外表形式分类

账簿按外表形式可以分为订本式账簿、活页式账簿和卡片式账簿。

（1）订本式账簿。订本式账簿又称订本账，是在账簿启用之前，就把若干顺序编号的、具有专门格式的账页固定装订成册的账簿。它主要适用于总分类账和库存现金、银行存款日记账。

（2）活页式账簿。活页式账簿又称活页账，是把若干张具有专门格式的、零散的账页，根据业务需要自行组合而成，并装在活页账夹内的账簿。它主要适用于各种明细账。

（3）卡片式账簿。卡片式账簿又称卡片账，是由若干分散的、具有专门格式的、存放在卡片箱中的卡片组成的账簿。它适用于使用时间比较长的财产明细账，如固定资产卡片。

4.1.2 设置和登记账簿的意义

为了把分散在会计凭证中的大量资料加以集中归类反映，为企业经营管理提供系统、完整的核算资料，就必须设置和登记账簿。因此，账簿也是企业的资料库，可以为编制财务报表提供数据。由此可见，设置和登记账簿，对于充分发挥会计在经营管理中的作用，具有十分重要的意义。

1. 提供全面系统的会计信息

通过设置和登记账簿，将会计凭证中记录的大量分散的核算资料，按账户进行归类、整理、汇总，使之能够系统、连续、全面地提供经济管理所需要的会计信息。

2. 为财务报表的编制提供依据

大量零星、分散的经济业务通过账簿的记录和加工形成了比较系统、完整的会计资料，这些资料为一定时期终了编制报表提供了依据。

3. 保证财产物资的安全完整

通过设置和登记账簿，能够在账簿中连续地反映各项财产物资的增减变动及结存情况，并通过财产清查等方法，确定财产物资的实际结存情况，以账簿记录控制实存物资，以保证财产物资的安全完整。

4. 为会计分析和会计检查提供依据

通过设置和登记账簿，可以提供各种会计资料，便于我们进行会计分析，改善企业经营管理。同时利用会计账簿资料，还可以进行会计检查，实施会计监督。账簿还是重要的经济档案，必须妥善保管便于日后查考。

4.1.3 账簿的基本内容及登记规则

1. 账簿的基本内容

各种账簿记录的经济业务内容不同，提供核算资料的详细程度不一样，格式也可以多种多样。但就各种主要账簿而言，其基本内容是一致的。账簿的基本内容包括：

（1）封面。写明账簿名称和记账单位名称。

（2）扉页。填列账簿的启用日期、截止日期、页数、册次，经管人员一览表和签章，会计主管人员签章，账户目录等。

（3）账页。账页的具体格式因记录和反映的经济业务内容不同而有很大区别，但均应具备下列基本内容：①账户名称，包括一级、二级或三级科目；②日期栏；③凭证种类和号数栏；④摘要栏；⑤金额栏，包括借、贷方发生额及相应的余额栏；⑥总页次和分户页次。

2. 账簿的登记规则

为了保证账簿记录的正确、及时和完整，登记账簿时应遵循以下基本规则。

（1）登记账簿必须以审核无误的会计凭证为依据。记账时，将会计凭证的日期、编号、业务内容、摘要、金额等逐项记入账内。

（2）为了保证账簿记录清晰耐久，防止篡改，登记账簿时必须使用蓝黑或黑色墨水书写。红色墨水只能在期末结账画线、改正错账、冲账表示负数时使用。

（3）账簿中文字、数字的书写应字迹清楚。为了给错账更改时留有余地，不能写满格；各种账簿应按页次顺序连续登记，不得跳行、隔页。

（4）月末及年末，应结出本月、本年发生额和余额，在摘要中注明"本月合计"或"本年合计"；结出余额后，应在"借或贷"栏内填写"借"或"贷"字样，表示余额的方向；没有余额的账户，应在"借或贷"栏内填写"平"字，并在"余额"栏内以"0"表示。

（5）每一账页登记完毕结转下页时，应在账页的最末一行结出本页发生额合计数和余额，并在摘要中注明"过次页"，在次页第一行记入上页的合计数和余额，在摘要中注明"承前页"。

（6）账簿记录发生错误时，不得随意更改，而应根据错账的具体情况，按规定的方法进行更正。

4.1.4 各类账簿的格式及登记方法

1. 日记账的格式及登记方法

目前我国企业设置的日记账主要为库存现金和银行存款日记账。其账页格式一般采用三栏式，即在同一账页上分别设置"借方""贷方""余额"三栏或"收入""付出""结存"三栏。为了清晰地反映库存现金和银行存款业务的账户对应关系，还专设"对方科目"栏，登记对方科目的名称；同时，为了便于反映银行存款所采用的结算方式，并利于和银行核对账目，银行存款日记账还专门设置"结算凭证种类和号数"栏。三栏式库存现金日记账的格式如表4-1所示。

库存现金和银行存款日记账的登记一般采用以下方法：库存现金和银行存款日记账通常由出纳员根据审核无误的收款凭证和付款凭证逐日逐笔顺序登记。借方栏或收入栏一般

表 4-1　　库存现金日记账　　　　　　　第　　页

2020年		凭证字号	摘　要	对方科目	收　入	付　出	结　存
月	日						
2	1		期初余额				1 800
	4	银付3	提现（发工资）	银行存款	20 000		21 800
	5	现付1	发放工资	应付职工薪酬		20 000	1 800
	9	银付5	提现（备用）	银行存款	5 000		6 800
	14	现付2	王某暂借差旅费	其他应收款		2 000	4 800
	19	现付3	代垫运杂费	应收账款		800	4 000
	23	现付4	支付办公费	管理费用		500	3 500
	26	现收1	王某报销差旅费	其他应收款	100		3 600
	28		本月合计		25 100	23 300	3 600

根据库存现金和银行存款的收款凭证登记，贷方栏或支出栏一般根据库存现金和银行存款的付款凭证登记。对于从银行提取现金和将现金存入银行的业务，为了避免重复，一般只填制银行存款付款凭证和库存现金付款凭证。因此，这类业务应根据银行存款付款凭证登记库存现金日记账借方栏，根据库存现金付款凭证登记银行存款日记账的借方栏。每日库存现金和银行存款收付款项逐笔登记完毕后，应分别计算库存现金、银行存款收入和库存现金、银行存款支出的合计数及账面结余额，并将库存现金账面余额与库存现金实存数相核对。由于银行存款的收付都是根据特定的银行结算凭证来进行的，因此为了便于和银行对账，应当根据银行存款收付所依据的结算凭证的种类和号数，登记银行存款日记账中的"结算凭证种类和号数"栏，以便定期与银行存款对账单核对。

2. 分类账的格式及登记方法

如前所述，分类账分为总分类账和明细分类账两种。由于两者在提供核算指标的详细程度上有所不同，因此两种账簿的格式和登记方法也有所区别。

1）总分类账簿的格式及登记方法

总分类账是按总分类账户分类登记全部经济业务的账簿。在总分类账簿中应按会计科目的编码顺序分设账户，并为每个账户预留若干账页。由于总分类账簿能够全面、总括地反映经济活动情况，并为编制财务报表提供依据，任何单位都应设置总分类账簿。其账页格式一般为三栏式，即在同一张账页上分设"借方""贷方"和"余额"三栏的总分类账格式。根据实际需要，在总分类账中借贷两栏内也可增设"对方科目"栏，以反映每笔经济业务的账户对应关系。这两种三栏式总分类的格式如表4-2、表4-3所示。

总分类账的登记方法一般有两种，一是根据记账凭证逐笔登记，一是根据汇总记账凭证或科目汇总表定期登记。但无论采用何种登记方法，每月都应将所发生的经济业务全部登记入账，月末结出余额，作为编制财务报表的依据。

表 4-2 总分类账

会计科目_____   第　页

年		凭证		摘要	借方	贷方	借或贷	余额
月	日	字	号					

表 4-3 总分类账

会计科目_____   第　页

年		凭证		摘要	借方		贷方		借或贷	余额
月	日	字	号		金额	对方科目	金额	对方科目		

2）明细分类账簿的格式及登记方法

明细分类账是按照明细分类账户详细登记某一类经济业务的账簿。它根据二级科目或明细科目开设，并为每一账户预留若干账页，用以分类地、连续地记录有关资产、负债、所有者权益、收入、费用和利润的详细资料，它是编制财务报表的资料之一。各单位应根据经济管理的需要，在总分类账的基础上设置若干明细分类账户。明细分类账一般采用活页式账簿，也可以采用卡片式账簿。明细分类账的格式有以下三种。

（1）三栏式明细分类账。这种账簿的格式与总分类账的格式相同，即只设借方、贷方和余额三个金额栏，不设数量栏。这种账簿的格式一般适用于债权、债务等不需进行数量核算的明细分类账的登记。三栏式明细分类账的账页格式如表 4-4 所示。

表 4-4 ×××（账户名称）

二级科目或明细科目：

年		凭证		摘　要	借　方	贷　方	借或贷	余　额
月	日	字	号					

（2）数量金额式明细分类账。这种账簿格式是在借方、贷方和余额栏内再分别设数量、单价和金额三个栏次。它适用于既要进行金额核算，又要进行实物数量核算的各种财产物资的明细分类账的登记。数量金额式明细分类账的格式如表4-5所示。

表4-5　×××（账户名称）

类别：
品名和规格：　　　　　　　　　　　　　　　　　　　　　　　计量单位：
编号：　　　　　　　　　　　　　　　　　　　　　　　　　　　存放地点：

年		凭证		摘要	借方			贷方			余额		
月	日	字	号		数量	单价	金额	数量	单价	金额	数量	单价	金额

（3）多栏式明细分类账。这种账簿格式是将一个总分类账户所属的有关明细账户集中在一张账页上，分设若干专栏予以登记和反映的账页格式。它适用于只记金额、不记数量，而且管理上要求反映其构成内容的成本、费用、收入、财务成果等明细分类账户。多栏式明细分类账的格式如表4-6所示。

表4-6　×××（账户名称）

年		凭证		摘要	借（贷）方				贷（借）方	余额
月	日	字	号				…	合计		

上述各种明细分类账的登记方法，应根据单位经济业务量的大小和经济管理的需要，以及所记录的经济业务的内容而定。一般根据原始凭证或记账凭证进行登记，可以逐笔登记，也可以定期汇总登记。

3）总分类账和明细分类账的平行登记

（1）总分类账和明细分类账的关系。总分类账是根据总分类科目开设，以货币为计量单位，提供总括指标的账簿；明细分类账是根据明细分类科目开设，以货币为计量单位或同时以货币和实物为计量单位，提供明细指标的账簿。前者是对后者的综合，后者是对前者的具体化。因此，总分类账对其所属的明细分类账起着统驭和控制的作用，而明细分类账对其总分类账起着辅助和补充、具体说明的作用。这样，可以将其分为统驭账簿和从属账簿，设有明细分类账的总分类账是统驭账簿，而明细分类账是统驭账簿的从属账簿。它们所反映的经济业务是相同的,登记账簿时依据相同的凭证。为了便于各账簿之间的核对,使总分类账与其所属的明细分类账分别起到统驭、控制与补充的作用,必须采用平行登记的方法。

(2)平行登记的规则。总分类账和明细分类账的平行登记是指为提供详细程度不同的会计指标,而对发生的某项经济业务,以相同的凭证、一致的记账方向和相等的金额,在有关的总分类账及其所属的明细分类账中进行登记。平行登记应遵循以下规则:第一,对发生的每一笔经济业务,应根据相同的会计凭证,一方面在有关的总分类账中进行登记,另一方面在其所属的明细分类账中进行登记,二者反映相同的会计期间,登记相同的经济内容。第二,总分类账及其所属的明细分类账的登记方向应相同。即如果在总分类账登记的是借方,在其所属的明细分类账中也应当登记在借方;相反,如果在总分类账中登记的贷方,在其所属的明细分类账中登记的也应是贷方。第三,在总分类账中登记的金额与在其所属的明细分类账中登记的金额应当相等。如果总分类账同时涉及几个明细分类账,则在总分类账中登记的金额应当与其在所属的明细分类账中登记的金额之和相等。

综上所述,总分类账和明细分类账平行登记的规则可以概括为:登记的依据相同、登记的方向一致、登记的金额相等。

(3)平行登记的结果。总分类账和明细分类账进行平行登记以后,总分类账与其所属的明细分类账之间存在着下列数量关系:

$$总分类账本期发生额 = \sum 所属明细分类账本期发生额$$

$$总分类账期末余额 = \sum 所属明细分类账期末余额$$

利用上述关系,可以编制明细分类账本期发生额和余额对照表,与其相应的总分类账的本期发生额和余额进行核对,以检查双方记录的正确性。

需要说明的是,在实际运用平行登记原理时,应注意以下两个问题:一是总分类账和明细分类账不一定是同时登记,明细分类账可以直接根据有关凭证在平时登记,而总分类账则可以定期汇总后登记;二是如果明细分类账本期发生额和余额对照表与总分类账的对应项目相等,可以推断总分类账与明细分类账的平行登记是基本正确的,但不能绝对肯定记账没有错误。

3. 备查账的格式及登记方法

备查账是一种对日记账和分类账中未能记载的事项进行补充登记的辅助账簿。如"租入固定资产登记簿"等。备查账一般没有固定的格式,企业可以根据所需要记载的内容来规定其格式,并根据有关的凭证进行登记。

4.1.5 错账的更正方法

如果账簿记录出现了错误,不得随意进行更改,要按照规定的方法进行更正。由于错账发生的时间、原因、性质及其错误的类型不同,其更正错误的方法也不一样。常用的更正错账的方法有以下三种。

1. 划线更正法

在结账以前,如果发现账簿记录有错误,而记账凭证没有错误,这种错误仅属于记账时文字或数字上的笔误，应采用划线更正法进行更正。更正方法是：先将错误文字或数字用一条红色横线全部注销，但应保证原有字迹仍能辨认，然后，将正确的文字或数字用蓝色字迹写在划线的上方，并由更正人员在更正处盖章，以明确责任。

2. 红字更正法

红字更正法适用于以下两种情况。

（1）记账以后，如果发现记账凭证中的应借、应贷会计科目或记账方向有错误，应采用红字更正法进行更正。更正方法是：首先用红字金额填制一张与原错误记账凭证完全相同的记账凭证，并据此用红字金额登记入账，以冲销原错误的账簿记录；然后，用蓝字金额填制一张正确的记账凭证，并据此用蓝字金额登记入账。

（2）记账以后，如果发现记账凭证中记录的金额有错误（所记金额大于应记的正确金额），而应借、应贷的会计科目或记账方向并无错误，也应采用红字更正法进行更正。更正方法是：将多记的金额用红字填制一张与原错误凭证相同的记账凭证，并在摘要栏注明"冲销某月某日第×号凭证错误"，据以登记入账，以冲销原账簿记录中多记的金额。

3. 补充登记法

记账以后，如果发现记账凭证中记录的金额有错误（所记金额小于应记的正确金额），而应借、应贷的会计科目或记账方向并无错误，则应采用补充登记法予以更正。更正方法是：将少记的金额用蓝字填制一张与原错误凭证相同的记账凭证，并在摘要栏注明"补记某月某日第×号凭证错误"，据以登记入账，以补记原账簿记录中少记的金额。

4.2 期末账项调整

4.2.1 期末账项调整的意义

会计核算是以企业持续、正常不断的生产经营活动为前提条件的。在这一前提下，企业为了反映某一特定日期的财务状况和一定时期的经营成果，就需要将持续的生产经营过程人为地划分为一定的期间。会计期间确定后，为了合理地计算和反映企业一定期间的经营成果，就需要将该期间发生的费用和收入在相关的基础上进行比较，这种将相关的费用和收入相互配合和相互比较的计算程序称为"配比"，而保证每一会计期间收入和费用正确配比的前提，则是收入和费用在各个会计期间的正确划分，这种划分的标准一般有权责发生制和收付实现制两种。

所谓权责发生制，是指凡属于本期的收入和费用，不管其款项是否在本期收付，均应作为本期的收入和费用处理；相反，凡不属于本期的收入和费用，即使款项在本期收付，也不应作为本期的收入或费用处理。与权责发生制相对应的是收付实现制，它是以款项的实际收付作为确认本期收入和费用的标准，即凡本期实际收到的货款或实际支付的费用，不管是否属于本期，均应作为本期的收入或费用处理；相反，凡不在本期收到的货款或支付的费用，即使属于本期，也不应作为本期的收入或费用处理。

在我国企业会计核算中，为了正确地计算各期的损益，对于收入和费用的确认一般采用权责发生制。按照权责发生制的要求,日常账簿记录中所反映的收入和费用是不完整的,仅是应归属于本期的收入和费用中的一部分,也就是说有些收入或费用虽在本期收付但不属于本期,有些收入和费用没有在本期收付但应属于本期。因此,为了合理反映相互连接的各个会计期间应取得的收入和应负担的费用,使各期的收入和费用在相关的基础上进行配比,正确计算该期间的经营成果,就需要在期末结账前,按照权责发生制的要求对日常的账簿记录进行调整。

应该指出的是,进行期末账项调整,虽然主要是为了在利润表中正确地反映本期的经营成果,但是对收入和费用的调整,必然会使有关的资产、负债和所有者权益项目同时发生相应的增减变动。因此,期末账项调整不仅与正确反映企业的经营成果有关,也与正确反映企业期末财务状况密切相关。

4.2.2 期末账项调整的内容

企业在生产经营过程中发生的各种收入和费用,按其收支期与归属期是否相同,可分为以下三种情况。

1. 收入和费用的收支期与归属期一致

这种情况是指本期内收到的款项就是本期应获得的收入,本期内已支付的款项就是本期应当负担的费用。例如:支付本月办公费800元,本月销售商品取得现款收入6 000元。企业大部分收入和费用均属于这种情况。

2. 收入和费用的收支期在前归属期在后

这种情况是指本期内收到而本期尚未获得或本期尚未完全获得的收入,本期内支付而不应或不应全部由本期负担的费用。例如:某年7月初将收到出租包装物的一年租金收入24 000元存入银行。在这24 000元中应属于本年度的收入仅为12 000元,其余部分本年收到但属于以后年度的收入。这部分收款期在先、归属期在后的收入称为预收收入;再如:某单位10月以银行存款支付次年的报纸杂志费12 000元,这笔费用虽在10月支付,但不属于本年度的费用,应由次年进行负担。这部分支付期在先、负担期在后的费用称为预付费用。

3. 收入和费用的归属期在前收支期在后

这种情况是指本期应获得但尚未收到的收入,本期应当负担但尚未支付的费用。例如:本年度10月初出租设备一台,租期为一年,每月租金收入为600元,按照合约规定该笔租金在次年的4月一次支付。在本年度内这笔租金收入尽管并未收到,但属于本年度的租金收入应为1 800元。对于这种归属期在前、收款期在后的收入称为应计收入;再如,本年度9月初向银行借入半年期的借款100 000元,借款利率为3%,按照有关规定短期借款的利息一般在还款时才进行结算,在本年度内尽管这笔借款利息并未支付,但属于本年度的利息费用应为2 000元。这种负担期在前、支付期在后的费用称为应计费用。

上述三种情况中,第一种情况已在发生收付的当期记入有关的收入和费用账户,因此,无须在期末进行调整,但第二种情况、第三种情况则应在会计期末,根据权责发生制的要求进行调整，即对属于本期但未在本期进行收付的款项，调整记入本期的收入和费用，对不属于本期但在本期进行收付的款项，不应纳入本期收入和费用的范围。也就是说对于收支期和归属期两期一致的收支，期末不需进行调整；对于收支期和归属期两期不一致的收支，期末必须进行调整。具体来说，期末账项调整的内容应包括预收收入和应计收入的调整，以及预付费用和应计费用的调整。

4.2.3 期末账项调整的方法

1. 预收收入的调整

预收收入指本期或以前各期已经收到，但应属于以后各期的收入。即本期或以前各期已经收款，但因尚未向付款单位提供商品、劳务或财产物资使用权，因而不属于本期的收入。这部分收入包括企业出租固定资产预收的租金收入、预收的商品销货款等。根据权责发生制原则的要求，这类收入不能直接记入有关的收入账户，而应在企业实际收到预收的款项时，一方面增加资产（库存现金或银行存款），另一方面，应增加企业的负债（预收账款、其他应付款等）；等到实际提供商品、劳务时，再确认为本期收入，从"预收账款""其他应付款"等账户转入有关的收入账户。

2. 应计收入的调整

应计收入是指应属于本期，但本期尚未收到款项的收入。即企业已在本期向其他单位或个人提供商品、劳务、财产物资使用权，取得了收取款项的权利，应属于本期的收入，但由于尚未完成结算过程，使得这部分本期的收入尚未收到。期末应计收入包括本期应收未收的包装物、固定资产租金收入，本期销售商品但尚未收到货款的销售收入等。根据权责发生制原则的要求，期末应将这部分尚未收到款项的收入调整入账。其调整的方法一般是：在会计期末增加本期收入的同时，增加企业的债权资产，即借记"应收账款"等账户，贷记有关收入账户类账户。

3. 预付费用的调整

预付费用又称待摊费用，是指本期或以前各期一次支付，但应由本期及以后各个会计期间负担的费用。这部分费用包括预付的财产保险费、预付租金及预付固定资产修理费等。按照权责发生制原则的要求，预付费用的支付期在前，负担期在后，这类费用发生时由于不属于或不完全属于本期，因此，不能直接全部记入本期的有关费用账户，而应在支付时先作为一种资产处理，记入"待摊费用"或"长期待摊费用"账户的借方，同时记入"银行存款"或"库存现金"账户的贷方；以后各会计期的期末，再分别将该期应负担的费用从"待摊费用"或"长期待摊费用"账户，转入当期的有关费用账户。

4. 应计费用的调整

应计费用是指本期已耗用或本期已受益，应归属于本期但要在以后各期支付的费用。这部分费用包括银行借款利息费用、固定资产折旧费用、应付职工薪酬、应交税费等。按照权责发生制原则的要求，由于上述费用发生或负担在先，支付在后，因此，期末账项调整时，一方面应增加企业的费用，另一方面应增加企业的负债，即借记有关费用账户，贷记"应付利息""应交税费"或"应付职工薪酬"等账户。

需要说明的是，期末账项调整与日常经济业务的处理是不同的，它不是仅仅依据交易或事项所发生的原始凭证入账，而是在会计期末依据会计人员的职业判断进行的会计处理，因此，会计人员的业务水平和职业操守在一定程度上决定了会计信息质量的高低。

4.3 财产清查

财产清查是指通过对货币资金和各项财产物资的实物盘点及对银行存款和各种应收往来款项的核对，确定各项财产物资、货币资金和应收款项的实存数额，以查明其实存数额与账面数额是否相符的一种会计核算专门方法。

4.3.1 财产清查的意义

企业的各项经济活动，虽然都是根据审核无误的会计凭证登记账簿来进行反映的，但是在财产物资的收发和经营管理的过程中，由于多种原因不能完全保证各项财产物资、货币资金和债权的账实相符。造成账实不符的原因主要有以下几个方面：①在收发财产物资时，由于计量或检验不准确而造成品种、数量或质量上的差错。②财产物资在运输、保管、收发过程中，在数量上发生自然的增减变化。③在财产物资的增减变动中，有关会计核算环节的凭证不齐全（如没有填制凭证就入账），或计算、登记上发生错误（如凭证或账簿中出现漏记、错记或计算错误）。④由于管理不善或工作人员失职，而造成财产物资的损坏、变质或短缺。⑤由于不法分子的营私舞弊、贪污盗窃而造成财产物资的损失。⑥由于自然灾害或非常事件而造成财产物资的损失。⑦结算过程中的未达账项。上述种种原因都会造成账实不符，因此运用财产清查这一会计核算的专门方法，进行定期或不定期的盘点与核对，为企业经营决策提供准确可靠的会计信息，具有十分重要的意义。其具体表现在以下几方面。

1. 保护财产物资的安全与完整

通过财产清查，可以查明账实不符的原因，发现财产物资管理工作上存在的问题，以便妥善采取措施，健全财产管理责任制度，确保各项财产物资的安全与完整。

2. 保证会计核算资料的真实可靠

通过财产清查，可以查明各项财产物资的实存数额，确定实存数额与账面数额的差异，以便及时调整账面记录，达到账实相符，从而保证会计核算资料的真实可靠。

3. 保证财经纪律和结算制度的贯彻执行

通过财产清查，可以查明各项债权、债务的结算情况。对于各项应收账款、预付账款，应及时催收，避免造成坏账；对确认的坏账也应及时处理；对于各项应付账款应及时清偿，避免长期拖欠，严格遵守和维护结算纪律与财经制度。

4. 提高资金使用效率

通过财产清查，可以查明各项财产物资的储备和利用情况。以便根据不同情况，分别采取不同措施：对于储备不足或不配套的财产物资，应及时加以补充，确保生产经营的需要；对于超储、积压或呆滞的财产物资，则应及时处理，防止盲目采购，提高资金使用效率。

由此可见，财产清查既是会计核算的一种专门方法，也是企业经营管理中不可缺少的一种管理制度。此外，它还是进行财产评估的一项基础性工作。

4.3.2 财产清查的种类

按不同的标准，可将财产清查分为不同种类。

1. 按照清查对象和范围的分类

1）全面清查

全面清查是对企业所有的财产物资进行的全面盘点和核对。其清查对象主要包括：库存现金、银行存款；各种应收款项、在途货币资金；所有的固定资产、原材料、在产品、半成品、库存商品、在途物资及未完工程等。由于全面清查的范围广、内容多，需要投入的人力多、花费的时间长，所以一般只在年终决算前等特殊时点进行。

2）局部清查

局部清查是根据企业管理的需要，对一部分财产物资进行的盘点和核对。一般情况下，对于流动性较大的财产物资，年内应轮流进行盘点或重点抽查；对于各种贵重物资，每月都应清查盘点一次；对于库存现金，应由出纳员每日清点核对；对于银行存款，每月都要同银行核对一次；对于各种债权，每年至少要同对方核对一次。

2. 按照清查时间的分类

1）定期清查

定期清查是按照预先计划安排或规定的时间对财产物资、货币资金和往来款项进行的盘点和核对。这种清查通常是在年末、季末、月末结账时进行，其清查的对象和范围，可根据实际需要确定，可以是全面清查，也可以是局部清查。在一般情况下，年末进行全面清查，季末、月末进行局部清查。

2）不定期清查

不定期清查也称为临时清查，是事先不规定清查时间，而根据实际需要，对某些财产物资、货币资金和往来款项临时进行的清查。其清查的对象和范围，可根据实际需要确定，可以是全面清查，也可以是局部清查。不定期清查一般是在更换财产物资的保管人员，或发生自然灾害意外受损等特殊时点进行。

4.3.3 财产清查的方法

财产清查应包括财产物资、货币资金和应收款项三项内容。由于这些内容占用形态各异，构成项目不同，所以对其进行财产清查时，应采用不同的方法。

1. 财产物资的清查

财产物资的清查是对原材料、库存商品、低值易耗品、包装物和固定资产等实物资产，在数量上和质量上进行清查。

1）财产物资账面结存数量的确定方法

财产物资的数量要靠盘存来确定，常用的财产物资盘存方法有永续盘存法和实地盘存法两种。

（1）永续盘存法，又称"账面结存制"。就是对各项财产物资的收入和发出，平时都要根据会计凭证，在有关账簿中逐笔地进行连续登记，并随时结出账面结存数。在永续盘存法下，期末账面结存数的计算公式如下：

$$期末结存数 = 期初结存数 + 本期收入数 - 本期发出数$$

永续盘存法的优点是核算手续严密，能够通过账面记录及时反映各项财产物资的增减变动和结余情况，有利于加强对财产物资的管理；其缺点是核算工作量大，且期末对财产物资进行实地盘点时，有时会出现账实不符。在实际工作中，除少数特殊情况外，一般企业均应采用永续盘存法。

（2）实地盘存法，又称"定期盘存制"。就是平时根据有关会计凭证，只登记财产物资的收入数，不登记发出数，月末，对财产物资进行实地盘点，将盘点的实存数作为账面结存数，然后倒挤推算出本期发出数，将其计入账簿。在实地盘存法下，本期发出数的计算公式如下：

$$本期发出数 = 期初结存数 + 本期收入数 - 期末实地盘存数$$

实地盘存法的优点是核算工作比较简单，期末财产物资不会出现账实不符；其缺点是核算手续不严密，不能通过账簿记录随时反映和监督各项财产物资的增加、减少和结余情况，工作中如出现差错、毁损、盗窃、丢失等情况，均计入本期发出数，不利于加强对财产物资的管理。所以，若无特殊情况，一般不适宜采用实地盘存法。

2）财产物资实际结存数量的确定方法

对于财产物资实际结存数量的确定，应采用盘点法来进行。在实际盘点中，应根据不同的情况，采用实地盘点法、抽样盘点法、技术推算盘点法来确定财产物资的实存数。

在实际盘点时，除了清点实物的实存数量以外，还要检查财产物资的质量，了解财产物资的利用情况，查明财产物资在收发、保管上所存在的问题。另外，确定财产物资实存数时，还应注意若有已经销售而尚未托运出库的商品，或已经托运出库但尚未销售的商品，应对其盘点确定的实存数进行调整。

为了查明各项财产物资账实是否相等，要根据财产物资实际盘点的结果和有关财产物资的明细账编制"实存账存对比表"。实存账存对比表是用以调整账簿记录的一个重要的原始凭证，也是分析差异、明确经济责任的重要依据。实存账存对比表的一般格式如表 4-7 所示。

3）财产物资单价的确定方法

财产物资结存金额数的确定取决于两个因素：一是财产物资结存的数量；二是财产物资的单价。在两种不同的盘存方法下，其结存金额的确定各不相同，具体用公式表示如下：

在永续盘存法下：期末账面结存金额 = 期初结存数 × 单价 + 本期收入数 × 单价 - 本期发出数 × 单价

在实地盘存法下：期末实际结存金额 = 期末实地盘存数量 × 单价

本期发出金额 = 期初结存数 × 单价 + 本期收入数 × 单价 - 期末实际结存金额

表 4-7　实存账存对比表

单位名称_____　　　　　　　年　月　日
存放地点_____

编号	类别和名称	计量单位	单价	实存		账存		对比结果				备注
								盘亏		盘盈		
				数量	金额	数量	金额	数量	金额	数量	金额	

盘点人_____　　　　　　　　　　　　　　　保管人_____

在实际工作中，由于财产物资进货地点不同、进货渠道不同，同一种财产物资会有不同的单价，因此，需要采用一定的方法来确定发出和结存财产物资的单价。财产物资单价的确定方法主要有以下四种。

（1）个别计价法。个别计价法又称具体辨认法、分批实际法等。采用这一方法是假设财产物资的成本流转与实物流转相一致，按照各种财产物资逐一辨认其发出和期末结存所属的购进批别或生产批别，分别按其购入或生产时所确定的单位成本作为计算各批发出和期末结存财产物资成本的方法。

个别计价法是唯一一种实物流转与成本流转相一致的计价方法。这种方法的优点是确定的发出和期末结存财产物资的成本真实、准确，而且可以随时结转成本。但是采用这种方法必须具备必要的前提条件，即财产物资必须是可以按不同进货单价辨别认定的，且必须有详细的记录，据以了解每一个别财产物资或每批财产物资的收入、发出和结存情况。因而实务操作的工作量繁重，困难较大。个别计价法适用于容易识别、品种数量不多、单位成本较高的财产物资，如房地产、船舶、飞机、重型设备、珠宝、名画等贵重物品；能够分清批次、整批进整批出的财产物资也可以采用这种方法；不能互换使用的财产物资或为特定的项目专门购入或制造并单独存放的财产物资，一般也应采用这种方法。这种方法在永续盘存制和实地盘存制下均可使用。

例 4-1：甲公司 2020 年 9 月有关 B 商品的资料如表 4-8 所示。

表 4-8　有关 B 商品的资料

日　期	摘　要	数量/吨	单价/元	金额/元
9 月 1 日	期初余额	6	50	300
9 月 10 日	购入	18	60	1 080
9 月 11 日	发出	16		
9 月 18 日	购入	12	70	840
9 月 20 日	发出	16		
9 月 23 日	购入	4	80	320

假设经具体确认，11 日发出的 16 吨 B 商品中，有 4 吨是期初商品，12 吨为 10 日购进的商品；20 日发出的 16 吨 B 商品中，有 6 吨为 10 日购进的商品，10 吨为 18 日购进的商品。依照个别计价法确定的甲公司 9 月 B 商品的发出和结存成本如表 4-9 所示。

表 4-9　B 商品明细账

商品类别：　　　　　　　　　　　　　　　　　　　　　　　计量单位：吨
商品编号：　　　　　　　　　　　　　　　　　　　　　　　最高存量：
商品名称及规格：B　　　　　　　　　　　　　　　　　　　最低存量：

××年		凭证编号	摘要	收入			发出			结存		
月	日			数量	单价	金额	数量	单价	金额	数量	单价	金额
9	1		期初余额							6	50	300
	10		购入	18	60	1 080				6 18	50 60	300 1 080
	11		发出				4 12	50 60	200 720	2 6	50 60	100 360
	18		购入	12	70	840				2 6 12	50 60 70	100 360 840
	20		发出				6 10	60 70	360 700	2 2	50 70	100 140
	23		购入	4	80	320				2 2 4	50 70 80	100 140 320
	30		本月发生额及月末余额	34		2 240	32		1 980	2 2 4	50 70 80	100 140 320

（2）先进先出法。先进先出法是假设先收到的财产物资先售出或先耗用，并根据这种假设对发出和期末结存财产物资进行计价的方法。采用这种计价方法收入财产物资时要逐笔登记每一批财产物资的数量、单价和金额；发出财产物资时，按照先进先出的原则确定单价，逐笔登记财产物资的发出金额和结存金额。

先进先出法的优点是能够随时结转成本，期末财产物资成本比较接近现行的市场价值，企业不能随意挑选财产物资成本以调整当期利润。但是，在财产物资收发业务频繁和单价经常变动的情况下，企业计价的工作量较大。另外，当物价上涨时，会高估企业当期利润和库存财产物资的价值；反之，会低估企业财产物资的价值和当期利润。一般而言，经营活动受财产物资形态影响较大或财产物资容易腐败变质的企业可采用先进先出法。这种方法在永续盘存制和实地盘存制下均可使用。

使用例 4-1 资料，按照先进先出法确定的甲公司 9 月 B 商品的发出和结存成本如表 4-10 所示。

（3）加权平均法。加权平均法是以本月期初结存财产物资数量和本月全部收入财产物资数量作为权数，去除本月期初结存财产物资成本和本月全部收入财产物资成本，计算出财产物资的加权平均单价，从而确定财产物资发出和结存成本的一种方法。具体计算公式如下：

表 4-10　B 商品明细账

商品类别：＿＿＿＿＿＿　　　　　　　　　　　　　　　　　　计量单位：吨
商品编号：＿＿＿＿＿＿　　　　　　　　　　　　　　　　　　最高存量：
商品名称及规格：B　　　　　　　　　　　　　　　　　　　　最低存量：

××年		凭证编号	摘要	收入			发出			结存		
月	日			数量	单价	金额	数量	单价	金额	数量	单价	金额
9	1		期初余额							6	50	300
	10		购入	18	60	1 080				6 18	50 60	300 1 080
	11		发出				6 10	50 60	300 600	8	60	480
	18		购入	12	70	840				8 12	60 70	480 840
	20		发出				8 8	60 70	480 560	4	70	280
	23		购入	4	80	320				4 4	70 80	280 320
	30		本月发生额及月末余额	34		2 240	32		1 940	4 4	70 80	280 320

$$加权平均单价=\frac{期初结存存货实际成本+本期收入存货实际成本}{期初结存存货数量+本期收入存货数量}$$

本期发出财产物资成本＝加权平均单价×本期发出财产物资数量

期末结存财产物资成本＝加权平均单价×期末结存财产物资数量

仍使用例 4-1 的资料，采用加权平均法计算的甲公司 9 月 B 商品的发出和结存成本如表 4-11 所示。

表 4-11　B 商品明细账

商品类别：　　　　　　　　　　　　　　　　　　　　　　　　计量单位：吨
商品编号：　　　　　　　　　　　　　　　　　　　　　　　　最高存量：
商品名称及规格：B　　　　　　　　　　　　　　　　　　　　最低存量：

××年		凭证编号	摘要	收入			发出			结存		
月	日			数量	单价	金额	数量	单价	金额	数量	单价	金额
9	1		期初余额							6	50	300
	10		购入	18	60	1 080				24		
	11		发出				16			8		
	18		购入	12	70	840				20		
	20		发出				16			4		
	23		购入	4	80	320				8		
	30		本月发生额及月末余额	34		2 240	32	63.5	2 032	8	63.5	508

$$B商品的加权平均单价=\frac{300+1\,080+840+320}{6+18+12+4}=63.5（元）$$

本月发出财产物资成本 $=63.5\times32=2\,032$（元）

月末结存财产物资成本 = 63.5 × 8 = 508（元）

加权平均法的优点是只在月末一次计算加权平均单价，工作量不大，计算方法较简单；在市场价格上涨或下跌时，对财产物资成本的分摊较为折中；企业也不能任意挑选财产物资成本以调整当期利润。但是这种方法只有在期末才能计算出加权平均单价，确定发出财产物资成本和结存财产物资成本，而平时无法从账上提供发出和结存财产物资的单价和金额，不利于对财产物资加强日常管理；而且期末核算工作量较大。因此这种方法只适合财产物资品种较少，而且前后收入财产物资单位成本相差较大的企业采用。一般而言，对于储存在同一地点、性能形态相同的大量财产物资，也可采用加权平均法。这种方法在永续盘存制和实地盘存制下均可使用。

（4）移动平均法。移动平均法也称移动加权平均法，它是用本次收入财产物资成本加原有库存财产物资成本，除以本次收入财产物资数量加原有库存财产物资数量，据以计算加权平均单价，并对发出和结存财产物资进行计价的一种方法。移动加权平均法与加权平均法的计算原理基本相同，只是要求在每次收入财产物资时重新计算一次加权平均单价。具体计算公式如下：

$$加权平均单价 = \frac{以前结存存货实际成本 + 本批收入存货实际成本}{以前结存存货数量 + 本批收入存货数量}$$

仍使用例 4-1 的资料，采用移动加权平均法计算的甲公司 9 月 B 商品的发出和结存成本如表 4-12 所示。

表 4-12　B 商品明细账

商品类别：　　　　　　　　　　　　　　　　　　　　　　　　　计量单位：吨
商品编号：　　　　　　　　　　　　　　　　　　　　　　　　　最高存量：
商品名称及规格：B　　　　　　　　　　　　　　　　　　　　　最低存量：

××年		凭证编号	摘要	收入			发出			结存		
月	日			数量	单价	金额	数量	单价	金额	数量	单价	金额
9	1		期初余额							6	50	300
	10		购入	18	60	1 080				24	57.5	1 380
	11		发出				16	57.5	920	8	57.5	460
	18		购入	12	70	840				20	65	1 300
	20		发出				16	65	1 040	4	65	260
	23		购入	4	80	320				8	72.5	580
	30		本月发生额及月末余额	34		2 240	32		1 960	8	72.5	580

第一批收入存货后的加权平均单价 $= \dfrac{300 + 1\,080}{6 + 18} = 57.5$（元/吨）

第二批收入存货后的加权平均单价 $= \dfrac{460 + 840}{8 + 12} = 65$（元/吨）

第三批收入存货后的加权平均单价 $= \dfrac{260 + 320}{4 + 4} = 72.5$（元/吨）

月末结存财产物资成本 = 8 × 72.5 = 580（元）

本月发出财产物资成本=920＋1 040=1 960（元）

移动加权平均法的优点是财产物资发出时，可以随时结转成本，便于加强对财产物资的日常管理；大量核算工作分散在平时进行，减轻了月末工作量；而且计算的加权平均单价以及发出和结存财产物资的成本较客观，企业亦不能任意挑选财产物资成本以调整当期利润。但是，由于每次收入财产物资都要重新计算一次加权平均单价，计算工作量较大。因此，这种方法适用于购货次数不多的企业；储存在同一地点、性能形态相同的大量财产物资也可采用移动加权平均法。这种方法只能在永续盘存制下使用。

2. 货币资金的清查

货币资金的清查，是对库存现金和银行存款所进行的清查，它们是财产清查中的重点。

1）库存现金的清查

库存现金的清查是通过实地盘点来进行的，即逐张查点现钞确定现金实存数，然后将其与库存现金日记账的账面余额进行核对，以查明账实是否相符。

库存现金的清查，包括出纳人员每日进行的定期清查和专门清查人员进行的不定期清查。清查结束后，应根据清查结果编制"库存现金清查报告表"，并由清查人员和出纳人员签章。库存现金清查报告表既是清查清单，又是账存实存对比表，其格式如表4-13所示。

表4-13　库存现金清查报告表

单位名称：　　　　　　　　　　　　　　　××年×月×日

实存金额	账存金额	对比结果		备注
		盘　盈	盘　亏	

2）银行存款的清查

银行存款的清查是采取与银行核对账目的方法来进行的，即将企业登记的"银行存款日记账"与从银行取得的对账单逐笔核对，以查明银行存款的收入、付出和结余的记录是否正确。通过核对，往往会发现双方账目不一致。发生这种情况的原因主要有两种：一是企业或银行在登记账簿时出现错账或漏账，二是存在着"未达账项"。对于企业或银行错记或漏记的业务，应查找原因，调整账簿。对于未达账项，应做如下处理。

未达账项是指对于同一项经济业务，由于结算凭证在传递过程中时间上的差异，导致企业与银行的记账时间不同，形成一方已登记入账，而另一方未登记入账的会计事项。未达账项有四种情况：①企业已收款入账，而银行尚未收款入账的事项；②企业已付款入账，而银行尚未付款入账的事项；③银行已收款入账，而企业尚未收款入账的事项；④银行已付款入账，而企业尚未付款入账的事项。上述任何一种情况的发生，都会使得企业与银行双方银行存款余额不一致。为了消除未达账项的影响，企业可以通过编制银行存款余额调节表对双方账面余额进行调整。调整的方法一般是将企业的账面余额和银行对账单余额各自补记对方已入账而本单位尚未入账金额，然后验证经过调节后的余额是否一致。如果一致，说明双方记账没有差错。否则，说明记账有差错，应进一步查明原因，予以更正。

下面举例说明银行存款余额调节表的编制方法。

例 4-2：某公司银行存款日记账余额为 124 950 元，银行对账单余额为 129 395 元，经逐笔核对，发现以下未达账项：

（1）1 月 30 日，企业购材料开出转账支票 9 100 元，已记银行存款减少，银行尚未付出记账；

（2）1 月 30 日，银行已记减少，企业尚未入账的银行借款利息 245 元；

（3）1 月 31 日，企业收到销货款 11 200 元，已记银行存款增加，银行尚未收入记账；

（4）1 月 31 日，银行已记增加，企业尚未入账的银行代收销货款 6 790 元。

根据上述未达账项编制的银行存款余额调节表如表 4-14 所示。

表 4-14　银行存款余额调节表
××年 1 月 31 日

项　　目	余　额	项　　目	余　额
银行存款日记账余额	124 950	银行对账单余额	129 395
加：银行已收企业未收款	6 790	加：企业已收银行未收款	11 200
减：银行已付企业未付款	245	减：企业已付银行未付款	9 100
调节后余额	131 495	调节后余额	131 495

需要注意的是，调节后的余额既不是企业银行存款日记账的余额，也不是银行对账单的余额，而是银行存款的实有数额。但是企业并不能根据该余额调整账簿记录，而应在有关结算凭证到达后再据以记账，这时未达账项会自然消失。对于长期悬置的未达账项，应及时查明原因予以解决。

3. 应收款项的清查

应收款项包括各种应收及暂付的款项。对于各种应收款项也应采取与对方核对账目的方法进行清查。清查时应在本单位各应收款项账目准确无误的基础上，按应收单位分户编制对账单，送交对方进行核对。对账单一般一式两联，其中一联作为回单，对方单位如核对相符，应在回单上盖章退回。如发现数字不符，应将不符的情况在回单上注明，或另抄对账单退回，以便进一步清查。清查中若发现未达账项可采用调节账面余额的方法核对。

应收款项清查以后，应将清查结果编制"应收款项清查报告单"，填列各项应收款项的余额。对于有争议的款项以及没有收回希望的款项，应当将清查情况在报告单上详细注明。应收款项清查报告单的一般格式如表 4-15 所示。

表 4-15　应收款项清查报告单

明细分类账户		清查结果		核对不符原因分析			备注
名称	账面余额	核对相符金额	核对不符金额	未达账项金额	有争议款项金额	其他	

4.3.4 财产清查结果的处理

财产清查的最终结果不外两种情况：一是账存数与实存数相符，说明账上记录的财产数额与实际所拥有的财产数额一致，因此不需进行处理；二是账存数与实存数不符。一旦发生账实不符，无论是短缺还是盈余，都必须认真查明原因，按规定程序进行处理。

对于财产清查结果的处理，应当分为两个步骤：第一步，在审批之前，应将已经查明的财产物资盘盈、盘亏和损失等情况，根据清查中取得的原始凭证（如实存账存对比表等）编制记账凭证，据以登记有关账簿，使之账实相符；第二步，在审批之后，根据差异产生的原因和报经批准的结果，按照有关文件（视为原始凭证）编制记账凭证，据以登记入账。

为了核算和监督企业在财产清查中查明的各种财产物资的盘盈、盘亏和毁损及其处理情况，应设置"待处理财产损溢"账户。该账户列入资产类账户，是用来核算企业在财产清查过程中查明的各种财产物资的盘盈、盘亏和毁损的价值。该账户的贷方核算清查中发生的待处理财产盘盈数和转销已批准处理的财产盘亏及毁损数；借方核算清查中发生的待处理财产盘亏及毁损数和结转已批准处理的财产盘盈数。本账户处理前的借方余额，反映企业尚未处理的各种财产的净损失；处理前的贷方余额，反映企业尚未处理的各种财产的净溢余。期末处理后本账户应无余额。在本账户下，可设置"待处理固定资产损溢"和"待处理流动资产损溢"两个明细账户，进行明细分类核算。

需要指出的是，企业清查的各种财产的损溢，应于期末前查明原因，并根据企业的管理权限，经股东大会或董事会，或经理（厂长）会议或类似机构批准后，在期末结账前处理完毕。如清查的各种财产的损溢在期末结账前尚未经批准的，在对外提供财务会计报告时，应先按有关规定进行处理，并在财务报表附注中作出说明；如果其后批准处理的金额与已处理的金额不一致的，应调整财务报表相关项目的年初数。

例4-3：A公司在财产清查中发现库存商品盘亏4 000元。其中：盘亏甲商品1 200元，属于合理损耗，盘亏乙商品2 000元，属于非常损失，盘亏丙商品800元，属于管理人员失职所致。

①报经批准前，根据"实存账存对比表"的记录，应编制如下会计分录：

借：待处理财产损溢——待处理流动资产损溢　　　　　　　　　　　　　4 000
　　贷：库存商品——甲　　　　　　　　　　　　　　　　　　　　　　1 200
　　　　　　　　——乙　　　　　　　　　　　　　　　　　　　　　　2 000
　　　　　　　　——丙　　　　　　　　　　　　　　　　　　　　　　　800

②经批准，盘亏的库存商品：属于合理损耗的部分，计入管理费用；属于非常损失的部分，计入营业外支出；管理人员失职造成的部分，应由责任人赔偿。根据批准文件，应编制如下会计分录：

借：管理费用　　　　　　　　　　　　　　　　　　　　　　　　　　　1 200
　　营业外支出　　　　　　　　　　　　　　　　　　　　　　　　　　2 000
　　其他应收款　　　　　　　　　　　　　　　　　　　　　　　　　　　800
　　贷：待处理财产损溢——待处理流动资产损溢　　　　　　　　　　　4 000

例 4-4： B 公司在财产清查中发现库存现金溢余 500 元。

①报经批准前，根据"库存现金清查报告表"的记录，应编制如下会计分录：

借：库存现金　　　　　　　　　　　　　　　　　　　　　　　500
　　贷：待处理财产损溢——待处理流动资产损溢　　　　　　　　　500

②经批准，盘盈库存现金作为营业外收入处理。根据批准文件，应编制如下会计分录：

借：待处理财产损溢——待处理流动资产损溢　　　　　　　　　500
　　贷：营业外收入　　　　　　　　　　　　　　　　　　　　　500

4.4　对账与结账

4.4.1　对账

对账就是指核对账簿记录。它是会计核算的一项重要内容，也是审计常用的一种查账方法。

1. 对账的意义

在会计工作中，由于种种原因，可能会造成账簿记录出现差错或账实不符的情况。例如，填制记账凭证出现差错，记账或过账出现差错，财产物资因管理不善或因其自身性质发生溢余或短缺，等等。这些情况均会造成账证不符、账账不符或账实不符，只有通过对账才能发现这些问题。所以，为了保证各种账簿记录的完整和正确，并为编制财务报表提供真实可靠的数据资料，必须做好对账的工作。

对账工作一般应在月末将本月内的全部经济业务登记入账，并在结出各账户的期末余额之后、结账之前进行对账。若遇特殊情况，如有关人员调动或发生非常事件，则应根据需要随时对账。

2. 对账的内容与方法

对账的内容与方法主要包括以下几个方面。

1）账证核对

账证核对是指各种账簿（包括总分类账、明细分类账和日记账）的记录与有关的会计凭证（包括记账凭证与所附的原始凭证）相核对。这种核对主要是在平时编制凭证和记账过程中逐笔进行的。月末，如果发现账账不符或账实不符，也应回过头来进行账证核对。在这种情况下，主要是抽查与账账不符或账实不符的有关凭证，直至查出错误为止，而不是核对全部凭证。账证核对的目的是保证账证相符。

2）账账核对

账账核对是指各种账簿之间有关指标的核对。主要包括：①各总分类账户的期末借方余额合计数与期末贷方余额合计数相核对，此项核对一般是通过编制"总分类账户期末余额试算表"进行。②各明细分类账和日记账的期末余额与有关总分类账户的期末余额核对，此项核对一般是通过编制"总分类账户与明细分类账户对照表"进行。③会计部门各种财产物资明细账的期末余额与财产物资保管部门或使用部门的有关账（卡）的记录相核对，此项核对一般是将明细账的余额直接与财产物资保管或使用部门有关账（卡）的余额相核对。

3）账实核对

账实核对是指各种财产物资、货币资金和各项债权的账面余额与其实存数额相核对。账实核对一般需要进行财产清查，主要包括以下几项内容：①库存现金日记账的账面余额与实地盘点的库存现金实有数相核对，此项核对应逐日进行，同时还应不定期进行抽查。②银行存款日记账的账面余额与开户银行的账目（银行对账单）相核对，此项核对应定期进行，每月至少进行一次，方法是编制"银行存款余额调节表"。③各种应收款项明细分类账的账面余额与各有关债务单位（或个人）的账目相核对，此项核对应该按照财产清查的要求，定期或不定期地进行，一般可采用函证的方法，必要时也可以派专人外出核对。④各种财产物资明细分类账的账面余额与其清查盘点后的实存数额相核对。此项核对也应按照财产清查的要求，定期或不定期地进行。

4.4.2 结账

结账是指在会计期末结转并计算各种账簿的本期发生额和期末余额。各会计期间发生的经济业务全部登记入账后，为了反映各会计期间（月度、季度、年度）的财务状况，考核经营成果，并为编制财务报表提供依据，必须进行结账。需要注意的是为了保证结账工作的正确性，在结账之前，应在将全部经济业务登记入账的基础上进行试算平衡。结账工作通常于会计期末进行，可以分为月结、季结和年结。

1. 结账的内容

结账工作通常包括以下两项内容。

1）结转收入、费用类账户

对于收入和费用两类账户，会计期末应将其余额结平，据以计算确定本期的利润或亏损，将经营成果在账面上揭示出来，为编制利润表提供有关的依据。

2）结算资产、负债和所有者权益类账户

对于资产、负债和所有者权益三类账户，会计期末应分别结出其总分类账户和明细分类账户的本期发生额及期末余额，并将期末余额结转为下期的期初余额，为编制资产负债表提供有关的依据。

2. 结账的主要程序

1）检查账簿记录

检查本期内所发生的经济业务是否已经全部根据会计凭证记入有关账簿。不能为赶编财务报表而提前结账，也不能先编财务报表后结账。

2）期末账项调整

对于应由本期负担的待摊费用，应按规定的标准摊入本期费用；对于应由本期负担尚未支付的费用，应按规定的标准预提计入本期费用；对于属于本期的应计收入和预收收入，也应按规定标准确认，计入本期收入。

3）结转损益类账户

对本期发生的收入、费用类账户余额，期末应结转到"本年利润"账户，以计算和确定企业最终的财务成果。

4）结算资产、负债及所有者权益类账户

对资产、负债和所有者权益类账户，期末应计算出这三类账户的本期发生额和期末余额，以反映企业本期的财务状况。

3. 结账的方法

会计期末结账主要采用划线结账法。即期末结出各账户的本期发生额和期末余额后，加以划线标记，将期末余额结转下期。划线的具体方法在月结、季结和年结有所不同。结账方法举例如表4-16所示。

表4-16 总 账

会计科目：应付账款　　　　　　　　　　　　　　　　　　　　　　　　　　第×页

××年		凭证		摘要	借方	贷方	借或贷	余额
月	日	字	号					
1	1			年初余额	⋮	⋮	贷	3 000
	⋮			⋮				⋮
	31			1月发生额及余额	7 000	5 700	贷	1 700
2	1							1 700
	⋮							
	28			2月发生额及余额	8 000	9 000	贷	2 700
12	31			12月发生额及余额	6 200	7 000	贷	3 500
12	31			全年发生额及余额	71 000	71 500	贷	3 500
				结转下年			贷	3 500

注：………表示单红线
　　════表示双红线
　　〰〰表示省略线

4.5 编制财务报表

4.5.1 编制财务报表的意义

财务报表是以日常账簿资料为主要依据编制的，总括反映企业财务状况、经营成果、现金流量和所有者权益变动情况等会计信息的书面报告。它既是会计核算环节的最后一个环节，也是会计循环过程的终点。编制财务报表是会计核算的专门方法。

企业一定期间内发生的经济业务，已经运用专门的会计核算方法，在会计凭证和会计账簿中进行了全面、系统的记录。这种记录从一定程度上能够反映企业的经济活动情况。但是，会计凭证和会计账簿中的会计信息比较分散，不能概括地、系统地反映企业经济活动过程及结果，不便于理解和分析，无法满足会计信息使用者对会计信息的需求。因此，在日常会计核算的基础上，需要对分散在会计凭证和会计账簿中的会计信息进行进一步的加工处理和分类，从而形成综合、系统地反映企业财务状况、经营成果、现金流量和所有者权益变动情况的表式报告。通过编制财务报表，能够为企业现在和潜在的投资人、债权人、政府有关部门、企业管理当局等会计信息的使用者提供有用的会计信息，以便于他们做出正确的投资、信贷和其他决策。

4.5.2 财务报表的种类

财务报表按不同的标志划分可以有不同的种类。

1. 按提供信息的形式分类

1）财务报表

财务报表即以表格的形式披露的报表。按照《企业会计准则》的规定，我国现行财务报表中主要有四张报表，即资产负债表、利润表、现金流量表和所有者权益变动表。其中资产负债表是反映企业在某一特定日期（月末、季末、年末）财务状况的财务报表；利润表是反映企业一定期间（月、季、年）经营成果的财务报表；现金流量表是综合反映企业一定会计期间现金流入、流出及其增减变动情况的财务报表；所有者权益变动表是综合反映企业一定期间所有者权益各组成部分增减变动情况的财务报表。上述四张财务报表从不同角度提供企业的财务状况、经营成果、现金流量和所有者权益变动的会计信息，能基本满足不同信息使用者的需要，故构成企业的主要财务报表。关于这四张财务报表的具体内容，我们将在本书的第5~8章中系统介绍。

2）附注

附注是对资产负债表、利润表、现金流量表和所有者权益变动表等报表中列示项目的文字描述或明细资料，以及对未能在这些报表中列示项目的说明。附注是财务报表的重要组成部分，企业应当按照规定披露附注信息。对一般企业来说，附注应披露的主要内容包括：①企业的基本情况；②财务报表的编制基础；③遵循企业会计准则的声明；④重要会计政策和会计估计；⑤会计政策和会计估计变更以及差错更正的说明；⑥报表重要项目的说明。

2. 按反映资金运动的形态分类

1）静态报表

静态报表是反映企业某一特定时点的指标数值的财务报表，如资产负债表。这种报表的特点是对会计期末（月末、季末、年末）有关指标数值的结余额进行反映，提供的是时点数。

2）动态报表

动态报表是反映企业一定时期内的指标数值的财务报表，如利润表、现金流量表和所有者权益变动表等。这种报表的特点是对有关指标数值在一定期间的发生额进行反映，提供的是时期数。

3. 按报表编制的时间分类

1）中期报表

中期报表是指短于一个完整的会计年度编制的财务报表，它包括月度报表、季度报表、半年度报表,简称月报、季报、半年报,分别反映企业一个月、一个季度或半年的财务状况、经营成果、现金流量及所有者权益变动的会计信息。一般于每月、季或半年终了后编制,并在规定的时间内对外提供。我国现行财务报表中,资产负债表、利润表及现金流量表三张主表及附注均属于中期报表。

2)年度报表

年度报表简称年报或决算报表,反映企业完整会计年度财务状况、经营成果、现金流量及所有者权益变动的会计信息。年报于年终后编制,并在规定的时间内对外提供。现行财务报表中,所有的财务报表及附注均属于年度报表。

4.5.3 财务报表的编制要求

为了保证财务报表披露的信息符合规定的质量标准,编制财务报表时应遵循以下几点要求。

1. 内容完整

这是要求编制的财务报表必须能够全面反映企业的财务状况、经营成果、现金流量和所有者权益变动情况,反映企业经济活动的全貌。为满足这一要求,企业必须要按照规定的报表种类和报表格式编制财务报表,对财务报表中规定的各项指标都应填写完整,不得漏报漏填。

2. 数字真实

这是要求财务报表中各个项目的数字必须是真实的和可靠的。为了满足这一要求,企业在编制财务报表时必须如实地反映企业经济活动的情况,应当根据真实的交易、事项以及完整、准确的账簿记录,按照企业会计准则规定的编制基础、编制依据、编制原则和编制方法进行财务报表的编制。任何组织或个人不得蓄意弄虚作假、篡改数据。

3. 计算准确

这是要求财务报表中有关数据的计算必须是准确无误的。为了满足这一要求,企业在财务报表的编制过程中,必须严格按照企业会计准则规定的报表编制说明进行操作,正确把握各项指标的口径,准确计算、填列各项指标的金额。另外,要注意各报表之间、报表各项目之间,凡有对应关系的数据,应当相互稽核;报表中本期与上期的有关数据也应当相互衔接。

4. 编报及时

这是要求财务报表必须按照规定的时间和程序及时报送给信息使用者。为了满足这一要求,企业在编制财务报表时必须做到及时编制、及时报送。这里的"及时"是指符合企业会计准则规定的期限,既不能超期编报,也不能提前编报。按照现行企业会计准则规定,月报应于月份终了后6天(节假日顺延,下同)、季报应于季度终了后15天、半年报应于年度中期结束后60天、年报应于年度终了后4个月内对外报送。

本章小结

为了保证会计账簿记录的完整性，贯彻收入与费用的配比原则，确保各会计期间经营成果计算的正确性，应在日常账簿记录的基础，按照权责发生制的记账基础，在会计期末进行期末账项调整，以正确划分各会计期间的收入与费用。另外，在各会计期末还应进行财产清查、对账与试算，并在保证账证、账账和账实核对相符的基础上进行结账，进而以账簿资料为主要依据编制总括反映企业财务状况、经营成果、现金流量和所有者权益变动情况等会计信息的书面报告，最终完成会计循环过程。

期末账项调整（adjustment of account）
应计收入（accrued revenue）
预收收入（unearned revenue）
应计费用（accrued expense）
预付费用（prepaid expense）
财产清查（property inspection）
权责发生制（accrual basis）
收付实现制（cash basis）
永续盘存制（perpetual inventory system）
实地盘存制（periodic inventory system）
先进先出法（first in first out，FIFO）
个别计价法（specific identification）
加权平均法（the weighted arithmetic average）
移动平均法（moving average）
未达账项（deposit in transit）
银行存款余额调节表（bank reconciliation statement）
对账（checking the accounts）
结账（closing the accounts）
编制财务报表（the preparation of financial statements）

企业财务造假案例分析——以康美药业为例

一、案例背景

康美药业股份有限公司成立于1997年，总部位于广东省普宁市，于2001年在上交所上市。它是一家以中药饮片、化学原料药及制剂生产为主导，集药品生产、研发及药品、医疗器械营销于一体的现代化大型医药企业、国家级重点高新技术企业。康美在国家振兴中医药事业战略指引下，率先布局中医药全产业链，以中药饮片为核心，以智慧药房为抓手，全面打造"大健康+大平台+大数据+大服务"体系，成为中医药全产业链精准服务型"智慧+"大健康产业上市企业，国家高新技术企业。公司位列中国企业500强、全球企业2000强、广东纳税百强。

2019年4月30日，康美药业发布一系列公告，其中的会计差错更正公告称，2018年之前康美药业在营业收入、营业成本、费用及款项收付方面存在账实不符的情况，并调整了2017年年报数据。其中最为瞩目的一条是它在2017年财报中虚增货币资金近300亿元，引发资本市场震动。

2019年5月12日，连续收到上交所监管函、问询函的康美药业再次收到上交所的年报问询函。2019年5月17日，证监会通报对康美药业的调查进展时表示，现已初步查明，康美药业披露的2016年至2018年财务报告存在重大虚假：一是使用虚假银行单据虚增存款；二是通过伪造业务凭证进行收入造假；三是部分资金转入关联方账户买卖本公司股票。5月21日，康美药业股份有限公司被实施风险警示，在公司股票简称前冠以"ST"字样，意为"特殊处理"，用于警示投资者注意投资风险。

2019年8月16日，证监会称，经查，2016年至2018年期间，康美药业涉嫌通过仿造、变造增值税发票等方式虚增营业收入，通过伪造、变造大额定期存单等方式虚增货币资金，将不满足会计确认和计量条件工程项目纳入报表，虚增固定资产等。并对康美药业作出如下处罚：①对康美药业股份有限公司责令改正，给予警告，并处以60万元的罚款；②对实际控制人马兴田、许冬瑾给予警告，分别处以90万元的罚款，并终身市场禁入。公司其余20位管理层也受到不同程度的处罚。

二、康美药业财务造假手段分析

2018年12月28日证监会已经对康美药业立案调查，2019年5月17日，证监会通报康美药业案调查进展。证监会表示：现已初步查明，康美药业披露的2016年至2018年财务报告存在重大虚假，涉嫌违反《中华人民共和国证券法》第63条等相关规定。一是使用虚假银行单据虚增存款，二是通过伪造业务凭证进行收入造假，三是部分资金转入关联方账户买卖本公司股票。

（1）虚增存款。康美药业将多计的299.44亿元货币资金解释为前期会计差错，这并不能掩盖其虚增存款的行为。

（2）收入造假。营业收入多计88.98亿元。证监会查实康美药业还存在收入造假。康美药业发布的前期会计差错更正公告显示：2018年之前，康美药业营业收入、营业成本、费用及款项收付方面存在账实不符的情况。通过企业自查后，对2017年财务报表进行重述。其中，公司营业收入多计88.98亿元，营业成本多计76.62亿元，销售商品、提供劳务收到的现金项目多计近103亿元。通过收入造假虚构利润，做大净资产规模，由于净资产的提升，保持债资比不变，企业举债能力上升，进而可以增加有息负债，新增的负债又可以继续虚构利润、炒作股票、体外占用。

（3）炒作股票。挪用88.79亿元。证监会的通报显示，康美药业还存在部分资金转入关联方账户买卖本公司股票问题。证监会通报显示,康美药业部分资金转入关联方账户买卖本公司股票。2019年5月17日晚,康美药业发布公告承认了自炒股票的问题。公告称:经公司核查,公司与相关关联公司存在88.79亿元的资金往来,该等资金被相关关联公司用于购买公司股票。也就是说,有88.79亿元的资金被挪用来炒自家的股票。

三、基于财务报表的康美药业财务异常点分析

(一)股债融资形成的存贷双高

康美药业财务数据被质疑最多的地方就是存贷双高,所谓存贷双高,是指一家公司存款余额和贷款余额都非常高,在财务管理者眼里,这种情况是对资金的巨大浪费,一边需要支付高额的财务费用,一边账上还保留大量的现金,不符合商业逻辑。

康美药业的报表显示,截至2018年半年报,公司货币资金余额为399亿元,同时有息负债(包括短期借款、长期借款、应付债券、其他负债等)高达347亿元,占净资产的比例分别为119%和104%。而且拉长周期看,康美药业的存贷双高并非一日形成的,从2010年开始,其货币资金和有息负债余额分别为28亿元、28亿元,占净资产的比例均为56%,占比一路上涨,尤其是近四年,一步一个台阶,公司的资产负债表上除了现金就是有息负债(图4-1)。

图4-1 康美药业存贷双高现象

康美药业存贷双高现象的形成来源与其股债双融资的行为。查阅康美药业上市以来的募资统计可知,其中首发融资只有2.26亿元,但是配股、增发、优先股分别融资34.70亿元、96.52亿元、30亿元,股权累计融资163.48亿元,债务融资更厉害,累计借款融资123.95亿元,债券融资516.5亿元,股债合计融资803.93亿元。如果借款融资按照筹资现金流入的话,则高达742.7亿元,股债合计融资1 422.68亿元。

存贷双高的一个影响就是康美药业利润表中利息支出占比在不断提升,2018年上半年实现净利润25.92亿元,利息支出高达8.01亿元,占比31%。2017年实现净利润40.95亿元,利息支出12.18亿元,占比30%。而且这种现象持续多年,2010年实现净利润7.16亿元,利息支出1.40亿元,占比20%(图4-2)。

(二)经营现金流量净额远低于净利润

康美药业被质疑的第二个问题就是净现比低,净现比指净利润现金含量,即经营现金

图 4-2 康美药业利息支出占比

流量净额/净利润,就是说企业实现 1 元净利润实际流入多少现金。从原理上来看,经营活动现金流出除了支付购进的原材料、人工成本、税费之外,并不包含固定资产折旧、利息支出等内容,即经营活动现金流出小于营业成本+期间费用+所得税,因此净利润应小于经营活动现金流量净额。

对于康美药业,从 2010 年至 2018 年上半年,康美药业累计实现净利润 201.08 亿元,经营活动现金流量净额只有 94.65 亿元,净现比只有 0.47,即实现 1 元的净利润流入的现金只有 0.47 元。尤其是 2018 年上半年,净现比只有 0.17。

康美药业所在的中药行业经营现金流普遍不好,甚至整个医药行业经营现金流普遍不好,主要是因为下游是连锁药店或者医院。以 2015—2017 年主要医药公司的净利润和经营现金流量净额为例,主要医药公司的净现比都小于 1,恒瑞医药、云南白药、复星医药等分别为 0.93、0.72 和 0.75。但是即使如此对比,康美药业的净现比还是相对较低,只有 0.39(表 4-17)。

表 4-17 医药行业部分公司的净现比情况

公司名称	三年净利润/亿元	三年经营现金流/亿元	净现比
丽珠集团	58.36	35.23	0.60
康美药业	**101.98**	**39.55**	**0.39**
恒瑞医药	79.77	74.17	0.93
云南白药	88.36	63.20	0.72
复星医药	83.90	63.11	0.75
健康元	29.27	47.80	1.59
人福医药	35.55	8.76	0.25
白云山	48.70	62.20	1.28
东阿阿胶	55.22	33.60	0.61
吉林敖东	61.24	9.78	0.16
新和成	33.09	34.34	1.04

(三)应收账款和存货异常偏高

截至 2018 年上半年,康美药业应收账款余额 56.33 亿元,绝对值较高,占总资产的比例为7%。判断应收账款的质量有很多种方法,主要是看应收账款的账龄和应收账款周转率。

首先看应收账款账龄,一年以内应收账款高达55.46亿元,一年以上应收账款很少,因此应收账款的质量相对较高。其次应收账款周转率,康美药业的周转率优于整个行业周转率,2017年行业周转5.58次,康美药业周转7.11次,因此康美药业的周转率也是比较健康的。虽然康美药业的应收账款周转率在下降,但是这也是行业的普遍现象(图4-3)。

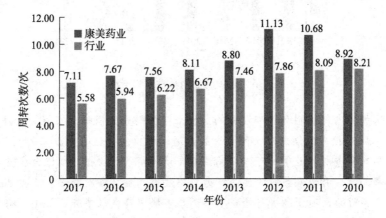

图4-3　康美药业应收账款周转次数

而在存货方面,截至2018年6月,康美药业存货余额高达170.14亿元,占总资产的比例为22%。而且这个比例从2010年的14%上涨至2014年最高的26%,然后一直维持在20%以上。这个比例远高于整个医药行业存货12%左右的总资产占比(图4-4)。

图4-4　康美药业存货及占比

对存货的种类进行细分后,可发现康美药业的消耗性生物资产金额巨大。消耗性生物资产主要是自行种植的人参、林下参等,公司将收获的人参、林下参之前所发生的与种植和收割人参直接相关的支出以及应分摊的间接费用均计入消耗性生物资产的成本,在消耗性生物资产收获或出售时,按其账面价值并采用加权平均法结转成本。也就是说公司的账面高达33.09亿元的人参、林下参等,而财务报告中并未明确指出人参等药材的生长周期,很难排除造假的嫌疑(图4-5)。

四、康美药业财务造假的防范对策

通过对康美药业财务造假的动因和手段的分析,提出关于防止上市公司财务造假的对

图 4-5 康美药业消耗性生物资产

策。主要是从加强内部控制和外部监督的角度来减少财务造假行为实施的条件。

（1）建立股东损失赔偿制度，防止大股东通过股票质押侵占小股东的利益。

（2）加强对事务所的监管，可以提高注册会计师审计独立性。证监会应当建立违法举报奖励和保密条例。由于事务所的违法行为较难发现，且事务所众多、业务量大，证监会难以对每个事务所的每项业务进行检查。而资本市场中存在很多专业人士，将他们调动起来，则可大大提高监管效率和力度。让上市公司的严重财务造假行为无从遁形。

（3）加大对财务造假行为的处罚力度。顶格处罚力度远远不够，目前，上市公司的财务造假涉及金额动辄上百亿元，而处罚力度仅仅只有 60 万元，违法成本过低造成了这种违法行为的频繁发生。

（4）推进企业"业财融合"，有利于优化完善企业内控，减少财务虚假的现象发生。其一，业财融合强调企业业务、财务会计、管理的融合，要求财务管理人员充分了解企业的业务运作状况，并且能够充分利用财务管理中的业财融合提升企业的业务质量。故而业财融合的财务分析主要是对财务信息和业务信息的整合与共享，需要财务部门和业务部门的沟通合作，这在一定程度上要求财务数据不能与实际业务脱离，避免企业通过简单调整财务数据、忽略业务事实，进行财务造假的行为，确保了财务数据的真实有效性。其二，业财融合源于互联网时代，需要借助于信息技术，取代传统的简单重复的会计录入、核算工作，这就从技术层面上，通过与各方数据的快速比对，减少由于人为工作而带来的数据错误，保证了财务数据的真实有效性。

第 5 章
资产负债表——财务状况

资产负债表是反映企业某一特定日期财务状况的会计报表。通过该部分的学习，对资产负债表的定义、格式以及具体项目的分类与排列进行相应的了解，为后面更好地使用财务报表进行决策奠定基础。

通过本章内容的学习，同学们应：
1. 掌握资产负债表的内容与格式、主要项目的分类、排列及填列方法；
2. 理解资产负债表的定义与性质；
3. 了解资产负债表的作用。

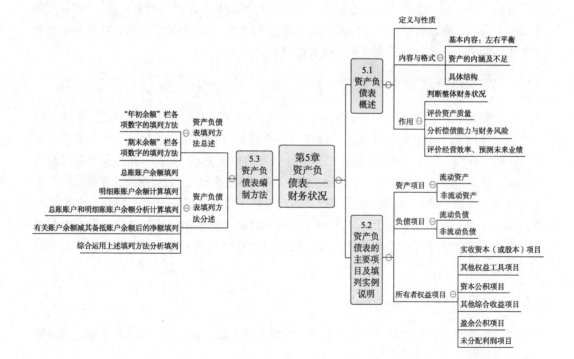

1976年,美国财务会计准则委员会在其公布的一份讨论备忘录《会计报表的概念框架》中提出了3种不同的会计理念:资产负债观、收入费用观和非环接观。

所谓资产负债观,是指会计准则的制定机构在制定规范某类交易或事项的会计准则时,首先定义并规范由该类交易或事项产生的相关资产和负债或其对相关资产和负债造成影响的确认和计量,然后再根据资产和负债的变化来确认收益。

收入费用观,是指会计准则的制定机构在制定规范某类交易或事项的会计准则时,首先考虑与某类交易相关的收入和费用的直接确认和计量,重点关注利润表的要素。收入费用观坚持必须按实现原则确认收入和费用,根据配比原则和其经济性质上的一致性联系起来确认收益。

例如,企业购买一项价值100万元的投资。一年之后,该项投资的公允价值达到110万元。按照资产负债观,企业要确认这 10 万元的未实现收益;而在收入费用观下,由于企业尚未处置这项投资。收益还没有实现,因而不需要报告收益。

那么,同学们认为资产负债表与利润表哪一个更重要?

5.1 资产负债表概述

财务报表是对企业财务状况、经营成果和现金流量的结构性表述。它是以企业日常账簿资料为主要编制依据,总括反映企业财务状况、经营成果、现金流量和所有者权益变动情况等会计信息的书面报告。一套完整的财务会计报表至少包括"四表一注",即资产负债表、利润表、现金流量表、所有者权益变动表及附注,不包括董事报告、管理分析及财务情况说明书等列入财务报告或年度报告的资料。

5.1.1 资产负债表定义与性质

资产负债表亦称财务状况表,是反映企业在某一特定时点上(比如月度,季度、半年度以及年度末)企业的财务状况(即资产、负债和所有者权益的状况)的主要会计报表。它根据资产、负债、所有者权益三个会计要素的相互关系,依据一定的分类标准和顺序,将企业某一特定日期的资产、负债、所有者权益项目予以适当的排列,并根据财务账簿记录编制而成。资产负债表中,资产各项目反映了该企业某一时点上所拥有和控制的资源及其分布,而负债各项目反映了该企业某一时点上所承担的现时义务,所有者权益各项目则主要体现了对企业净资产的要求权,所以资产负债表是一张静态报表(也称时点报表)。

5.1.2 资产负债表内容与格式

资产负债表是依据会计恒等式"资产 = 负债 + 所有者权益"进行设计构建的,报表实际上是会计恒等式的具体展现。

1. 基本内容：左右平衡

账户式资产负债表的具体格式如表5-1所示。（依据《财政部关于修订印发2019年度一般企业财务报表格式的通知（财会〔2019〕6号）》编写）

表 5-1　资产负债表　　　　　　　　　　　　　　　会企01表

编制单位：　　　　　　　　　　年　　月　　日　　　　　　　　　　单位：元

资产	期末余额	年初余额	负债和所有者权益	期末余额	年初余额
流动资产：			流动负债：		
货币资金			短期借款		
交易性金融资产			交易性金融负债		
衍生金融资产			衍生金融负债		
应收票据及应收账款			应付票据及应付账款		
预付款项			预收款项		
其他应收款			合同负债		
存货			应付职工薪酬		
合同资产			应交税费		
持有待售资产			其他应付款		
一年内到期的非流动资产			持有待售负债		
其他流动资产			一年内到期的非流动负债		
流动资产合计			其他流动负债		
非流动资产：			流动负债合计		
债权投资			非流动负债：		
其他债权投资			长期借款		
长期应收款			应付债券		
长期股权投资			其中：优先股		
其他权益工具投资			永续债		
其他非流动金融资产			长期应付款		
投资性房地产			预计负债		
固定资产			递延收益		
在建工程			递延所得税负债		
生产性生物资产			其他非流动负债		
油气资产			非流动负债合计		
无形资产			负债合计		
开发支出			所有者权益		
商誉			实收资本（或股本）		
长期待摊费用			其他权益工具		
递延所得税资产			其中：优先股		
其他非流动资产			永续债		

续表

资　　产	期末余额	年初余额	负债和所有者权益	期末余额	年初余额
非流动资产合计			资本公积		
			减：库存股		
			其他综合收益		
			盈余公积		
			未分配利润		
			所有者权益合计		
资产总计			负债和所有者权益总计		

我们在分析这张报表时关注的重点，不是具体企业有多少资产，有多少负债以及所有者权益，而是关注资产的总计数是否与右侧负债与所有者权益总计数保持一致。这是资产负债表体现的一个重要关系，即资产等于企业的负债加上所有者权益。

企业资产负债表由表首、表体和表尾附注三部分内容构成。资产负债表表首部分列明企业名称、编制时间、货币单位以及报表编号等内容。资产负债表表体部分是资产负债表的主体和核心，其反映资产负债表的具体内容构成。为了弥补表体内容的不足而做的一些直接补充说明也可以用表尾附注的形式来反映。表首和表体是资产负债表的两个必要组成部分，其具体内容包含以下两方面。

首先，列报资产、负债和所有者权益项目。资产项目一般是按流动性逐一列报在报表的左方，反映企业所有的各项财产、物资、债权和权利；所有的负债和所有者权益则逐一列报在报表的右方。负债一般列于右上方分别反映各种短期和长期负债的项目，所有者权益列在右下方，反映所有者的资本和盈余。左右两方的数额相等。

其次，列报金额栏。我国资产负债表是一张对比报表，也就是在整个表体中，分别列报"年初余额"和"期末余额"两栏。通过对比资产负债表"年初余额"和"期末余额"的变动情况，反映企业财务状况的变化趋势和资本结构的变动情况。

有些上市公司披露的资产负债表是一张合并资产负债表。这是根据股权有密切联系的几个独立企业的资产负债表汇总编制的资产负债表，称为"合并资产负债表"，用来综合反映本企业以及与其股权上有联系的企业的全部财务状况。

2. 资产的内涵及不足

资产的定义强调其是由企业拥有或控制，由过去的交易事项形成的，能够用货币计量，且预期未来会给企业带来经济利益流入的经济资源。这个概念的实质就是我们的资产都是能够用货币来表现的经济资源，所以大家在使用资产负债表时，看到的资产内容全都是能够以货币计量的。而这种表现形式就决定了资产内涵的不足。企业拥有的各项资源中有一些是不宜、很难或者不能用货币来进行衡量的，这就导致了这些资源不能披露到资产负债表中，比如我们所熟知的人力资本。对于企业而言，人力资本是否为企业控制且能够带来一定经济利益流入的资源呢？毋庸置疑，人力资本可以实现，但人力资本是否在资产负债表中得以体现了呢？大家可以查找一下上市公司公开披露的资产负债表，这一项无法找到。因此资产负债表中列报的资产项目，仅仅体现了企业所拥有全部资源中的一部分，即仅仅能用货币表现的那部分资源,这一概念需要大家进行充分的理解。

3. 具体结构

我国的资产负债表一般采用账户式的格式,该表具体结构分为基本部分和补充资料两大部分:基本部分分为左右两方,左方反映企业的资产构成情况(资金的使用情况);右方又分为上下两段,上段反映企业的负债构成情况,下段反映所有者权益构成情况(整体为资金的来源)。右方上下两段合计数相加之和等于左方合计数,体现了企业的"钱从哪里来,到哪里去"的问题,符合"资产 = 负债 + 所有者权益"的基本平衡原理。左方"资产"的排列顺序为:流动资产、长期投资、固定资产、无形资产及递延资产。右方上段"负债"的排列顺序为:流动负债、长期负债,右方下段为所有者权益部分。

【例 5-1】 从资金角度理解交易:甲公司以 50 万元银行存款购入生产机械一台,如果用资产负债表的思维来理解,该笔交易如何影响企业的资产负债表?

资金使用方面:资产总额保持不变,但资产的构成发生了变化,甲公司用 50 万元的现金资产换回了价值 50 万元的固定资产。

资金来源方面:负债及所有者权益不发生改变。

勾稽关系:整个交易只是资产负债表左侧资产的内部结构变动,并不影响资产总额的变动。资产结构的变动并不会改变资金的来源,所以右侧的负债与所有者权益总额保持不变。

我国资产负债表采用比较式资产负债表,即在报表中同时列报年初余额和期末余额两列数字。账户式格式的资产负债表中,资产负债以及所有者权益项目的排列方法,有利于报表使用者通过左右对比的分析,具体了解企业的财务状况。

5.1.3 资产负债表的作用

资产负债表在整个财务报表体系中处于重要地位,报表使用者在利用资产负债表进行决策分析时,资产负债表会向报表使用者传递各种各样决策有用的信息,资产负债表的主要作用体现在以下几个方面。

首先,资产负债表有利于报表使用者了解并进一步判断企业整体的财务状况如何。使其能够总括地了解企业财务状况,并对财务状况是否健康给出一个大致的了解和判断,这一项内容对财务报表使用者至关重要。依据企业现在的财务报告体系,资产负债表能够满足这一要求。它将企业期末所拥有的各项资产按照流动性的特征来进行排列,向投资者或者是报表使用者展示了企业资产的分布状况,是否与企业的经营目标相匹配,是否具有相应的经营能力等信息。资产负债表还同时综合总括地报告了企业的各项负债以及所有者权益的构成情况,向投资者展示了企业的负债是否正常,能否满足企业正常运营对资金的需求等。

其次,资产负债表有利于报表使用者评价企业的资产质量如何。资产质量好坏对于企业的正常运营至关重要,资产的质量不仅包括企业现有资产价值的高低,例如固定资产的成新率有多少,还包括资产配置方面是否体现了合理性,能否为企业发展战略的需求提供相应的依据。如果资产负债表显示了该企业的应收账款和存货占比较大,那么这种资产配置就不合理;同样对于一个制造业企业来说,体现其制造能力的应该是厂房设备等固定资产,如果企业资产负债表显示的资产主要是企业的短期投资、企业的无形资产和企业的金融资产，就不是一种能满足企业发展目标的资产配置；又如房地产开发企业需要有相对数量的土地储备，用于评价企业的流动性，这些信息我们都可以通过对资产负债表进行分析来获得。并据此来对企业的资产质量以及未来是否存在上升空间，进行相应的评价。

再次，资产负债表有助于分析企业的偿债能力以及财务风险。其一，短期债权人主要关注企业是否有足够的现金以及资产及时变现归还短债。企业短期内需要偿付的债务总额，以及可用于偿付企业短期债务的流动资产及其质量能够对企业的短期偿债能力进行评价。其二，长期偿债能力强调以全部资产清偿全部负债的能力，该能力主要取决于企业的盈利水平和通过一系列的经营活动持续创造现金的能力。对于企业来说，在一个相对较长的时间里，企业的债务总额多少，分布状况是否均衡，安全边际都决定了长期偿债能力的强弱。

最后，资产负债表有助于评价企业的经营效率，预测企业的经营业绩。企业的经营绩效主要表现为获利能力，而获利能力则可用资产收益率、成本收益率等相对值指标衡量，这样将资产负债表和利润表信息结合起来，据以评价和预测企业的经营绩效，并可深入剖析企业绩效优劣的根源，寻求提高企业经济资源利用效率的良策。有助于投资者对资产负债进行动态的比较，进一步分析公司经营管理水平及发展前景与后劲。

5.2 资产负债表的主要项目及填列实例说明

5.2.1 资产项目

为了大家能够充分解读资产负债表，我们需要了解这些项目的具体内容和相关规定，下面我们将会对资产要素下的具体项目按其列报顺序进行详细的讲解。

1. 流动资产

（1）"货币资金"项目：反映企业经营过程中停留在货币形态的那部分资金。按其存放地点和用途的不同，分为库存现金、银行存款和其他货币资金。

库存现金是指企业存放在财会部门由出纳人员经管的现金。银行存款是指企业存放在银行或其他金融机构的货币资金。其他货币资金是指企业的货币资金中除库存现金、银行存款以外的各种货币资金，包括外埠存款、银行汇票存款、银行本票存款、信用卡存款、信用证保证金存款、存出投资款等。

填列说明："货币资金"项目应根据企业库存现金、银行存款和其他货币资金账户余额的合计数填列。

【例 5-2】甲公司 2020 年 12 月 31 日，涉及货币资金的项目如下：

会计账户	借方余额	贷方余额
库存现金	8.5	
银行存款	79.6	
其他货币资金	81	

"货币资金"项目 = 8.5 + 79.6 + 81 = 169.1

（2）"交易性金融资产"项目：反映企业（资产负债表日）分类为以公允价值计量且其变动计入当期损益的金融资产以及直接指定为以公允价值计量且其变动计入当期损益的金融资产的期末账面价值。

填列说明：根据"交易性金融资产"账户的相关明细账户期末余额分析填列。

注意：自资产负债表日起超过1年到期且预期持有超过1年的以公允价值计量且其变动计入当期损益的非流动金融资产的期末账面价值，在"其他非流动金融资产"项目中反映，不在"交易性金融资产"项目。

（3）"衍生金融资产"项目：企业衍生金融工具业务具有重要性的，应当在资产负债表资产项下"交易性金融资产"项目和"应收票据及应收账款"项目之间增设"衍生金融资产"项目。常见的衍生工具包括远期合同、期货合同、互换合同和期权合同等。

填列说明：应根据"衍生工具""套期工具""被套期项目"等账户的期末借方余额分析计算填列。

【例5-3】甲公司购入乙公司发行的一项看涨期权，根据期权合同，甲公司有权在2021年1月13日以102元的价格购入乙公司普通股15万股。期权发行日，公允价值为10万元，2020年12月31日，该期权公允价值为6万元。

2020年1月13日，甲公司会计处理：

借：衍生工具——看涨期权　　　　　　　　　　　　　　　10
　　贷：银行存款　　　　　　　　　　　　　　　　　　　　　　10

2020年12月31日，甲公司会计处理：

借：公允价值变动损益　　　　　　　　　　　　　　　　　4
　　贷：衍生工具——看涨期权　　　　　　　　　　　　　　　　4

2020年12月31日，甲公司"衍生工具"账户借方余额6万元。则甲公司年末资产负债表"衍生金融资产"项目列示的金额为6万元。

（4）"应收票据及应收账款"项目：反映资产负债表日以摊余成本计量的，企业因销售商品、提供服务等经营活动应收取的款项，以及收到的商业汇票，包括银行承兑汇票和商业承兑汇票。

应收票据是指企业因销售商品、提供劳务或让渡资产使用权而收到的商业汇票，包括银行承兑汇票和商业承兑汇票。应收票据是企业未来收取货款的权利，这种权利和将来应收取的货款金额以书面文件形式约定下来，因此它受到法律的保护，具有法律上的约束力。应收票据作为商业信用和工具，可以流通转让。应收票据按是否计息分为不带息商业汇票和带息商业汇票两种。对于带息票据，应在期末计算并提取利息，计提的利息增加应收票据的账面余额。我国商业票据的期限较短，一般不超过6个月。

填列说明：应根据"应收票据"和"应收账款"账户的期末余额，减去"坏账准备"账户中相关坏账准备期末余额后的金额填列。

①确定应收账款的金额 = 应收账款明细账户借方余额 + 预收账款明细账户借方余额；

②查找应收票据账户的借方余额和坏账准备账户相关的贷方余额；

③确定"应收票据及应收账款"项目余额：应收票据及应收账款 = 应收票据 + 应收账

款-坏账准备。

【例 5-4】 2020 年 12 月 31 日,甲公司涉及应收票据及应收账款项目的会计账户余额如下:

会计账户		借方余额	贷方余额
应收票据		800	
应收账款	甲公司	750	
	乙公司		150
预收账款	C 公司		300
	D 公司	100	
坏账准备			25

①确定应收账款的金额 = 750 + 100 = 850(万元)
②应收票据账户的借方账户相关的的贷方余额 = 25(万元)
③确定"应收票据及应收账款"项目余额:应收票据及应收账款 = 应收票据 + 应收账款 - 坏账准备 = 800 + 850 - 25 = 1 625(万元)

(5)"预付款项"项目:反映企业因购货和接受劳务按照购货合同规定预付给供应单位的款项等。

填列说明:应根据"预付账款"和"应付账款"账户所属各明细账户的期末借方余额合计数,减去"坏账准备"账户中有关预付账款计提的坏账准备期末余额后的净额填列。

【例 5-5】 2020 年 12 月 31 日,甲公司涉及"预付账款"和"应付账款"账户所属各明细账户的期末余额如下:

会计账户		借方余额	贷方余额
应付票据			700
应付账款	E 公司		350
	F 公司	50	
预付账款	G 公司	500	
	H 公司		200
坏账准备			30

①确定预付账款的金额 = 500 + 50 = 550(万元)
②预付账款坏账准备的贷方余额 = 30(万元)
③确定"预付账款"项目余额:
预付账款 = 预付账款 - 坏账准备 = 550 - 30 = 520(万元)

(6)"其他应收款"项目:反映企业除应收票据及应收账款、预付账款等经营活动以外的其他各种应收、暂付的款项。

填列说明:应根据"应收利息""应收股利"和"其他应收款"账户的期末余额合计数,减去"坏账准备"账户中相关坏账准备期末余额后的金额填列。即

其他应收款 = 应收利息 + 应收股利 + 其他应收款 - 坏账准备

（7）"存货"项目：反映企业期末在库、在途和在加工中的各种存货的可变现净值或成本（成本与可变现净值孰低）。

填列说明：存货包括各种材料、商品、在产品、半成品、包装物、低值易耗品、委托代销商品等。应根据"材料采购""原材料""低值易耗品""库存商品""周转材料""委托加工物资""委托代销商品""生产成本""受托代销商品"等账户的期末余额合计数，减去"受托代销商品款""存货跌价准备"等账户期末余额后的净额填列。

（8）"合同资产"项目：反映企业按照相关规定，根据本企业履行履约义务与客户付款之间的关系在资产负债表中列示的合同资产。合同资产，是指企业已向客户转让商品而有权收取对价的权利，且该权利取决于时间流逝之外的其他因素。

填列说明：应根据"合同资产"账户的相关明细账户期末余额分析同一合同下的合同资产和合同负债，且合同资产和合同负债应当以净额列示。其中净额为借方余额的，应当根据其流动性在"合同资产"或"其他非流动资产"项目中填列，已计提减值准备的，还应以减去"合同资产减值准备"账户中相关的期末余额后的金额填列；净额为贷方余额的，应当根据其流动性在"合同负债"或"其他非流动负债"项目中填列。

（9）"持有待售资产"项目：反映资产负债表日，划分为持有待售类别的非流动资产及划分为持有待售类别的处置组中的流动资产和非流动资产的期末账面价值。

填列说明：应根据"持有待售资产"账户的期末余额，减去"持有待售资产减值准备"账户的期末余额后的金额填列。非流动资产划分为持有待售，必须同时满足：

①企业已经就处置该非流动资产作出决议；
②企业已经与受让方签订了不可撤销的转让协议；
③该项转让将在1年内完成。

【例5-6】 阜城公司拥有一间1 300平方米的商铺，原价240万元，年折旧额24万元，至2020年12月31日已计提折旧72万元。2021年1月31日，阜城公司与A公司签署不动产转让协议且不可撤销，拟在3个月内将该商铺面转让，假定该不动产满足划分为持有待售类别的其他条件，且该不动产未发生减值。

2021年1月31日，阜城公司应当将商铺划分为持有待售资产，并按照固定资产准则对该固定资产计提1月折旧2万元。2021年1月31日，阜城公司资产负债表中"持有待售资产"项目列示的金额＝240－72－2＝166（万元）。

（10）"一年内到期的非流动资产"项目：反映企业非流动资产项目中在1年内到期的金额，包括1年内到期的持有至到期投资（以摊余成本计量的金融资产）1年内可收回的长期应收款。

填列说明：应根据上述账户分析计算后填列。对于按照相关会计准则采用折旧（或摊销、折耗）方法进行后续计量的固定资产、使用权资产、无形资产和长期待摊费用等非流动资产，折旧（或摊销、折耗）年限（或期限）只剩1年或不足1年的，或预计在1年内（含1年）进行折旧（或摊销、折耗）的部分，不得归类为流动资产，仍在各该非流动资产项目中填列，不转入"一年内到期的非流动资产"项目。

（11）"其他流动资产"项目：反映企业除以上流动资产项目外的其他流动资产，包括一年内到期的债权投资（以摊余成本计量及以公允价值计量且其变动计入其他综合收益）。

填列说明：应根据有关账户的期末余额填列。

2. 非流动资产

（1）"债权投资"项目（收取合同现金流量）：反映资产负债表日企业以摊余成本计量的长期债权投资的期末账面价值。

填列说明：应根据"债权投资"明细账户期末余额－"减值准备"账户的期末余额后的净额填列。摊余成本计量的（以公允价值计量且其变动计入其他综合收益）：1年内到期"长期债权投资"期末账面价值转至"一年内到期的非流动资产"项目下列报；1年内到期"债权投资"期末账面价值转至"其他流动资产"项目下进行列报。

（2）"其他债权投资"项目（收取合同现金流量/出售金融资产）：反映资产负债表日企业分类为以公允价值计量且其变动计入其他综合收益的长期债权投资的期末账面价值。

填列说明：填列该项目应根据"其他债权投资"账户的相关明细账户期末余额分析填列。

（3）"长期应收款"项目：反映企业融资租赁产生的应收款项和采用递延方式分期收款、实质上具有融资性质的销售商品和提供劳务等经营活动产生的应收款项。

填列说明：应根据"长期应收款"期末余额减掉"未实现融资收益"减掉"坏账准备"等相关账户的余额后的金额填列。注意：如果存在1年内收到或者摊销的金额要转至"一年内到期的非流动资产"项目进行列报。

（4）"长期股权投资"项目：反映投资方对被投资单位实施控制、重大影响的权益性投资，以及对其合营企业的权益性投资的账面价值。

填列说明：应根据"长期股权投资"－"长期股权投资减值准备"账户的期末余额后的净额填列。

（5）"其他权益工具投资"项目：反映资产负债表日企业指定为以公允价值计量且其变动计入其他综合收益的非交易性权益工具投资的期末账面价值。

填列说明：应根据"其他权益工具投资"账户的期末余额填列。

（6）"其他非流动金融资产"项目：反映资产负债表日起，超过1年到期且预期持有超过1年的以公允价值计量且其变动计入当期损益的非流动金融资产的期末账面价值。

填列说明：应根据"其他非流动金融资产"账户的相关明细账户期末余额分析填列。

（7）"投资性房地产"项目：反映为赚取租金或资本增值或两者兼有而持有的房地产，主要包括已出租的土地使用权或建筑物、持有并准备增值后转让的土地使用权。反映了企业投资性房地产的净额（按成本法进行后续计量）或公允价值。

填列说明：应根据"投资性房地产"－"投房累计折旧（摊销）"－"投房减值准备"账户期末余额后的净额填列。

（8）"固定资产"项目：反映资产负债表日企业固定资产的期末账面价值和企业尚未清理完毕的固定资产清理净损益。企业的固定资产可以长期参加生产经营活动，而保持机器原有实物形态，但其价值却会发生耗损，固定资产因耗损而减少的这部分价值就是折旧。在企业经营过程中，由于技术陈旧损坏，市值的持续下跌，长期闲置或者是其他原因，都有可能导致固定资产的可收回金额，低于其账面价值。应当将资产的账面价值减记至可收回金额，减记的金额确认为该项资产的减值损失应当计入当期的损益，同时计提固定资产的减值准备。

填列说明：应根据"固定资产"－"累计折旧"－"固定资产减值准备"＋"固定资产清理"的净额填列。

【例 5-7】 2020 年 12 月 31 日，甲公司涉及固定资产项目的会计账户余额如下：

会计账户	借方余额	贷方余额
固定资产	6 750	
累计折旧		890
固定资产清理	270	

"固定资产"项目 = 6 750 − 890 + 270 = 6 130（万元）

（9）"在建工程"项目：反映资产负债表日企业尚未达到预定可使用状态的在建工程的期末账面价值和企业为在建工程准备的各种物资的期末账面价值。

填列说明：本项目应根据在建工程账户的期末余额减去在建工程减值准备账户期末余额后的金额填制。即"在建工程"－"在建工程减值准备"＋"工程物资"－"工程物资减值准备"的净额填列。

【例 5-8】 2020 年 12 月 31 日，甲公司涉及在建工程项目的会计账户余额如下：

会计账户	借方余额	贷方余额
在建工程	6 190	
工程物资	110	

甲公司资产负债表中"在建工程"项目 = 6 190 + 110 = 6 300（万元）

（10）"生产性生物资产"项目：反映企业（农业）生产性生物资产的账面价值。生产性生物资产，是指为产出农产品、提供劳务或出租等目的而持有的生物资产，包括经济林、薪炭林、产畜和役畜等。生产性生物资产具备自我生长性，能够在持续的基础上予以消耗并在未来的一段时间内保持其服务能力或未来经济利益，属于劳动手段。

填列说明：应根据"生产性生物资产"－"累计折旧"－"减值准备"的净额填列。

（11）"油气资产"项目：反映企业（石油天然气开采）持有的矿区权益和油气井及相关设施的账面价值。油气资产属于递耗资产，是通过开掘、采伐、利用而逐渐耗竭，以致无法恢复或难以恢复、更新或按原样重置的自然资源，如矿藏、原始森林等。油气资产是油气生产企业的重要资产，其价值在总资产中占有较大比重。

填列说明：应根据"油气资产"－"累计折耗"－"油气资产减值准备"的净额填列。

（12）"无形资产"项目：反映企业持有的专利权、非专利技术、商标权、著作权、土地使用权等无形资产的成本减去累计摊销和减值准备后的净值。

填列说明：应根据"无形资产"－"累计摊销"－"无形资产减值准备"的净额填列。

（13）"开发支出"项目：反映企业开发无形资产过程中能够资本化形成无形资产成本的支出部分。

填列说明：应根据"研发支出"账户中所属的"资本化支出"明细账户期末余额填列。

（14）"商誉"项目：反映企业合并中形成的商誉的价值。购买方对合并成本大于合并中取得的被购买方可辨认净资产公允价值份额的差额，应当确认为商誉。

填列说明：本项目应根据"商誉"－"减值准备"的净额填列。

（15）"长期待摊费用"项目：反映企业已经发生但应由本期和以后各期负担分摊的各项费用。

填列说明：本项目应根据"长期待摊费用"账户的期末余额填列。对于按照相关会计准则采用折旧（摊销）方法进行后续计量的固定资产、无形资产、长期待摊费用等非流动资产，折旧（摊销）年限（期限）只剩1年或不足1年的，无须归类为流动资产，仍在各该非流动资产项目中列报，不转入"一年内到期的非流动资产"项目列报。

（16）"递延所得税资产"项目：反映企业根据所得税准则确认的可抵扣暂时性差异产生的所得税资产。递延所得税资产是未来预计可以用来抵税的资产，递延所得税是时间性差异对所得税的影响，在纳税影响会计法下才会产生递延税款。是根据可抵扣暂时性差异及适用税率计算、影响（减少）未来期间应交所得税的金额。

填列说明：应根据"递延所得税资产"账户的期末余额填列。

（17）"其他非流动资产"项目：反映企业除上述非流动资产以外的其他非流动资产。

填列说明：应根据有关账户的期末余额填列。

5.2.2　负债项目

1. 流动负债

（1）"短期借款"项目：反映企业向银行或其他金融机构等借入的期限在1年以下（含1年）的各种借款。短期借款是指企业为补充生产经营周转而借入的期限在1年内的各种款项。

填列说明：应根据"短期借款"账户的期末余额填列。

【例5-9】 2020年12月3日，甲公司涉及短期借款项目的会计账户余额如下：

会计账户	借方余额	贷方余额
短期借款——工商银行		150
短期借款——建设银行		179

甲公司资产负债表中"短期借款"项目 = 150 + 179 = 329（万元）

（2）"交易性金融负债"项目：反映企业资产负债表日承担的交易性金融负债，以及企业持有的直接指定为以公允价值计量且其变动计入当期损益的金融负债的期末账面价值。

填列说明：本项目应根据"交易性金融负债"账户的相关明细账户期末余额填列。

（3）"衍生金融负债"项目：反映企业衍生工具形成负债的期末余额。当企业衍生金融工具业务具有重要性的，应当在资产负债表负债项下"交易性金融负债"项目和"应付票据及应付账款"项目之间增设"衍生金融负债"项目。

填列说明：应根据"衍生工具""套期工具""被套期项目"等账户的期末贷方余额分析计算填列。

【例5-10】 甲公司购入乙公司发行的一项看涨期权，根据期权合同，甲公司有权在2020年1月13日以102元的价格购入乙公司普通股15万股。期权发行日，公允价值为

10万元，2020年12月31日，该期权公允价值为6万元。

2020年1月13日，乙公司会计处理：

借：银行存款　　　　　　　　　　　　　　　　　　　　　　　　10

　　贷：衍生工具——看涨期权　　　　　　　　　　　　　　　　　　10

2020年12月31日，乙公司会计处理

借：衍生工具——看涨期权　　　　　　　　　　　　　　　　　　4

　　贷：公允价值变动损益　　　　　　　　　　　　　　　　　　　　4

2020年12月31日，乙公司"衍生工具"账户贷方余额6万元。则乙公司年末资产负债表"衍生金融负债"项目列示的金额为6万元。

（4）"应付票据及应付账款"项目：反映资产负债表日因购买材料、商品和接受服务等经营活动应支付的款项，以及开出、承兑的商业汇票，包括银行承兑汇票和商业承兑汇票。

填列说明：应根据"应付票据"账户的期末余额，以及"应付账款"和"预付账款"账户所属的相关明细账户的期末贷方余额合计数填列。

【例5-11】 2020年12月31日，甲公司涉及应付票据和应付账款项目的会计账户余额如下：

会计账户	借方余额	贷方余额
应付票据		145
应付账款		
——迈特公司	1 000	
——奈斯公司		1 300
预付账款		
——威特公司	159	
——安迪公司		50

① 确定应付账款的金额 = 1 300 + 50 = 1 350（万元）

② 2020年12月31日，甲公司资产负债表中"应付票据及应付账款"项目"期末余额"中应列示的金额 = 应付票据 + 应付账款 = 145 + 1 350 = 1 495（万元）。

（5）"预收款项"项目：反映企业按照购货合同规定预收供应商单位的款项。

填列说明：应根据"预收账款"和"应收账款"账户所属各明细账户的贷方余额合计数填列。

【例5-12】 2020年12月31日，甲公司涉及应收票据及应收账款项目的会计账户余额如下表所示：

会计账户		借方余额	贷方余额
应收票据		800	
应收账款	甲公司	750	
	乙公司		150
预收账款	C公司		300
	D公司	100	
坏账准备			25

①确定预收账款的金额 = 150 + 300 = 450（万元）

②确定"预收账款"项目余额 = 450（万元）

（6）"合同负债"项目：反映企业按照《企业会计准则第 14 号——收入》（2017 年修订）的相关规定，根据本企业履行履约义务与客户付款之间的关系在资产负债表中列示的合同负债。

填列说明：应根据"合同负债"的相关明细账户期末余额分析填列。

（7）"应付职工薪酬"项目：反映企业为获得职工提供的服务或解除劳动而给予的各种形式的报酬或补偿。职工薪酬包括短期薪酬、离职后福利、辞退福利和其他长期职工福利。

填列说明：应根据"应付职工薪酬"账户所属各明细账户的贷方余额分析填列。外商投资企业按规定从净利润中提取的职工奖励及福利基金，也在本项目列示。

【例 5-13】 2020 年 12 月 31 日，甲公司涉及"应付职工薪酬"账户明细账户薪酬项目包括：工资、奖金、津贴和补贴 210 万元，社会保险费 24 万元，设定提存计划（含基本养老保险费）7 万元，住房公积金 5.6 万元，工会经费和职工教育经费 3.9 万元。

甲公司资产负债表中"应付职工薪酬"项目"期末余额"的列报金额 = 210 + 24 + 7 + 5.6 + 3.9 = 250.5（万元）。

（8）"应交税费"项目：反映企业按照税法规定计算应缴纳的各种税费，包括增值税、消费税、城市维护建设税、教育费附加、企业所得税、资源税、土地增值税、房产税、城镇土地使用税、车船税、矿产资源补偿费等。企业代扣代缴的个人所得税，也在本项目列示。企业所缴纳的税金不需要预计应交数的，如印花税、耕地占用税等，不在本项目中列示。

填列说明：应根据"应交税费"账户的期末贷方余额填列。

【例 5-14】 2020 年 12 月 31 日，甲公司涉及应交税费项目的会计账户余额如下：

会计账户	借方余额	贷方余额
应交税费		
——应交增值税		84
——应交所得税		617

甲公司资产负债表中"应交税费"项目"期末余额"中应列示的金额 = 84 + 617 = 701（万元）。

注意："应交税费"账户下的"应交增值税""未交增值税""待抵扣进项税额""待认证进项税额"等明细账户期末借方余额，应根据情况在资产负债表中的"其他流动资产"或"其他非流动资产"项目列示。"应交税费——待转销项税额"等账户期末贷方余额，应根据情况在资产负债表中的"其他流动负债"或"其他非流动负债"项目列示。"应交税费"账户下的"未交增值税""简易计税""转让金融商品应交增值税""代扣代交增值税"等账户期末贷方余额应在资产负债表中的"应交税费"项目列示。

（9）"其他应付款"项目：反映企业除应付票据及应付账款、预收账款、应付职工薪酬、应交税费等经营活动以外的其他各项应付、暂收的款项。

填列说明：应根据"应付利息""应付股利"和"其他应付款"账户的期末余额合计数填列。

（10）"持有待售负债"项目：反映资产负债表日处置组中与划分为持有待售资产直接相关的负债的期末账面价值。

填列说明：应根据"持有待售负债"账户的期末余额填列。

（11）"一年内到期的非流动负债"项目：反映企业各种非流动负债在1年之内到期的金额，包括1年内到期的长期借款、长期应付款和应付债券。

填列说明：应根据上述账户分析计算后填列。

（12）"其他流动负债"项目：反映企业除以上流动负债以外的其他流动负债（或有负债）。

填列说明：本项目应根据有关账户的期末余额填列。

2. 非流动负债

（1）"长期借款"项目：反映企业向银行或其他金融机构借入的期限在1年以上（不含1年）的各项借款。

填列说明：应根据"长期借款"明细中（扣除资产负债表日起1年内到期且企业不能自主地将清偿义务展期的部分）的净额填列。

（2）"应付债券"项目：反映企业为筹集长期资金而发行的债券本金及应付的利息。

填列说明：应根据"应付债券"账户的期末余额分析填列（扣除将在1年内到期的部分）。对于资产负债表日，企业发行的金融工具分类为金融负债的，应在本项目填列，对于优先股和永续债还应在本项目下的"优先股"项目和"永续债"项目分别填列。

（3）"长期应付款"项目：反映资产负债表日在较长时间内应付的款项，是企业除长期借款和应付债券以外的其他各种长期应付款项的期末账面价值。主要有应付补偿贸易引进设备款和应付融资租入固定资产租赁费等。

填列说明：应根据"长期应付款"－"未确认融资费用"＋"专项应付款"，余额填列。

【例5-15】 甲公司2020年1月1日，采用分期付款方式从乙公司购入一台不需安装的大型机械设备。其购货合同中约定，合同总价款为3 600万元，分3年平均支付，第1期款项900万元，于2020年1月1日以银行存款支付，其余款项在未来三年内平均支付，每年的付款期为当年的12月31日，见效情况下，该机械的价款为3 000万元。假定折现率为10%，不考虑增值税的影响。计算甲公司2020年12月31日"长期应付款"项目列报金额。

甲公司2019年1月1日会计处理如下：

借：固定资产　　　　　　　　　　　　　　　　　　　　　　　　3 000
　　未确认融资费用　　　　　　　　　　　　　　　　　　　　　　600
　　贷：长期应付款　　　　　　　　　　　　　　　　　　　　　　　　3 600
借：长期应付款　　　　　　　　　　　　　　　　　　　　　　　　900
　　贷：银行存款　　　　　　　　　　　　　　　　　　　　　　　　　900

【提示】 2020年1月1日长期应付款账面余额＝3 600－900＝2 700（万元）。2019年12月31日本期未确认融资费用摊销金额＝（不含税长期应付款期初余额－未确认融资费用期初余额）×折现率＝（2 700－600）×10%＝210（万元）。

借：财务费用　　　　　　　　　　　　　　　　　　　　　　　　210

　　　　贷：未确认融资费用　　　　　　　　　　　　　　　　　　210
　　借：长期应付款　　　　　　　　　　　　　　　　　　　　　900
　　　　贷：银行存款　　　　　　　　　　　　　　　　　　　　　900
　2020年12月31日长期应付款账面价值=（3 600-900-900）-（600-210）=1 410（万元）
　　2020年12月31日资产负债表"长期应付款"项目列报金额="长期应付款账面价值"减"一年内到期的非流动负债"
　　"一年内到期的非流动负债"项目列报金额=900-1 410×10%=759（万元）
　　"长期应付款"项目列报金额=1 410-759=651（万元）
　　（4）"预计负债"项目：反映企业根据或有事项等相关准则确认的各项预计负债，包括对外提供担保、未决诉讼、产品质量保证、重组义务以及固定资产和矿区权益弃置义务等产生的预计负债。
　　填列说明：应根据"预计负债"账户的期末余额填列。
　　（5）"递延收益"项目：反映尚待确认的收入或收益。包括企业根据政府补助准则确认的应在以后期间计入当期损益的政府补助金额、售后租回形成融资租赁的售价与资产账面价值差额等其他递延性收入。
　　填列说明：应根据"递延收益"账户的期末余额填列。
　　（6）"递延所得税负债"项目：反映企业根据所得税准则确认的应纳税暂时性差异产生的所得税负债。
　　填列说明：应根据"递延所得税负债"账户的期末余额填列。
　　（7）"其他非流动负债"项目：反映企业除上述非流动负债以外的其他非流动负债。
　　填列说明：应根据有关账户期末余额减去将于1年内（含1年）到期偿还数后的余额分析填列。

5.2.3　所有者权益项目

　　（1）"实收资本"项目：反映企业各投资者实际投入的资本（或股本）总额。实收资本是指企业按照章程规定或合同、协议的约定，接受投资者投入企业的资本。实收资本的构成比例或股东的股份比例，是确定所有者在企业所有者权益中份额的基础，也是企业进行利润或股利分配的主要依据。
　　填列说明：应根据"实收资本"账户的期末余额填列。
　　（2）"其他权益工具"项目：反映企业发行的除普通股以外分类为权益工具的金融工具的账面价值。
　　填列说明：应根据其他权益工具明细账户期末余额填列。发行优先股等其他权益工具的企业，分类为"权益工具"，应当在资产负债表"实收资本"项目和"资本公积"项目之间增设"其他权益工具"项目，并在"其他权益工具"项目下增设"优先股"和"永续债"两个项目，分别反映企业发行的分类为权益工具的优先股和永续债的账面价值。
　　（3）"资本公积"项目：反映企业在经营过程中由于接受捐赠、股本溢价以及法定财产重估增值等原因所形成的公积金。是投资者或者他人投入企业、所有权归属于投资者、投入金额上超过法定资本部分的资本。资本公积主要包括资本溢价（或股本溢价）和其他资本公积等。

填列说明：应根据"资本公积"账户的期末余额填列。

（4）"其他综合收益"项目：反映企业其他综合收益的期末余额。

填列说明：应根据"其他综合收益"账户的期末余额填列。

（5）"盈余公积"项目：反映企业盈余公积的期末余额。盈余公积，是指企业按照规定从净利润中提取的各种积累资金。根据其用途不同分为一般盈余公积和公益金两类。一般盈余公积分为两种：一种是法定盈余公积，年末一次计提；另一种是任意盈余公积。法定盈余公积累计额已达到注册资本的50%时可以不再提取。企业提取的盈余公积可用于弥补亏损、扩大生产经营、转增资本（或股本）或派送新股等。

填列说明：应根据"盈余公积"账户的期末余额填列。

（6）"未分配利润"项目：反映企业尚未分配的利润。未分配利润是指企业实现的净利润经过弥补亏损、提取盈余公积和向投资者分配利润后留存在企业的、历年结存的利润。它有两层含义：一是留待以后年度处理的利润，二是未指明特定用途的利润。相对于所有者权益的其他项目来说，企业对于未分配利润的使用有较大的自主权。

填列说明：应根据"本年利润"账户和"利润分配"账户的余额计算填列。即资产负债表中的未分配利润年末余额＝本年利润的余额＋未分配利润余额（年末的本年利润无余额，年末已经转入利润分配——未分配利润中了，此时年末的余额就是未分配利润的账户余额）。未弥补的亏损在本项目内以"－"号填列。

【例5-16】 2020年12月3日，甲公司涉及未分配利润项目的会计账户余额如下：

会计账户	借方余额	贷方余额
利润分配		
——未分配利润		1 750

甲公司资产负债表中"未分配利润"项目"期末余额"中应列示的金额＝1 750（万元）。

5.3 资产负债表编制方法

资产负债表各个部分内容的差异决定了其编制存在一定的难度，且各部分差异较大，本节对其编制方法进行归纳性总结。在金额栏中，一般包括"期末余额"栏和"年初余额"栏。各项列报内容填列方式如下。

5.3.1 资产负债表填列方法总述

我国资产负债表是一张对比报表，也就是在整个表体中，我们将分别列报"年初余额"和"期末余额"两栏。

1. "年初余额"栏各项数字的填列方法

"年初余额"栏的各项数字，应根据上年末资产负债表的"期末余额"栏内所列数字填列。如果本年度资产负债表规定的各个项目的名称和内容与上年度存在差异，应按照本年度企业执行的会计准则相关规定对上年度年末资产负债表各项目的名称和数字进行相应调整，再填列至"年初余额"栏内。

2. "期末余额"栏各项数字的填列方法

资产负债表"期末余额"栏各项数字的填列方法，又包括直接填列和分析计算填列两种方法。具体而言，以总账为核心，有以下填列方式。

（1）根据总账账户余额直接填列。
（2）根据几个明细账账户余额计算填列。
（3）根据总账账户和明细账账户余额分析计算填列。
（4）根据有关总账账户余额减备抵账户余额后的净额填列。
（5）综合运用上述填列方法分析填列。

5.3.2 资产负债表填列方法分述

1. 根据总账账户余额填列

直接根据有关总账账户的余额填列：资产负债表中一些项目的名称与总分类名称一致，这些项目一般可以根据其所对应的总分类账户余额直接填列。例如："短期借款""实收资本""资本公积"等项目根据自己的总账账户余额直接填列。

根据几个总账账户的期末余额计算填列：资产负债表中一些项目的名称与总分类名称不一致，需要根据几个总账账户的期末余额之和计算填列。例如：资产负债表中"货币资金"项目，货币资金＝库存现金＋银行存款＋其他货币资金，将几个总账账户余额直接汇总填列。

2. 根据明细账账户余额计算填列

根据相关明细分类账户余额计算填列：例如，资产负债表中的"应付账款"项目，需要根据"应付账款"和"预付账款"两个账户所属的相关明细账户的期末贷方余额计算填列。"预收款项"项目需要根据"应收账款"和"预收账款"两个账户所属的相关明细账户的期末贷方余额计算填列。"一年内到期的非流动资产""一年内到期的非流动负债"项目，应根据有关非流动资产或非流动负债项目的明细账户余额分析填列。"未分配利润"项目，应根据"利润分配"总分类账户中所属的"未分配利润"明细账户期末余额填列。

3. 根据总账账户和明细账账户余额分析计算填列

总账账户和明细账账户余额分析计算填列：例如，资产负债表中的"长期待摊费用"项目，应根据"长期待摊费用"总分类账户的期末余额减去1年内（含1年）摊销的数额后的金额填列；"其他流动负债"项目，应根据有关总分类账户的期末余额减去将于1年内（含1年）到期偿还数后的金额填列。

4. 根据有关账户余额减去其备抵账户余额后的净额填列

根据有关账户余额减去其备抵账户余额后的净额填列：例如，资产负债表中的"持有待售资产""债权投资""长期股权投资"等项目，应根据相关账户的期末余额扣减相应的减值准备进行填列;"固定资产""无形资产""投资性房地产"等项目,应根据相关账户的期末余额扣减相关累计折旧(或摊销),再扣减相应的减值准备进行填列。

5. 综合运用上述填列方法分析填列

综合运用上述填列方法分析填列:例如,资产负债表中的"应收账款"项目,应根据"应收账款"和"预收账款"总分类账户所属明细账户的期末借方余额合计数,减去"坏账准备"账户中有关应收账款计提的坏账准备期末余额后的金额填列;"预付款项"项目,应根据"预付账款"和"应付账款"总分类账户所属明细账户的期末借方余额合计数,减去"坏账准备"账户中有关预付款项计提的坏账准备期末余额后的金额填列;"存货"项目,应根据"在途物资""材料采购""原材料""发出商品""库存商品""周转材料""委托加工物资""生产成本""受托代销商品"等账户的期末余额合计,减去"受托代销商品款""存货跌价准备"账户期末余额后的金额填列。并且,若企业的材料采用计划成本核算,库存商品采用计划成本核算或售价核算,还应按加或减材料成本差异、商品进销差价后的金额填列。

本章小结

资产负债表是反映企业某一特定日期(通常为月末、季末、年度中期末或年末)财务状况的会计报表。它根据资产、负债、所有者权益三个会计要素的相互关系,依据一定的分类标准和顺序,将企业一定日期的资产、负债、所有者权益项目予以适当排列,并根据账簿记录编制而成。资产负债表表明了企业在一定日期所拥有或控制的资源及其分布情况,所承担的现时债务以及所有者对企业净资产的要求权。

关键词汇

会计报表(financial statements)　　　　资产负债表(balance sheet)
财务状况(financial situation)　　　　　流动资产(current assets)
非流动资产(non-current assets)　　　　流动负债(current liabilities)
非流动负债(non-current liabilities)　　所有者权益(owner's equity)

思考题

1. 简述资产负债表的作用。
2. 简述资产负债表"期末余额"栏金额的 5 种分析计算填列法,每种方法各给出一个适用的资产负债表项目名称。
3. 简述资产负债表中"应收票据及应收账款""预付款项""应付票据及应付账款"和"预收款项"项目的填列方法。
4. 简述资产负债表中"存货"项目的填列方法。

（一）目的：练习各种业务的会计处理和资产负债表的编制。

（二）资料：A 企业为增值税一般纳税人，2020 年 12 月 31 日的账户余额见表 5-2。

表 5-2　A 企业 2020 年年末账户余额　　　　　　　　　　单位：元

账户名称	借方金额	贷方金额	账户名称	借方金额	贷方金额
现金	3 000		短期借款		100 000
银行存款	15 300		应付账款		65 000
应收账款	60 000		长期借款		210 000
坏账准备		300	实收资本		250 000
预付账款	10 000		资本公积		53 000
其他应收款	60 130		盈余公积		40 000
原材料	110 000				
库存商品	100 000				
长期股权投资	55 870				
固定资产	350 000				
累计折旧		46 000			
合计	764 300	46 300	合计		718 000

表 5-3 中，坏账准备账户余额均为应收账款计提的坏账准备，其他应收款未计提坏账准备。2021 年 1 月发生如下经济业务（其他经济业务暂不考虑）：

1. 购进原材料 2 000 元，增值税进项税额 260 元，用预付账款抵付；
2. 上述购进材料验收入库；
3. 提取固定资产折旧 15 000 元计入管理费用；
4. 取得商品销售收入 10 万元，增值税 13 000 元，款项存入银行，销售成本为收入的 70%；
5. 本期偿还长期借款 70 000 元；
6. 本期预交所得税 10 000 元（要求通过"所得税费用""应交税金"等账户核算）。

注：未归还的长期借款中，2018 年 5 月 1 日借入 40 000 元，期限 3 年；2019 年 10 月 1 日借入 100 000 元，期限 5 年。

（三）要求：

（1）根据上述经济业务编制会计分录。
（2）编制该企业 2021 年 1 月 31 日的资产负债表。

港珠澳大桥的融资之路

作为"一国两制"体制下第一个涉及内地及港澳两个特别行政区的大型跨境基础设施合作项目，港珠澳大桥主体工程及三地口岸、连接线共投资约 1 200 亿元。如此大规模的资金从哪里来？港珠澳大桥投融资决策过程是怎样的？回答这些问题能够帮助同学们了解融资的意义与价值。

2009年《港珠澳大桥工程可行性研究报告》获得批准，将港珠澳大桥工程分为三部分：一是主体工程；二是三地口岸；三是连接线。主体工程预算380亿元，口岸和连接线工程预算349.4亿元，三部分工程合计729.4亿元，如何才能筹集到这笔巨款，确实让大家很头疼。参考国内外做法，想出了很多筹集资金的办法，主要有三种模式：第一种是BOT模式（Build Operate Transfer），粤港澳三地政府通过招投标方式引入国内外投资者出钱投资，负责大桥的建设、运营和维护，政府授予一定年限的特许经营权，在这些年内投资者可以通过收取车辆通行费、投放广告等方式取得商业利润，特许经营期满后再将大桥归还政府。这种模式在高速公路建设项目上经常使用，政府不出钱就能解决大桥的建设费用。第二种是PPP模式（Public-Private Partnership），也就是公私合营的模式，政府负责提供政策和一部分资金，社会投资人主要负责出钱投资，双方达成合作伙伴关系，政府和投资人共享投资收益，共担风险和责任。第三种是政府投资模式，也就是全部由政府出资，不需要任何社会资本参与。

这三种模式各有优缺点。第一和第二种模式能否走得通，关键在于如何吸引到社会投资。当时算了一笔账，按照工程预算729.4亿元，收费期50年进行测算，项目内部收益率只有4.14%，这个收益率实在太差，很难吸引社会投资。港珠澳大桥前期工作协调小组再次组织和三地政府深入讨论，大家一致认为港珠澳三地的过境口岸应该属于国家边防基础设施，更多体现了国家利益的需要，不应该进行社会融资和获取经济收益。所以，三地过境口岸以及连接线，按照属地划分的原则，由三地政府自行出资。将这两部分工程分割出来，只需对大桥主体工程进行融资。按照主体工程预算380亿元，50年收费期再次测算，主体工程的内部收益率可提高到6.87%，财务效益明显改善了，不管是政府全额投资，还是吸引社会投资均具有可能性的。但实际进行社会融资并不容易，三地政治制度不同，经济制度和法律体系也不同，大家对公共工程的融资理念存在较大差异，尤其担心通车流量不足，资金回报期太长，很多风险不可控。综合权衡之后，最快最稳妥的办法，就是政府直接出资，不引入任何社会投资，避免工程进度被一拖再拖。所以就采取了"资本金+贷款"的方式，三地政府全额出资本金，资本金以外部分由粤港澳三方共同组建的项目管理机构通过贷款解决。并按照"效益费用比相同原则"分摊资本金，即中国香港50.2%、中国内地35.1%、中国澳门14.7%。考虑到港珠澳大桥投资规模较大，中央政府决定给予了一定的资金支持。这就好比孩子想买房子，父母拿出一部分钱作为首付。中央政府支持了50亿元，广东政府出资20亿元，内地政府合计70亿，香港出资67.5亿元，澳门出资19.8亿元。三地合计拿出了157.3亿的资本金，占主体工程费用的42%。其余58%由粤港澳三方共同组建的项目管理机构通过贷款来筹集，大桥建成后实行收费还贷。当时与多家银行洽谈后，最终确定由中国银行牵头的银团提供贷款，贷款期限长达49年，而且利率为基准利率下浮10%。2011年1月7日，港珠澳大桥管理局与中国银行牵头的银团正式签署了项目银团贷款协议。至此，港珠澳大桥的工程投融资问题终于得到圆满解决了。

请同学们结合案例的相关资料，分析一下融资业务对于企业乃至国家的重要意义和作用。

资料来源：项目思维.港珠澳大桥，建设费1 269亿元应该由谁来买单？这笔巨额资金是如何解决的？，知乎，2020-11-18

第6章

利润表——经营成果

利润表是反映企业一定会计期间（如月份、季度、半年或年度）经营成果的会计报表。了解利润表的结构与格式，特别是对多步式利润表的掌握，是理解利润表的基础。利润表包含了若干项目，了解这些项目的具体内容及相关规定，对于解读利润表无疑是十分必要的。本章按照它们在利润表中的项目名称逐一加以具体而详细的说明，对于利润表主要项目的填列方法也进行了详尽的说明，并给出具体的利润表编制举例。

通过本章内容的学习，同学们应：

1. 了解利润表的结构与格式；
2. 掌握利润表所包含的主要项目的内容；
3. 掌握利润表的编制方法。

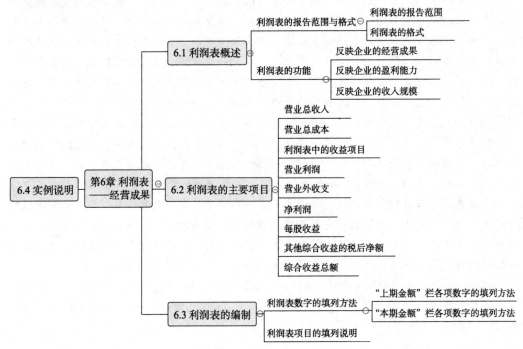

米糊是未央客栈的会计,是个入行不久的新人。作为新人,工作中难免遇到各种问题。现在她正在编写利润表,而让她困惑的是——税金及附加。

说起"税",米糊的脑子里出现了"城市维护建设税、教育费附加、车船使用税、印花税……"真是不少呀!忽然,米糊想到了"增值税"。公司每年缴纳的增值税可是不少呢,为什么增值税不计入"税金及附加"呢?

请同学们帮米糊分析一下:
(1)"税金及附加"具体包含哪些内容呢?
(2)为什么"增值税"不计入"税金及附加"呢?
(3)你还知道哪些税费是不计入"税金及附加"的吗?

6.1 利润表概述

6.1.1 利润表的报告范围与格式

1. 利润表的报告范围

对于利润表的报告范围有两种观点:当期经营观和损益满计观。

(1)当期经营观。按照这种观点,利润表只要报告当期的和经常性的损益就可以了,因为本期和经常性项目是管理层可以控制和通过努力能够完成的,这种观点体现了受托责任的思想。

(2)损益满计观。按照这种观点,利润表报告的内容既要包括经常性的,也要包括非经常性的项目;既要包括本期的,还要包括上期的内容。这种观点可以避免管理层或财务人员进行有选择性的披露,目前利润表遵循的是损益满计观。

2. 利润表的格式

利润表的格式是用来反映企业利润形成过程的方式,即企业的营业收入需要按照什么顺序来扣减哪些费用以便最终得到净利润。表现利润形成过程的方式有两种:单步式和多步式。

单步式利润表是指利润只需一步就能计算出,将所有的收入汇集起来,减去所有的费用,便可得到净利润。

多步式利润表是指利润的计算需要经过几个步骤。现代财务会计实务中多采用多步式利润表,其目的是便于财务报表使用者分析企业利润的来源结构,从而更准确地预测企业的未来利润。这是因为,来自不同途径的利润的可持续性不尽相同,只有那些具有可持续性特征的利润构成部分,才具有真正的预测价值。

多步式利润表计算利润的具体步骤如下。

第一步,报告企业经营活动的成果,主要是日常活动取得的成果,从营业收入中直接抵减营业成本、税金及附加、期间费用以及公允价值变动收益、资产减值损失和投资收益等。

第二步，将非日常活动带来的收益通过营业外收入和营业外支出项目进行反映。

第三步，将第一步与第二步计算的结果相加得到利润总额。

第四步，将第三步的利润总额减去所得税费用得到净利润。

第五步，计算综合收益（损益满计观的体现），将本期列入所有者权益中的其他综合收益的金额列入利润表，将净利润与其他综合收益的税后净额相加，得到综合收益总额。

第六步，计算每股收益（用净利润减去优先股股利后的差额除以流通在外的普通股加权平均股数）。

利润表是纵向计算的，从收入开始逐步计算出最终经营成果——净利润。利润表中的每股收益是附加信息，并不是计算净利润的步骤。

多步式利润表的具体格式如表6-1所示。（依据《财政部关于修订印发 2019 年度一般企业财务报表格式的通知（财会〔2019〕6 号）》编写）。

表 6-1　利润表

（适用于已执行新金融准则、新收入准则和新租赁准则的企业）

会企02表

编制单位：　　　　　　　　　　　　　年　　月　　　　　　　　　　　单位：元

项　　目	本期金额	上期金额
一、营业收入		
减：营业成本		
税金及附加		
销售费用		
管理费用		
研发费用		
财务费用		
其中：利息费用		
利息收入		
资产减值损失（损失以"-"填列）		
信用减值损失（损失以"-"填列）		
加：其他收益		
投资收益（损失以"-"号填列）		
其中：对联营企业和合营企业的投资收益		
净敞口套期收益（损失以"-"号填列）		
公允价值变动收益（损失以"-"号填列）		
资产处置收益（损失以"-"号填列）		
二、营业利润（亏损以"-"号填列）		
加：营业外收入		
减：营业外支出		
三、利润总额（亏损总额以"-"号填列）		
减：所得税费用		
四、净利润（净亏损以"-"号填列）		

续表

项　　目	本期金额	上期金额
（一）持续经营净利润（净亏损以"-"号填列）		
（二）终止经营净利润（净亏损以"-"号填列）		
五、其他综合收益的税后净额		
（一）不能重分类进损益的其他综合收益		
1. 重新计量设定受益计划变动额		
2. 权益法下不能转损益的其他综合收益		
3. 其他权益工具投资公允价值变动		
…		
（二）将重分类进损益的其他综合收益		
1. 权益法下可转损益的其他综合收益		
2. 其他债权投资公允价值变动		
3. 金融资产重分类计入其他综合收益的金额		
4. 其他债权投资信用减值准备		
5. 现金流量套期储备		
6. 外币财务报表折算差额		
…		
六、综合收益总额		
七、每股收益：		
（一）基本每股收益		
（二）稀释每股收益		

 相关链接

利润表格式在我国的变化历程

2019年4月30日，我国财政部发布《财政部关于修订印发2019年度一般企业财务报表格式的通知》，这是自2017年以来的第三次企业财务报表格式修订。其中，利润表列报格式的变化非常明显。财务报表，特别是利润表格式在我国的变化历程如下。

2006年，我国正式建立了与国际会计准则实质趋同的企业会计准则体系。作为反映企业在一定会计期间经营成果的会计报表，利润表是对企业经营成果的结构性表述，并形成了以"营业收入-营业税金及附加-销售费用-管理费用-财务费用+投资收益+公允价值变动收益-资产减值损失=营业利润""营业利润+营业外收入-营业外支出=利润总额"以及"利润总额-所得税费用=净利润"为主体结构的分步式列报格式。

2007年，国际会计准则理事会（IASB）发布修订后的《国际会计准则第1号——财务报表列报》（*IAS1 Presentation of Financial Statements*），明确了对综合收益信息的披露要求。财政部于2009年6月通过发布《企业会计准则解释第3号》将综合收益会计规则正式引入我国企业会计准则体系中，要求企业在利润表"每股收益"项目下增列

"其他综合收益"和"综合收益总额"项目，实现与国际会计准则的同步跟进。2014年修订后的《企业会计准则第 30 号——财务报表列报》进一步对综合收益和其他综合收益的概念及列报内容作出具体规定，要求将其他综合收益分为"以后会计期间不能重分类进损益的其他综合收益项目"和"以后会计期间在满足规定条件时将重分类进损益的其他综合收益项目"两类进行列报。

随着营改增的全面施行，"营业税金及附加"项目的名称被调整为"税金及附加"，但该项目在利润表中的列报位置并没有改变。

2017 年，财政部相继修订了与金融工具、政府补助及收入相关的六项准则，并印发了《企业会计准则第 42 号——持有待售的非流动资产、处置组和终止经营》。针对2017 年施行的新政府补助准则和第 42 号准则，财政部于 2017 年 12 月修订了一般企业财务报表格式，利润表中新增"资产处置收益"和"其他收益"项目作为营业利润的组成部分，同时在"净利润"下列示"持续经营净利润"及"终止经营净利润"项目，原有"营业外收入"及"营业外支出"项目所列报的内容也进行了相应调整。

2018 年 6 月，针对 2018 年 1 月 1 日起分阶段实施的四项新金融准则和新收入准则，利润表中新增"信用减值损失""净敞口套期收益""其他权益工具投资公允价值变动""企业自身信用风险公允价值变动""其他债权投资公允价值变动""金融资产重分类计入其他综合收益的金额""其他债权投资信用减值准备"和"现金流量套期储备"等项目，分别作为营业利润和其他综合收益的组成部分予以列报。

2018 年 12 月 7 日，《企业会计准则第 21 号——租赁》修订印发，其内容与 2016年年初 IASB 发布的《国际财务报告准则第 16 号——租赁》（*IFRS 16 Leases*）基本一致。针对该准则，财政部于 2019 年 4 月再次修订了一般企业财务报表格式，利润表"财务费用"项目下单独列示"利息费用"和"利息收入"，同时新增"研发费用"项目。

利润表列报格式的频繁变化均是相关准则修订或发布的结果，实则也是与国际会计准则持续趋同的结果。

资料来源：张卓然，陈硕. 基于国际趋同视角的利润表项目列报问题探析[J]. 会计之友，2020（11）.

6.1.2 利润表的功能

利润表是反映企业经营成果的报表。经营成果是企业一定时期的财务业绩，如销售收入、营业利润、净利润等。具体来说，利润表主要具备以下功能。

1. 反映企业的经营成果

从净利润的计算过程可以看出，各种收入收益弥补所有费用和损失之后才是企业的最后所得。收入就像一块蛋糕，由各个利益相关方共同分配。以制造业为例，企业取得收入后，首先分给供应商（即产品成本）一部分，然后以税费的形式交给政府一部分，以工资和其他报酬形式分给职工一部分，还要弥补企业的日常消耗，最后剩下来的（净利润）留给股东。

2. 反映企业的盈利能力

盈利能力体现企业盈利水平及其波动状况，盈利水平高并且保持稳定增长是盈利能力强的典型表现。

判断企业盈利能力强弱，不仅要看最终结果，还要看净利润的产生过程。从净利润的产生过程可以看出企业盈利的稳定性。企业盈利能力的稳定性首先取决于企业的毛利状况。毛利是营业收入减营业成本和税金及附加后的差额。以制造业企业为例。毛利来自产品，是企业盈利能力的源泉。有了毛利，才能弥补企业的各种一般性费用，如销售费用、管理费用等。

判断企业盈利能力稳定性还要看利润的构成。从利润表的计算过程可以看出，除了来自主要经营活动的利润外，企业还有其他的利润来源，如公允价值变动、投资以及营业外业务。稳定健康的利润应当来源于主要经营业务，这也是盈利能力强的表现。

3. 反映企业的收入规模

企业规模可以用不同的指标来衡量，如资产规模、职工人数等。收入规模是具有可比性的指标，不论哪个行业收入都可以表现企业的大小和市场竞争力，也正因为如此，企业规模的排名都采用收入指标，如《财富》世界500强、中国500强等。

6.2 利润表的主要项目

利润表的项目必须充分反映企业经营业绩的主要来源和构成，以帮助报表使用者判断净利润的质量及其风险，预测净利润的持续性，从而作出正确的决策。利润表项目需能反映企业一定会计期间的收入，如营业收入、投资收益、营业外收入等的实现情况；也需要反映出一定会计期间的费用，如营业成本、销售费用、管理费用、财务费用、营业外支出等的耗费情况；还需要反映企业生产经营活动的成果，即利润的实现情况，据以判断资本保值、增值情况等。

6.2.1 营业总收入

营业总收入是企业合并报表范围内的所有收入，包括营业收入、利息收入、手续费收入等。其中的利息收入、手续费收入是来自金融业务的收入，如果合并范围包括金融企业，如企业控制的财务公司等，就会出现这些报表项目。

营业收入包括主营业务收入和其他业务收入，主营业务收入是企业主要经营业务的收入。如制造企业的产品销售收入、商业企业的商品销售收入，其他收入是企业非主要经营业务的收入，如制造企业的租金收入、劳务收入等。

6.2.2 营业总成本

营业总成本是企业合并报表范围内的所有费用。包括营业成本、税金及附加、销售费用、管理费用、研发费用、财务费用和资产减值损失、信用减值损失，如合并范围内包括金融企业，则营业总成本还包括利息支出、手续费支出等。

（1）营业成本。营业成本是企业主要经营活动的成本，包括主营业务成本和其他业务成本，如制造企业的已售产品成本、商业企业的已售商品成本等。

（2）税金及附加。税金及附加是与企业销售收入相关的税金和附加，包括消费税、城市维护建设税、资源税、土地增值税、教育费附加、房产税、土地使用税、车船税以及印花税等。

（3）销售费用。销售费用是企业为销售商品、提供劳务等发生的费用，包括企业在销售阶段发生的费用以及性质上属于销售活动的费用，如销售人员的工资、奖金和福利，销售部门的行政办公费，广告费用等。

（4）管理费用。管理费用是企业管理部门发生的费用，包括行政管理部门发生的职工薪酬、修理费、物料消耗、低值易耗品摊销、办公费和差旅费等，以及工会经费、董事会费、聘请中介机构费、咨询费、诉讼费、业务招待费等。

（5）研发费用。研发费用包括企业研发支出中费用化的部分以及企业内部形成的无形资产的摊销费用。

（6）财务费用。财务费用是企业为筹集外部资金而发生的费用，包括利息支出（减利息收入）、汇兑差额以及相关的手续费。

（7）资产减值损失。资产减值损失是企业资产的账面价值低于可变现净值（适用于存货）的差额，如某一项存货的账面价值为1 000元。如果出售只能收回800元，则该项存货发生了减值损失200元。资产减值损失包括按照会计准则要求计提的所有资产的减值损失，非流动资产的市场价值用可收回金额来度量。资产减值损失是尚未实际发生的损失，是一个估计数。

（8）信用减值损失。信用减值损失是企业持有的以摊余成本计量的金融资产的预期信用损失，工商企业的信用减值损失主要是应收账款的预期坏账损失和合同资产的预期减值损失，如果持有的债权投资发生了预期信用损失，则也包括在内。资产减值损失是物的损失，信用减值损失是人（企业法人）的信用损失。

6.2.3 利润表中的收益项目

（1）其他收益。其他收益是企业收到的政府补助中可以计入当期利润表的货币性补助。

（2）投资收益。投资收益是因投资而取得的净收益（扣除费用后的收益）。投资收益包括两项内容：一是买卖股票、债券等金融工具获得的收益；二是长期股权投资产生的收益，包括成本法确认的投资收益和权益法确认的投资收益。

按成本法确认的投资收益是实际分红取得的收益，是已实现的收益。按权益法确认的对联营企业和合营企业投资产生的投资净收益通常是没有实现的。因为权益法是按持股比例直接乘以报告期被投资企业报告的净利润来确认投资收益，而不是根据分红的利润来确认投资收益。比如投资企业持有被投资企业的股份比例为30%，报告期被投资企业实现净利润100万元，分派股利50万元。投资企业确认的投资收益为30万元（100×30%），而不是15万元（50×30%）。实务中，我国年度财务报表编制日为每年的12月31日，股利分派和股利实际到账时间一般是在次年。因而，投资收益项目中包括已实现的投资收益和未实现的投资收益。

（3）公允价值变动收益。公允价值变动收益是企业按照公允价值计量的资产和负债产生的公允价值变动差额。比如某公司年初购入中国石油的股票1 000股，每股价格10元，年末价格涨到13元，这样，该公司投资于中国石油股票的价值就从10 000元变成了13 000元。如果该公司将买入的股票作为交易性金融资产，3 000元的差额就可以作为利润表的公允价值变动净收益。公允价值变动收益没有实际发生，只是公允价值变动的差额。

（4）资产处置收益。资产处置收益是企业出售划分为持有待售的非流动资产（除金融工具、长期股权投资和投资性房地产外）或处置组时产生的利得或损失，以及处置未划分为持有待售的在建工程、固定资产、生产性生物资产及无形资产而产生的处置利得或损失。此外，债务重组中因处置非流动资产（除金融工具、长期股权投资和投资性房地产外）产生的利得或损失和非货币性资产交换产生的利得或损失也包括在内。

投资收益、公允价值变动收益、资产处置收益在利润表中正数表示收益，负数表示损失（一般在上述项目前加负号）。

6.2.4 营业利润

营业利润是企业经常性的、预期可以重复获得的利润，是营业总收入减营业总成本再加上投资收益的损益项目的结果。

由于营业利润中包含资产减值、公允价值变动收益、投资收益和其他收益，企业不同时期的营业利润可能会出现较大的波动。如果需要更加准确地理解企业经常性的营业利润，可以单独计算企业主要经营活动的利润，即营业收入—营业成本—税金及附加—销售费用—管理费用—研发费用—财务费用。

6.2.5 营业外收支

营业外收入和营业外支出是企业非日常活动发生的损益项目。如营业外收入中的罚没收入等，营业外支出中的赔偿支出、罚没支出、捐赠支出等。

6.2.6 净利润

净利润即税后利润，是扣除所得税以后的利润。净利润是企业的最终经营成果，全部由企业的所有者拥有，并区分归属母公司股东的净利润和少数股东的净利润。

6.2.7 每股收益

每股收益由当期的净利润减去优先股股利后的差额除以发行在外的普通股股数得出。如果是合并利润表，分子则为归属母公司股东的净利润。

6.2.8 其他综合收益的税后净额

其他综合收益的税后净额是资产负债表中的其他收益在当期发生时的损益扣除所得税后的净额。它是资产负债表中的其他综合收益的本期发生额。尽管其他综合收益的税后净额列入利润表，但不属于当期的经营损益，在计算企业当期经营业绩指标（如净利润、每股收益、股东权益报酬率、总资产报酬率等）时不予考虑。

6.2.9 综合收益总额

综合收益总额是净利润加上其他综合收益的税后净额的合计金额。综合收益是扣除所有者投资和向所有者分配利润后的所有者权益变动，体现所有者账面财富增减变动的总额。

如果不考虑企业与股东之间的交易，如利润分配、股本增减，企业的净利润就是所有者权益期末与期初之间的差额。然而，有些损益项目没有计入当期损益，而是直接计入资产负债表中的所有者权益（设专门项目其他综合收益）。因此，利润表中的净利润与资产负债表中的所有者权益的期末与期初差额不等。为了在利润表中全面反映企业报告期内所有损益，在净利润后面专门加上其他综合收益的税后净额，将净利润与其他综合收益的税后净额相加，得到综合收益。综合收益就是企业报告期内扣除所有者投资和向所有者分配利润后的所有者权益的期末与期初的差额。

 相关链接

獐子岛扇贝"跑路"与利润造假

2018 年 2 月 9 日，深陷扇贝"跑路"事件的獐子岛公司收到了中国证监会的《调查通知书》，因獐子岛涉嫌信息披露违法违规，中国证监会决定对其立案调查。根据证监会的调查结果显示，獐子岛这场财务造假从 2016 年就已开始。

獐子岛的 2016 年年报中以虚减营业成本、虚减营业外支出的方式，虚增利润 1.3 亿元，虚增的利润占当期披露利润总额的 158.15%，獐子岛披露的 2016 年度报告中净利润为 7 571 万元，实际上獐子岛在 2016 年的真实利润总额为 – 4 822.23 万元，净利润为 – 5 543.31 万元。

獐子岛公司 2017 年年度报告虚减利润 2.8 亿元，占当期披露利润总额的 38.57%，追溯调整后，业绩仍为亏损。

獐子岛在此前 2014 年、2015 年净利润均为负数，如果 2016 年、2017 年净利润继续为负，按照深圳证券交易所规定，连续亏损 3 年将被暂停上市，连续亏损 4 年将被终止上市。然而，2016 年的净利润并没有追溯调整，依然为正数，2018 年的净利润也为正数，彻底地躲过了净利润连续 3 年为负将被终止上市的规则，把投资者糊弄得团团转。

2019 年 11 月，獐子岛再一次收到深圳证券交易所的关注函，要求其说明计提存货跌价准备的依据。这显然不是獐子岛第一次出现此类事件。目前，公司被处罚 60 万元，董事长被处罚 30 万元，公司 24 个人终身市场禁入。

6.3 利润表的编制

具体编制利润表之前，需要明确利润表应当采用的格式及相关数据来源。企业在实际编报时，具体应该选用哪种形式的利润表，主要考虑因素是：相关会计准则或会计制度的规定。我国会计准则对利润表有比较明确的规定，企业如果符合小企业会计准则要求的，可以选用适合小企业的利润表,否则就应当采用《企业会计准则第 30 号——财务报表列报》所给定的利润表格式,在具体编报时,可以根据企业的实际情况,对不适用的项目省略或合并填列。

6.3.1 利润表数字的填列方法

利润表是一张动态的财务报表,它反映的是企业在一定会计期间内所取得的经营成果,提供的是时期数。因此,利润表表头的日期应填写具体的会计期间,即月度、季度或年度等。

同资产负债表一样,表身也是利润表的主体部分。利润表的表身部分主要包括两个金额栏目,"本期金额"和"上期金额",其具体填列方法如下。

1. "上期金额"栏各项数字的填列方法

利润表中的"上期金额"栏反映的是计入利润表中各项目的上期实际发生数。它应根据上期利润表中的"本期金额"栏来进行填列。在编制年度财务报表时,该栏目应填列的是上年度计入利润表中各项目的累计实际发生数。

2. "本期金额"栏各项数字的填列方法

利润表中的"本期金额"栏反映的是计入利润表中各项目的本期实际发生数。数据主要源于损益类账户的本期发生额。其填列方法一般有以下三种。

(1)根据总分类账各有关账户的本年发生额(净额)填列。这是利润表项目的主要来源。在日常会计处理中,企业如果根据相关会计制度的要求,设置了完整的账户体系,那么,利润表的绝大部分项目都可以根据账户的发生额或净额直接填列。例如,主营业务收入、投资收益、营业外收入等,可以根据相应账户贷方当期发生额汇总数填列;主营业务成本、销售费用、主营业务税金及附加、管理费用、营业外支出、所得税费用等,根据相应账户的借方发生额填列。

(2)根据账户分析填列。如果企业日常的账户设置比较简略,例如,对"营业外收入"和"营业外支出"合并设置"营业外收支"账户,在平时的账务处理中,借方登记营业外支出,贷方登记营业外收入;在填列利润表项目时,需要将"营业外收支"账户借方和贷方分别填列到利润表的营业外支出和营业外收入项目中。

(3)根据利润表中的数字计算填列。利润表的各项目,不仅来自企业日常会计核算所设置的各个账户,还有一些项目可以根据利润表中已经填列好的项目计算填列。如企业的营业利润数,就是根据营业收入、各成本、费用项目计算、抵减后填列。

6.3.2 利润表项目的填列说明

(1)"营业收入"项目:反映企业经营主要业务和其他业务所确认的收入总额。本项目应根据"主营业务收入"和"其他业务收入"账户的发生额分析填列。

例如,甲公司本年销售库存商品取得的收入为 1 500 万元,销售原材料取得的收入为 150 万元,除此之外无其他的销售收入发生,甲公司应该在利润表中列示的"营业收入"项目金额为 1 650 万元。

（2）"营业成本"项目：反映企业经营主要业务和其他业务所发生的成本总额。本项目应根据"主营业务成本"和"其他业务成本"账户的发生额分析填列。

例如，甲公司本年销售库存商品的成本为1 000万元，销售原材料的成本为80万元，除此之外无其他的销售成本发生，则甲公司应该在利润表中列示的"营业成本"项目金额为1 080万元。

（3）"税金及附加"项目：反映企业经营业务应负担的消费税、城市维护建设税、资源税、土地增值税和教育费附加等。本项目应根据"税金及附加"账户的发生额分析填列。

例如，甲公司本年经营活动发生的税费如下：应缴纳的消费税250万元、应缴纳的城市维护建设税20万元、应缴纳的土地增值税100万元，除此之外无其他的税费，则甲公司应该在利润表中列示的"税金及附加"项目金额为370万元。

（4）"销售费用"项目：反映企业在销售商品过程中发生的包装费、广告费等费用和为销售本企业商品而专设的销售机构的职工薪酬、业务费等经营费用。本项目应根据"销售费用"账户的发生额分析填列。

例如，甲公司本年经营活动发生与销售有关的费用如下：销售商品过程中发生的包装费20万元、广告费200万元、为销售本企业商品而专设的销售机构的职工薪酬50万元，除此之外无其他的销售费用，则甲公司应该在利润表中列示的"销售费用"项目金额为270万元。

（5）"管理费用"项目：反映企业为组织和管理生产经营而发生的管理费用。本项目应根据"管理费用"账户的发生额分析填列。

例如，甲公司本年经营活动发生与组织和管理生产经营有关的费用如下：总部管理人员的工资为100万元、总部耗用的原材料为20万元，则甲公司应该在利润表中列示的"管理费用"项目金额为120万元。

（6）"研发费用"项目：反映企业进行研究与开发过程中发生的费用化支出。该项目应根据"管理费用"账户下的"研发费用"明细账户的发生额分析填列。

（7）"财务费用"项目：反映企业筹集生产经营所需资金而发生的筹资费用。本项目应根据"财务费用"账户的发生额分析填列。其中："利息费用"项目，反映企业为筹集生产经营所需资金而发生的应予费用化的利息支出。"利息收入"项目，反映企业确认的利息收入。这两个项目应根据"财务费用"账户的相关明细账户的发生额分析填列。

例如，甲公司本年经营活动发生的有关财务费用如下：应付银行的借款利息为100万元，则甲公司应该在利润表中列示的"财务费用"项目金额为100万元。

（8）"资产减值损失"项目：反映企业各项资产发生的减值损失。该项目应根据"资产减值损失"账户的发生额分析填列。

例如，甲公司本年经营活动中计提的减值损失如下：存货跌价准备10万元，固定资产减值准备15万元，在建工程减值准备5万元，坏账准备10万元，则甲公司应该在利润表中列示的"资产减值损失"项目金额为40万元。

（9）"信用减值损失"项目：反映企业按照《企业会计准则第22号——金融工具确认和计量》（2017年修订）的要求计提的各项金融工具减值准备所形成的预期信用损失。该项目应根据"信用减值损失"账户的发生额分析填列。

（10）"其他收益"项目：反映企业计入其他收益的政府补助等。该项目应根据"其他收益"账户的发生额分析填列。

（11）"投资收益"项目：反映企业以各种方式对外投资所取得的收益。本项目应根据"投资收益"账户的发生额分析填列。如为投资损失，本项目以"-"填列。

例如，甲公司本年经营活动中发生的投资收益情况如下：购买交易性金融资产发放股利10万元，按成本法核算的长期股权投资宣告获得股利40万元，则甲公司应该在利润表中列示的"投资收益"项目金额为50万元。

（12）"公允价值变动收益"项目：反映企业应当计入当期损益的资产或负债公允价值变动收益。本项目应根据"公允价值变动损益"账户的发生额分析填列，如为净损失，本项目以"-"填列。

例如，甲公司本年经营活动中发生的公允价值变动情况如下：交易性金融资产获得公允价值变动收益100万元，投资性房地产发生公允价值变动损失47万元，则甲公司应该在利润表中列示的"公允价值变动收益"项目金额为53万元。

（13）"资产处置收益"项目：反映企业出售划分为持有待售的非流动资产（金融工具、长期股权投资和投资性房地产除外）或处置组（子公司和业务除外）时确认的处置利得或损失，以及处置未划分为持有代售的固定资产、在建工程、生产性生物资产及无形资产而产生的利得或损失。债务重组中因处置非流动资产产生的利得或损失和非货币性资产交换中换出非流动资产产生的利得或损失也包括在本项目内。该项目应根据"资产处置损益"账户的发生额分析填列，如为处置损失，以"-"填列。

（14）"营业利润"项目：反映企业实现的营业利润。如为亏损，本项目以"-"填列。

（15）"营业外收入"项目：反映企业发生的除营业利润以外的收益，主要包括债务重组利得、与企业日常活动无关的政府补助、盘盈利得、捐赠利得（企业接受股东或股东的子公司直接或间接的捐赠，经济实质属于股东对企业的资本性投入的除外）等。该项目是根据"营业外收入"账户的发生额分析填列。

例如，甲公司本年度处置固定资产获得的收益为300万元，发生货币性资产交换获得的收入为135万元，除此之外，甲公司不存在其他的营业外收入，则甲公司应该在利润表中列示的"营业外收入"项目金额为435万元。

（16）"营业外支出"项目：反映企业发生的除营业利润以外的支出，主要包括债务重组损失、公益性捐赠支出、非常损失、盘亏损失、非流动资产损毁报废损失等。该项目应根据"营业外支出"账户的发生额分析填列。

例如，甲公司本年度处置无形资产的损失为70万元，发生债务重组的损失为35万元，除此之外，甲公司不存在其他的营业外支出，则甲公司应该在利润表中列示的"营业外支出"项目金额为105万元。

（17）"利润总额"项目：反映企业实现的利润。如为亏损，本项目以"-"填列。

（18）"所得税费用"项目：反映企业应从当期利润总额中扣除的所得税费用。本项目应根据"所得税费用"账户的发生额分析填列。

（19）"净利润"项目：反映企业实现的净利润。如为亏损，本项目以"-"填列。

（20）"其他综合收益的税后净额"项目：反映企业根据企业会计准则规定未在损益中确认的各项利得和损失扣除所得税影响后的净额。

（21）"综合收益总额"项目：反映企业净利润与其他综合收益（税后净额）的合计金额。

（22）"每股收益"项目：包括基本每股收益和稀释每股收益两项指标，反映普通股或潜在普通股已公开交易的企业，以及正处在公开发行普通股或潜在普通股过程中的企业的每股收益信息。

（23）"基本每股收益"项目：反映企业应当按照属于普通股股东的当期净利润，除以当期实际发行在外普通股的加权平均数从而计算。

（24）"稀释每股收益"项目：以基本每股收益为基础，假定企业所有发行在外的稀释性潜在普通股均已转换为普通股。企业在计算稀释每股收益时应当考虑稀释性潜在普通股以及对分子和分母调整因素的影响。

6.4 实例说明

阜城股份有限公司的 2020 年度的损益类账户和"其他综合收益"的明细账户分别如表 6-2 和表 6-3 所示。

表 6-2 阜城股份有限公司损益类账户 20×9 年度累计发生净额　　　　单位：元

账户名称	借方发生额	贷方发生额
主营业务收入		1 250 000
主营业务成本	750 000	
税金及附加	2 000	
销售费用	20 000	
管理费用	157 100	
财务费用	41 500	
其中：利息费用	41 500	
利息支出	0	
资产减值损失	30 900	
投资收益		31 500
营业外收入		50 000
营业外支出	19 700	
所得税费用	85 300	

表 6-3 阜城股份有限公司 2020 年度"其他综合收益"明细账户

2020 年度累计发生净额　　　　单位：元

明细账户名称	借方发生额	贷方发生额
权益法下在被投资单位以后将重分类进损益的其他综合收益中享有的份额		12 000
合计	0	12 000

阜城股份有限公司持有乙公司 30%的股份，能够对乙公司施加重大影响。2020 年度，乙公司因持有的可供出售金融资产公允价值变动计入资本公积的金额为 40 000 元。假定阜城股份有限公司与乙公司适用的会计政策、会计期间相同，且在投资时，乙公司有关资产、负债的公允价值与其账面价值相同，双方在当期以及以前期间未发生任何内部交易，并且

假定不考虑交易费用、相关税费及其他相关因素。

根据上述资料编制的阜城股份有限公司2020年度利润表如表6-4所示。

表6-4 利润表

会企02表

编制单位：阜城股份有限公司　　　2020年度　　　　　　　　　单位：元

项　目	本期金额	上期金额（略）
一、营业收入	1 250 000	
减：营业成本	750 000	
税金及附加	2 000	
销售费用	20 000	
管理费用	157 100	
研发费用	0	
财务费用	41 500	
其中：利息费用	41 500	
利息收入	0	
资产减值损失（损失以"－"填列）	30 900	
信用减值损失（损失以"－"填列）	0	
加：其他收益	0	
投资收益（损失以"－"号填列）	31 500	
其中：对联营企业和合营企业的投资收益	0	
净敞口套期收益（损失以"－"号填列）	0	
公允价值变动收益（损失以"－"号填列）	0	
资产处置收益（损失以"－"填列）	0	
二、营业利润（亏损以"－"号填列）	280 000	
加：营业外收入	50 000	
减：营业外支出	19 700	
三、利润总额（亏损总额以"－"号填列）	310 300	
减：所得税费用	85 300	
四、净利润（净亏损以"－"号填列）	225 000	
（一）持续经营净利润（净亏损以"－"号填列）	225 000	
（二）终止经营净利润（净亏损以"－"号填列）	0	
五、其他综合收益的税后净额	9 000	
（一）不能重分类进损益的其他综合收益	0	
1. 重新计量设定受益计划变动额	0	
2. 权益法下不能转损益的其他综合收益	0	
3. 其他权益工具投资公允价值变动	0	
……	0	
（二）将重分类进损益的其他综合收益	9 000	
1. 权益法下可转损益的其他综合收益	9 000	

续表

项　　目	本期金额	上期金额（略）
2. 其他债权投资公允价值变动	0	
3. 金融资产重分类计入其他综合收益的金额	0	
4. 其他债权投资信用减值准备	0	
5. 现金流量套期储备	0	
6. 外币财务报表折算差额	0	
…	0	
六、综合收益总额	237 000	
七、每股收益：		
（一）基本每股收益	（略）	
（二）稀释每股收益	（略）	

本章小结

利润表是反映企业一定会计期间（如月份、季度、半年或年度）经营成果的会计报表。它基于收入、费用、利润三个会计要素的相互关系设计，并将一定期间的收入与同期的费用进行配比，进而确定企业当期的利润。利润表中所讲的收入和费用均指广义的收入和费用。对于本期利润的计算在表中通过多个步骤来完成，即采用多步式利润表。具体来说，利润表中将分步求得企业的营业利润、利润总额和净利润。根据 2014 年修订的《企业会计准则第 30 号——财务报表列报》，利润表中还增加了其他综合收益和综合收益两项内容。最后，对于股份公司，利润表中还将列报每股收益信息，包括基本每股收益和稀释每股收益。

关键词汇

利润表（income statement）　　　　营业收入（operating revenue）
营业成本（operating cost）　　　　　营业利润（operating profit）
利润总额（total profit）　　　　　　净利润（net profit）
其他综合收益（other comprehensive income）　综合收益（comprehensive income）
每股收益（earnings per share，EPS）

思考题

YouTube 于 2005 年创立，2006 年 11 月被 Google 以 16.5 亿美元收购，并成为谷歌公司的一个子公司。由于成立时间很短，YouTube 尚没有明确的盈利模式。按照权责发生制，YouTube 只有费用。

请尝试思考 Google 如何对 YouTube 进行估价。

我国资本市场也存在大量这样的并购事件。请查找一两个上市公司收购处于创业期的企业的案例。根据所公开披露的信息，思考初创企业的会计基础与企业价值的评估。

一、自测题

二、名词解释

1. 利润表　　　　　　　　　　2. 营业收入
3. 营业成本　　　　　　　　　　4. 其他综合收益
5. 综合收益　　　　　　　　　　6. 每股收益

三、简述题

1. 简述多步式利润表的计算步骤。
2. 简述利润表的作用。
3. 简述基本每股收益的计算方法。

四、业务及计算题

习题一

（一）目的：练习利润及利润分配的计算。

（二）资料：大明公司在 2020 年度决算前，各损益类账户余额如下：

科目	方向	金额
主营业务收入	贷方余额	90 000
其他业务收入	贷方余额	9 400
税金及附加	借方余额	4 500
主营业务成本	借方余额	50 000
其他业务成本	借方余额	7 400
投资收益	贷方余额	1 500
销售费用	借方余额	2 000
管理费用	借方余额	8 500
财务费用	借方余额	2 000
营业外收入	贷方余额	3 500
营业外支出	借方余额	1 800
所得税费用	借方余额	7 000

（假设该公司利润核算采用"表结法"，即1—11月每月月末只结出损益类账户的月末余额，但不结转到"本年利润"账户，只有在年末结转时才使用"本年利润"账户。）

（三）要求：

（1）计算营业利润和利润总额。

（2）该公司适用所得税税率为 25%，该公司在五年内没有发生过亏损，税前扣除项目总额为 5 000 元，假定该公司本年 1—11 月预交所得税税款为 7 000 元，请计算该公司本年还应交纳的所得税额及年度净利润。

（3）该公司按 10% 提取法定盈余公积，按 5% 提取任意盈余公积，按本年税后利润的 50% 分配给投资者。请计算该公司应提取的法定盈余公积、任意盈余公积和应分配给投资者的利润。

习题二

（一）目的：练习利润表的编制。

（二）资料：见习题一资料和要求。

（三）要求：根据习题一资料和要求编制利润表（假设没有需要列示的其他综合收益）。

习题三

（一）目的：练习收入、费用、利润及利润分配的确认计量。

（二）资料：某企业 2020 年 12 月发生如下经济业务：

1. 销售给甲企业 A 产品 165 件，每件售价 8 000 元，增值税税率为 13%，12 月底收到货款。

2. 销售 B 产品 80 件给乙企业，每件售价 600 元，增值税税率为 13%，12 月底尚未收到货款。

3. 结转本月销售产品的成本，A、B 产品的单位成本分别为 5 000 元和 300 元。

4. 本月固定资产盘亏 30 000 元，年末查明原因，属于非常损失。

5. 本月发生管理费用 20 000 元，销售费用 15 000 元，财务费用 50 000 元，均用银行存款支付。

6. 计算营业利润、利润总额、所得税、净利润。

7. 若本年度 1—11 月共实现利润 3 000 000 元，应交所得税 750 000 元，再根据上述资料的计算结果，进行本年利润的分配，提取盈余公积 10%，公益金 5%，分配现金股利 60%。

（三）要求：根据上述资料编制会计分录。

思政案例讨论

万福生科公司利润表造假

《孙子·谋攻篇》中说："知己知彼，百战不殆。"利润表是投资者了解企业利润或亏损的形成情况、分析盈亏增减变化的原因、评价企业经济效益水平、预测未来盈亏趋势，作出决策判断的信息来源，使其处于不败之地的重要依据。而利润表有助于投资决策的前提假设是会计信息的客观真实，能够如实反映企业一定时期的经营成果。如果企业缺失会计诚信，进行财务造假，会使投资者无法真实准确地衡量财务信息的真实性，在粉饰利润的诱导下作出错误决定，会严重损害了投资者的合法权益，对投资者造成严重危害，也会威胁资本市场的有序运转。2012年顶着"稻米精深加工第一股"光环的万福生科（湖南）农业开发股份公司（以下简称"万福生科"）承认财务造假，成为创业板造假第一股，当年掀起了轩然大波。案例的具体情况如下。

万福生科于2011年9月27日在深圳证券交易所创业板上市，上市不到一年时间，该公司便于2012年9月14日因涉嫌财务造假等违法违规行为被中国证监会立案稽查。2012年10月25日，万福生科发布2012年中报更正公告，称公司在2012年半年报中存在虚假记载和重大遗漏：公司在2012年半年报中虚增营业收入1.88亿元、虚增营业成本1.46亿元、虚增净利润4023.16万元，且未披露公司上半年停产事项。上述数据金额较大，导致财务报表数据更正后公司财务状况和经营成果发生重大变化，公司2012年半年度报告由盈转亏。随着证监会监管调查的逐步深入，万福生科于2013年3月2日发布重大事项公告，称公司自查发现2008年至2011年定期报告财务数据存在虚假记载：2008年至2011年累计虚增收入7.40亿元左右，虚增营业利润1.80亿元左右，虚增净利润1.60亿元左右。2008年至2012年半年度报告被发现造假，万福生科净利润调整前为2.08亿元，调整后仅为800万元左右，利润造假多达26倍，市场一片哗然。2013年5月22日，中国证监会下发了《行政处罚和市场禁入事先告知书》，对万福生科及相关当事人作出相应行政处罚，责令万福生科改正违法行为，给予警告；并处以30万元的罚款。

万福生科会计诚信缺失的财务造假行为是企业在利益驱动下的一种短期行为。通过虚构客户、虚增利润、虚构在建工程、不计提存货跌价准备等手段，粉饰利润，造成会计报表数据严重失真，误导报表使用者，影响其对公司业绩的判断。而事件败露后股价动荡，给投资者造成不可估量的经济损失，影响社会稳定。在市场竞争日益激烈环境下，政府、企事业单位和社会公众对公平、真实、准确的会计信息有着更为强烈要求，企业应该秉持诚实守信的原则，自觉遵守法律，承担社会责任，维护社会利益。

收入、利润造假历来都是中外上市公司财务造假的重灾区。请同学们深入查阅相关资料，总结可能的收入、利润造假手段以及相应的防范措施。

第 7 章

现金流量表——资金流动

本章将介绍企业财务报表的四张主表之一——现金流量表，现金流量表反映了企业一定会计期间现金及现金等价物的流入和流出信息，可以帮助报表使用者在资产负债表和利润表的基础上更加全面了解企业的运行状况。

通过本章内容的学习，同学们应：
1. 掌握现金流量表的概念和结构，掌握现金流量的含义和分类；
2. 理解现金及现金等价物的含义；
3. 了解现金流量表的编制方法以及现金流量表项目之间的勾稽关系。

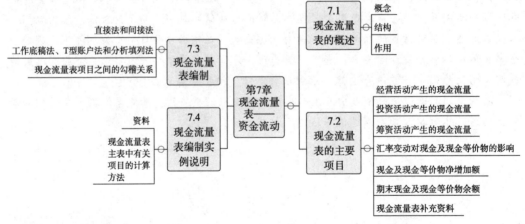

现金流就像是流动在企业中的"鲜血"，在很大程度上决定着企业的生产和发展。对于企业而言，若现金充裕，即使暂时没有盈利，企业也可以购入必要的存货和固定资产、支付工资、偿还债务，维持企业的正常运营，例如京东和美国亚马逊，都是在经历了较长时间的亏损后才开始盈利，这得益于其健康的现金流。反之，企业在一定期间内获得的利润并不代表企业真正具有偿债或支付能力，若企业现金流出现问题，轻则影响企业正常的生产经营，重则危及企业的生存。因此，对现金的管理已经成为企业财务管理的一个重要方面，受到企业管理者、投资者、债权人以及政府监管部门等各方的关注。

那么，同学们你们觉得企业为什么要编制现金流量表呢？

7.1 现金流量表的概述

7.1.1 现金流量表的概念

现金流量表是反映企业一定会计期间现金及现金等价物的流入和流出信息的会计报表。它是一张动态报表，是企业财务报表的四张主表之一。

 相关案例

现金和现金等价物的概念

根据《企业会计准则 31 号——现金流量表》，现金流量表中所指的现金包括现金及现金等价物，这与会计核算中的现金概念是不同的。具体内容如下。

1. 现金

现金指企业的库存现金及可以随时用于支付的存款，其构成如下：①库存现金，即"库存现金"账户核算的库存现金，它是企业持有的、可以随时用于支付的现金。②银行存款，即"银行存款"账户核算的存入金融企业、随时可以用于支付的存款，如结算户存款和通知存款等。对于提前通知金融企业便可支取的定期存款，应包括在现金范围内。但是，其中有些不能随时用于支付的存款，如已冻结不能随时支取的定期存款等，不应作为现金，而应列作投资。③其他货币资金，即"其他货币资金"账户核算的外埠存款、银行汇票存款、银行本票存款和在途货币资金等其他货币资金。

2. 现金等价物

现金等价物是指企业持有的期限短、流动性强、易于转换为已知金额现金、价值变动风险很小的投资。期限短，一般是指从购买日起 3 个月内到期。例如，企业购买了期限仅为 3 个月或在 3 个月内即将到期的国库券或其他短期债券，这类国库券和短期债券因离到期日很近，随时可转换成确定数额的现金，所以其利率变动时对其价值的影响较小而可忽略不计，这类投资即可视同现金等价物；而权益性投资（如股票投资）变现的金额通常不确定，因而不属于现金等价物。现金等价物虽然不是现金，但其支付能力与现金的差别不大，可视为现金。

企业应当根据具体情况确定现金等价物范围，并且一贯保持其划分标准，一经确定不得随意变更，如改变划分标准应视为会计政策变更。确定现金等价物的原则及其变更应当在会计报表附注中披露。

现金流量表中的现金流量是企业一定时期内现金及现金等价物（以下将二者均简称为

"现金")流入和流出的数量。企业发生的各项经济业务都可能会引起现金的流入和流出，如企业销售商品收到货款会引起现金流入，而用银行存款购买材料会引起现金流出。需要指出的是，企业现金不同形式的转换不会产生现金流入和流出。例如，企业从银行提取现金，是企业现金存放形式的转换，现金并未真正流出企业，并不构成现金流量，再比如企业用银行存款购买将于3个月内到期的国库券，属于现金与现金等价物之间的转换，也不构成现金流量。

现金流量可以分为现金流量总额和现金流量净额。现金流量总额是指现金流入或现金流出的总金额。按照《企业会计准则31号——现金流量表》的规定，现金流量表一般应当按现金流入和现金流出总额反映。如对经营活动产生的现金流量分别列示销售商品、提供劳务收到的现金，购买商品、接受劳务支付的现金等。而不是按收入减去费用后的差额列示。以现金流量总额列示可以全面揭示企业现金流量的方向、规模和结构。

现金流量净额是指现金流入与现金流出的差额。现金流量净额可能是正数，也可能是负数。如果是正数，则为现金净流入；如果是负数，则为现金净流出。现金流量净额反映了企业各类活动（经营活动、投资活动、筹资活动等）形成的现金流量的最终结果，即企业在一定时期内，现金流入大于现金流出，还是现金流出大于现金流入。现金流量净额是现金流量表要反映的一个重要指标。

7.1.2 现金流量表的结构

根据企业经济业务活动的性质和现金流量的来源，现金流量表在其结构上将企业一定期间产生的现金流量分为三类：经营活动产生的现金流量、投资活动产生的现金流量和筹资活动产生的现金流量。一般企业（非金融企业）现金流量表的格式及其补充资料分别如表7-1和表7-2所示。

表7-1 现金流量表　　　　　　　　　　　　会企03表

编制单位：　　　　　　　　　年　月　　　　　　　　　　单位：元

项　　目	本期金额	上期金额
一、经营活动产生的现金流量：		
销售商品、提供劳务收到的现金		
收到的税费返还		
收到的其他与经营活动有关的现金		
经营活动现金流入小计		
购买商品、接受劳务支付的现金		
支付给职工以及为职工支付的现金		
支付的各项税费		
支付的其他与经营活动有关的现金		
经营活动现金流出小计		
经营活动产生的现金流量净额		
二、投资活动产生的现金流量：		

续表

项　目	本期金额	上期金额
收回投资收到的现金		
取得投资收益收到的现金		
处置固定资产、无形资产和其他长期资产所收回的现金净额		
处置子公司及其他营业单位收到的现金净额		
收到的其他与投资活动有关的现金		
投资活动现金流入小计		
购建固定资产、无形资产和其他长期资产支付的现金		
投资支付的现金		
支付的其他与投资活动有关的现金		
取得子公司及其他营业单位支付的现金净额		
投资活动现金流出小计		
投资活动产生的现金流量净额		
三、筹资活动产生的现金流量：		
吸收投资所收到的现金		
取得借款收到的现金		
收到的其他与筹资活动有关的现金		
筹资活动现金流入小计		
偿还债务支付的现金		
分配股利、利润或偿还利息支付的现金		
支付的其他与筹资活动有关的现金		
筹资活动现金流出小计		
筹资活动产生的现金流量净额		
四、汇率变动对现金及现金等价物的影响		
五、现金及现金等价物净增加额		
加：期初现金及现金等价物余额		
六、期末现金及现金等价物余额		

表 7-2　现金流量表补充资料

补充资料	本期金额	上期金额
1. 将净利润调节为经营活动现金流量		
净利润		
加：计提的资产减值准备		
固定资产折旧、油气资产折耗、生物性资产折旧		
无形资产摊销		
长期待摊费用摊销（增加以"－"号填列）		
处置固定资产、无形资产和其他长期资产的损失（收益以"－"号填列）		
固定资产报废损失（收益以"－"号填列）		
公允价值变动损失（收益以"－"号填列）		

续表

补充资料	本期金额	上期金额
财务费用（收益以"-"号填列）		
投资损失（收益以"-"号填列）		
递延所得税资产减少（增加以"-"号填列）		
递延所得税负债增加（减少以"-"号填列）		
存货的减少（增加以"-"号填列）		
经营性应收项目的减少（增加以"-"号填列）		
经营性应付项目的增加（减少以"-"号填列）		
其他		
经营活动产生的现金流量净额		
2. 不涉及现金收支的重大投资和筹资活动：		
债务转为资本		
一年内到期的可转换公司债券		
融资租入固定资产		
3. 现金及现金等价物净变动情况		
现金的期末余额		
减：现金的期初余额		
加：现金等价物的期末余额		
减：现金等价物的期初余额		
现金及现金等价物净增加额		

现金流量表（表 7-1）包括六大项内容：一是经营活动产生的现金流量；二是投资活动产生的现金流量；三是筹资活动产生的现金流量；四是汇率变动对现金及现金等价物的影响；五是现金及现金等价物净增加额；六是期末现金及现金等价物余额。

现金流量表补充资料（表 7-2）包括三项内容：一是将净利润调节为经营活动现金流量；二是不涉及现金收支的重大投资和筹资活动；三是现金及现金等价物净变动情况。

7.1.3 现金流量表的作用

现金流量表是反映企业一定会计期间现金及现金等价物的流入和流出信息的会计报表，是企业财务报表的四张主表之一。资产负债表反映企业的财务状况，但不能说明变动的原因；利润表反映企业一定期间的经营成果，但不反映经营活动产生的现金流。现金流量表作为连接资产负债表和利润表的纽带，可以利用现金流量表内的信息与资产负债表和利润表相结合，能够挖掘出更多、更重要的关于企业财务和经营状况的信息，从而对企业的生产经营活动作出更全面、客观和正确的评价，是对资产负债表和利润表的有益补充。现金流量表的作用，具体有以下几个方面。

1. 现金流量表能够说明企业一定期间内各类现金流入和流出的具体原因

例如企业当期收到销售商品的货款 1 000 万元，支付购买商品的货款 1 000 万元，在现金流量表的经营活动产生的现金流量中就会分别反映出现金流入 1 000 万元和现金流出 1 000 万元。财务报表使用者可以从现金流量表中清楚地了解企业现金流入和流出的具体渠道，而这些信息是无法从资产负债表和利润表所中获取的。

2. 现金流量表有助于分析企业的利润质量

利润表反映了企业一定时期内实现的经营成果，其中净利润是体现企业经营成果最为核心的一个指标，但是企业获取利润的质量如何，我们仅从利润指标中是无法了解的。这是因为利润表是按照权责发生制原则编制的，利润的多少与经营活动产生的现金流量之间存在一定的差异，若经营活动产生的现金净流量较大时，说明企业的利润质量较高，也就是说企业的销售一般收回了现金，并无大量的应收账款形成，相反，若企业利润很高，但是经营活动产生的现金净流量却较小，则表明企业尽管实现了销售收入，但是并未形成企业的现金，因而企业创造现金流量的能力较差，企业的利润质量不高。因此，现金流量表可以为报表使用者分析和判断企业的财务前景提供有用的决策依据。

3. 现金流量表有助于预测企业未来的现金流量

现金流量表反映了企业过去一定期间经营活动、投资活动和筹资活动产生的现金流量以及其他生产经营指标，通过现金流量表，报表使用者可以了解企业现金的来源和用途是否合理，了解经营活动产生的现金流量有多少，以及企业在多大程度上依赖外部资金等信息，并据以预测企业未来现金流量。例如，企业通过银行借款筹得资金，从本期现金流量表中反映为筹资活动现金流入，但却意味着企业未来偿还借款时需要流出现金；又比如，本期应收未收的款项，在本期现金流量表中虽然没有反映为现金的流入，但意味着未来将会有现金流入。通过对现金流量表信息的分析，为企业编制现金流量计划、组织现金调度、合理节约地使用现金创造条件，为投资者和债权人评价企业的未来现金流量、作出投资和信贷决策提供必要信息。

4. 现金流量表能够说明企业的偿债能力

通常，报表使用者比较关注企业的获利情况，并以获利多少作为企业业绩的衡量标准。然而，企业在一定期间内获得的利润并不代表企业真正具有偿债能力。在某些情况下，虽然企业利润表上反映的经营成果很可观，但实际上却财务困难，不能偿还到期债务。现金流量表以现金的收支为基础，消除了由于会计估计等因素对获利能力和支付能力所造成的影响。现金流量表能够反映企业现金流入的构成，如果企业的现金流入主要是通过负债取得的，那么即使企业期末现金余额较大，偿债能力也是有限的；相反，如果企业的经营活动产生的现金净流量较大，企业的偿债能力就会相对强一些。当然，对企业偿债能力的分析并不完全依靠现金流量表的资料，还必须综合考虑企业的其他财务资料。

7.2 现金流量表的主要项目

7.2.1 经营活动产生的现金流量

经营活动产生的现金流量具体包括以下项目。

(1) "销售商品、提供劳务收到的现金"项目：反映企业销售商品、提供劳务实际收到的现金（包括应向购买者收取的增值税销项税额），具体包括本期销售商品、提供劳务收到的现金，以及前期销售商品、提供劳务本期收到的现金和本期预收的账款，减去本期销售本期退回的商品和前期销售本期退回的商品支付的现金。企业销售材料和代购代销业务收到的现金，也在本项目反映。

(2) "收到的税费返还"项目：反映企业收到返还的各项税费，如收到的增值税、消费税、所得税、关税和教育费附加等返还款。

(3) "收到的其他与经营活动有关的现金"项目：反映企业除上述各项目外，收到的与经营活动有关的现金流入，如企业经营租赁收到的租金、罚款收入、流动资产损失中由个人赔偿的现金收入等，金额较大的应当单独列示。企业实际收到的政府补助，无论是与资产相关还是与收益相关，均在"收到其他与经营活动有关的现金"项目填列。

(4) "购买商品、接受劳务支付的现金"项目：反映企业当期购买材料、商品、接受劳务而支付的现金（包括应向供应商支付的增值税进项税额），具体包括当期购买的商品、接受劳务支付的现金，以及本期支付前期购买商品、接受劳务的未付款项和本期预付款项，减去本期发生的购货退回收到的现金。

(5) "支付给职工以及为职工支付的现金"项目：反映本期企业实际支付给职工的工资、奖金、各种津贴和补贴、社会保险基金等职工薪酬，但是不包括支付给离退休人员的各项费用和支付给在建工程人员的工资等。企业支付给离退休人员的各项费用，包括支付的统筹退休金以及未参加统筹的退休人员的费用，在"支付的其他与经营活动有关的现金"项目中反映；在建工程人员的工资及奖金等应在"购建固定资产、无形资产和其他长期支付的现金"项目中反映。需要注意的是，企业为职工支付的养老、失业等社会保险基金、补充养老保险、住房公积金、支付给职工的住房困难补助，以及企业支付给职工或为职工支付的其他福利费用等，应按职工的工作性质和服务对象，分别在本项目和在"购建固定资产、无形资产和其他长期资产所支付的现金"项目反映。

(6) "支付的各项税费"项目：反映企业按规定支付的各项税费，具体包括本期发生并支付的税费，以及本期支付以前各期发生的税费和预交的税金，如支付的增值税、消费税、所得税、教育费附加、印花税、房产税、土地增值税、车船税等。本期退回的增值税、所得税等，在"收到的税费返还"项目反映。

(7) "支付的其他与经营活动有关的现金"项目：反映企业除上述各项目外，支付的其他与经营活动有关的现金，如罚款支出、支付的差旅费、业务招待费、保险费、经营租赁支付的现金等，金额较大的应单列项目反映。

7.2.2 投资活动产生的现金流量

投资活动产生的现金流量具体包括以下项目。

（1）"收回投资收到的现金"项目：反映企业出售、转让或到期收回除现金等价物以外的交易性金融资产、长期股权投资等而收到的现金，以及收回债权投资本金而收到的现金，但不包括债权性投资收回的利息，以及收回的非现金资产。

（2）"取得投资收益收到的现金"项目：反映企业因股权性投资而取得的现金股利或分回利润所收到的现金，以及因债权性投资而取得的现金利息收入，但股票股利由于不产生现金流量，不在该项目中反映。

（3）"处置固定资产、无形资产和其他长期资产收回的现金净额"项目：反映企业出售固定资产、无形资产和其他长期资产（如投资性房地产）所取得的现金，减去为出售这些资产而支付的有关费用后的净额。由于自然灾害所造成的固定资产等长期资产报废、毁损而收到的保险赔偿收入，也在该项目反映。

（4）"处置子公司及其他营业单位收到的现金净额"项目：反映企业处置子公司及其他营业单位所取得的现金减去相关处置费用以及子公司及其他营业单位持有的现金和现金等价物后的净额。

（5）"收到的其他与投资活动有关的现金"项目：反映企业除了上述各项外，收到的其他与投资活动有关的现金，金额较大的应单列项目反映。

（6）"购建固定资产、无形资产和其他长期资产所支付的现金"项目：反映企业为购买、建造固定资产，取得无形资产和其他长期资产（如投资性房地产）所支付的现金，具体包括购买机器设备所支付的现金、建造工程支付的现金、支付的应由在建工程和无形资产负担的职工薪酬等现金支出，不包括为购建固定资产、无形资产等而发生的借款利息资本化的部分，以及融资租入固定资产支付的租赁费。借款利息资本化部分和融资租入固定资产所支付的租赁费，在筹资活动产生的现金流量中单独反映。

（7）"投资支付的现金"项目：反映企业进行权益性投资和债权性投资所支付的现金，包括企业取得的除现金等价物以外的交易性金融资产、持有至到期的投资、可供出售金融资产而支付的现金，以及支付的佣金、手续费等附加费用。

企业在购买股票和债券时，实际支付的价款中包含的已宣告而尚未领取的现金股利或已到付息期但尚未领取的债券利息，应在投资活动的"支付的其他与投资活动有关的现金"项目中反映；收回购买股票和债券时，所支付的已宣告而尚未领取的现金股利或已到付息期但尚未领取的债券的利息，在"收到的其他与投资活动有关的现金"项目中反映。

（8）"取得子公司及其他营业单位支付的现金净额"项目：反映企业购买子公司及其他营业单位以现金支付的部分，减去子公司及其他营业单位持有的现金和现金等价物后的净额。

（9）"支付的其他与投资活动有关的现金"项目：反映企业除了上述各项目以外，支付的其他与投资活动有关的现金流出，如金额较大，应单列项目反映。

7.2.3 筹资活动产生的现金流量

筹资活动产生的现金流量具体包括以下项目。

（1）"吸收投资收到的现金"项目：反映企业收到的投资者投入的现金，包括以发行股票、债券方式筹集资金实际收到款项减去支付的佣金、手续费等发行费用后的净额。以发行股票、债券方式筹集资金而由企业直接支付的审计、咨询等费用，在"支付的其他与筹资活动有关的现金"项目中反映。

（2）"取得借款收到的现金"项目：反映企业举借各种短期、长期借款所收到的现金。

（3）"收到的其他与筹资活动有关的现金"项目：反映企业除上述各项目外，收到的其他与筹资活动有关的现金，如金额较大，应单列项目反映。

（4）"偿还债务支付的现金"项目：反映企业以现金偿还债务的本金，包括偿还金融企业的借款本金、偿还企业到期的债券本金等。企业偿还的借款利息、债券利息，在"分配的股利、利润或偿付利息所支付的现金"项目中反映。

（5）"分配股利、利润或偿付利息支付的现金"项目：反映企业当期实际支付的现金股利、支付给其他投资单位的利润以及用现金支付的借款利息、债券利息等。

（6）"支付的其他与筹资活动有关的现金"项目：反映企业除了上述各项外，支付的其他与筹资活动有关的现金，如金额较大，应单列项目反映。

7.2.4　汇率变动对现金及现金等价物的影响

企业外币现金流量及境外子公司的现金流量折算为记账本位币时，所采用的是现金流量发生日的即期汇率或即期汇率的近似汇率，而现金流量表"现金及现金等价物净增加额"项目中外币现金流量增加额是按资产负债表日的即期汇率折算的。这两者的差额即为汇率变动对现金及现金等价物的影响。

7.2.5　现金及现金等价物净增加额

该项目反映企业本期现金的净增加或净减少，是上述三类现金流量净额与汇率变动对现金及现金等价物的影响额的合计数。

7.2.6　期末现金及现金等价物余额

该项目反映本期期末现金及现金等价物的期末余额数，根据本期现金及现金等价物净增加额加上期初余额计算得出。

7.2.7　现金流量表补充资料

现金流量表补充资料包含以下三部分内容：一是将净利润调节为经营活动现金流量、不涉及现金收支的重大投资和筹资活动、现金及现金等价物净变动情况。

1. 将净利润调节为经营活动现金流量

我国会计准则规定，现金流量表补充资料应当采用间接法反映经营活动产生的现金流量净额，因此在现金流量报表补充资料中首先需要采用间接法将净利润调整为经营活动现金流量，这是因为净利润指标反映了企业的最终经营成果，但是它是在权责发生制的基础上形成的，因此其中一些收入、费用项目并没有伴随相应的现金流入和流出而发生，如赊销形成的收入尽管增加了净利润，但是并没有形成现金流入，再比如计提固定资产折旧尽管减少净利润，但是并没有形成现金流出。此外，净利润包含了投资活动和筹资活动的收益与损失，因而报表使用者无法准确了解净利润与经营活动现金流量之间的关系。为了解决这一问题，可以在现金流量表补充资料中，以净利润为基础，通过相关项目的分析调整得出经营活动的现金流量。具体调整项目及原因如下：

（1）"计提的资产减值准备"项目：反映企业本期计提的各项资产的减值准备。可以根据资产减值损失等账户的记录分析填列。因为企业计提资产减值准备会使费用增加，净利润减少，但并没有形成现金流出。所以，在将净利润调节为经营活动现金流量时，需要加回。下述的（2）、（3）、（4）项目是同样的调节原理。

（2）"固定资产折旧、油气资产折耗、生物资产折旧"项目：分别反映企业本期计提的固定资产折旧、油气资产折耗、生物资产折旧。

（3）"无形资产摊销"项目：反映企业本期累计摊入成本费用的无形资产的价值。

（4）"长期待摊费用摊销"项目：反映企业本期累计摊入成本费用的长期待摊费用。

（5）"处置固定资产、无形资产和其他长期资产的损失"项目：反映企业本期由于处置固定资产、无形资产和其他长期资产而发生的净损失。此项目属于处置长期资产发生的损失，发生后会减少净利润，但它不属于经营活动引起的现金流量减少，应当扣除；若为收益以"－"号填列。下述第（6）项目也属于这种情况。

（6）"固定资产报废损失"项目：反映企业本期固定资产盘亏后的净损失。可以根据"营业外支出"和"营业外收入"等账户所属有关明细账户中固定资产盘亏损失减去固定资产盘盈收益后的差额填列。

（7）"公允价值变动损失"项目：反映企业持有的采用公允价值计量且其变动计入当期损益的金融资产、金融负债等的公允价值变动损失；如为净收益，以"－"号填列。这项损失的发生会减少净利润，但不会发生现金流出，调整时要加回。

（8）"财务费用"项目：反映企业本期发生的应属于投资活动或筹资活动的财务费用，不包括属于经营活动的部分。例如，应收票据贴现的贴现息就不应该包括在内。该项目可以根据"财务费用"账户的本期借方发生额分析填列；如为收益以"－"号填列。由于此项不属于经营活动的部分，应当在将净利润调节为经营活动现金流量时将其加回。

（9）"投资损失"项目：反映企业本期投资所发生的损失减去收益后的净损失，属于投资活动产生的损失，所以需要给予加回；若为收益以"－"号填列。

（10）"递延所得税资产减少"项目：递延所得税资产减少使计入所得税费用的金额大于当期应交的所得税金额，其差额没有发生现金流出，但在计算净利润时已经扣除，因此需要加回；若为增加以"－"号填列。

（11）"递延所得税负债增加"项目：递延所得税负债增加使计入所得税费用的金额大于当期应交的所得税金额，其差额没有发生现金流出，但在计算净利润时已经扣除，因此需要加回；若为减少以"－"号填列。

（12）"存货的减少"项目：反映企业本期存货的减少。期末存货比期初存货减少，说明本期生产经营过程耗用的存货有一部分是期初的存货,耗用这部分存货并没有发生现金流出,但在计算净利润时已经扣除,所以,应当加回;若为增加以"-"号填列。

(13)"经营性应收项目的减少"项目:反映企业本期经营性应收项目(包括应收票据、应收账款、预付款项和其他应收款中与经营活动有关的部分及应收的增值税销项税额等)的减少。应收项目的减少,说明本期收回的现金大于利润表中所确认的销售收入,所以,在将净利润调节为经营活动现金流量时应该加上;若为增加以"-"号填列。

(14)"经营性应付项目的增加"项目:反映企业本期经营性应付项目(包括应付票据、应付账款、预收款项、应付职工薪酬、应交税费、应付利息、应付股利、长期应付款、其他应付款中与经营活动有关的部分及应付的增值税进项税额等)的增加。本期应付项目的增加,说明本期购入的存货有一部分没有支付现金,但在利润表中已将其销售成本全数列入,所以将净利润调节为经营性现金流量时应加回;若为减少以"-"号填列。

2. 不涉及现金收支的重大投资和筹资活动

不涉及现金收支的重大投资和筹资活动,反映企业一定期间内影响资产或负债,但不形成该期现金流入和流出的所有投资和筹资活动的信息。这些投资和筹资活动虽然不涉当期现金收支,但对以后各期的现金流量有重大影响。例如,企业融资租入固定资产,形成的负债计入"长期应付款"科目,虽然不会导致当期的现金流出,但是这预示着企业未来各期都有一笔现金流出。

不涉及现金收支的重大投资和筹资活动,具体包括:

(1)"债务转为资本"项目:反映企业本期转为资本的债务金额。

(2)"一年内到期的可转换公司债券"项目:反映一年内到期的可转换公司债券的本息。

(3)"融资租入固定资产"项目:反映企业本期融资租入固定资产。

3. 现金及现金等价物净变动情况

此部分主要根据有关现金账户的期初余额与期末余额计算填列。

  相关链接

IASB/FASB 概念框架联合项目:财务报表列报的改革

IASB 对财务报表列报的改革十多年前就开始了。目前的改革主要包括以下两个阶段。

第一阶段:其他综合收益列报。从名称上,将原来的资产负债表改为财务状况表,将利润表改为综合收益表。2011年6月16日,IASB 正式发布了修订后的《国际会计准则第1号——财务报表列报》,修订了关于其他综合收益的列报。

第二阶段:财务报表列报格式的结构性调整——将三张表的结构打通。即将财务状况表(资产负债表)、综合收益表(利润表)及现金流量表各项目,统一按照业务活动和筹资活动进行分类列报,业务活动再细分为经营活动和投资活动。同时,将持续性活动与终止经营分开列报。

> 财务报表列报的改革是革命性的，对财务报表系统的改造以及信息的利用、分析的影响至关重要。这一改革理论上很完美，但操作的难度很大，该项目第一阶段的改革已经完成。由于受到包括我国在内的许多国家和地区的反对，目前第二阶段的改革进展缓慢。
>
> 资料来源：改编自陆建桥. 国际财务报告准则重要变革进行时[N]. 中国会计报，2010-04-16（005）.

7.3 现金流量表编制

7.3.1 直接法和间接法

在现金流量表中，对经营活动产生的现金流量可以采用直接法和间接法两种格式进行列报。我国企业会计准则要求企业在现金流量表正表中采用直接法列示经营活动产生的现金流量，同时还应在现金流量表补充资料中采用间接法列示经营活动产生的现金流量，这样可以对采用直接法反映的经营活动现金流量进行核对和补充说明，从而提供更为可靠的会计信息。

1. 直接法

直接法是指通过现金收入和支出的主要类别直接反映企业经营活动产生的现金流量。在直接法下，一般是以利润表中的营业收入为起算点，调节与经营活动有关的项目的增减变动，然后计算出经营活动产生的现金流量。表 7-1 主表部分就是采用直接法列报的经营活动现金流量。采用直接法编制的现金流量表，便于分析企业经营活动现金流量的来源和用途，预测企业未来现金流量的前景。

2. 间接法

间接法是指以本期净利润为起点，通过调整不涉及现金的收入、费用项目以及其他有关项目，剔除投资活动、筹资活动对现金流量的影响，从而计算并列报经营活动产生的现金流量。表 7-2 的现金流量表补充资料部分就是采用间接法列报经营活动产生的现金流量。采用间接法编制的现金流量表，便于对净利润与经营活动现金净流量进行比较，了解净利润与经营活动现金流量差异的原因，从现金流量的角度分析净利润的质量。

7.3.2 工作底稿法、T 型账户法和分析填列法

现金流量表的编制不同于资产负债表和利润表，企业的账户体系一般是按照资产负债表和利润表项目设立，填表时可根据账户的期末余额或发生额直接填列，或经过分析后计算填列，相对来说比较简单。但现金流量表项目一般无法从账户中直接得到相关数据，必须借助一定的方法进行计算后填列。这也是编制现金流量表的难点所在。在具体编制现金流量表时，企业可以根据业务量的大小以及复杂程度，选择工作底稿法、T 型账户法分析填列法。

1. 工作底稿法

采用工作底稿法，则是以工作底稿为手段，根据资产负债表和利润表的数据，对每一

项目进行分析并编制调整分录,从而编制现金流量表。工作底稿法编制现金流量表的基本程序如下。

第一步,将资产负债表的期初数和期末数过入工作底稿的期初数栏和期末数栏。

第二步,对损益表项目和资产负债表项目本期发生额进行分析并编制调整分录。在对当期业务进行分析并编制调整分录时,要以利润表项目为基础,从"营业收入"开始,并结合资产负债表项目逐一进行分析。

第三步,将调整分录过入工作底稿中的相应部分。

第四步,对工作底稿法进行试算平衡,并编制正式现金流量表。

2. T型账户法

采用T型账户法,则是以T型账户为手段,根据资产负债表和利润表的数据,对每一项目进行分析并编制调整分录,从而编制现金流量表。

T型账户法编制现金流量表的基本程序如下。

第一步,为所有的非现金项目包括资产负债表项目和利润表项目,分别开设T型账户,并将各自的期末期初变动数过入对应账户中。如果项目的期末数大于期初数,则将差额过入和项目余额相同的方向,反之则过入相反的方向。

第二步,开设一个大的"现金及现金等价物"T型账户,每边均分为经营活动、投资活动和筹资活动三个部分,左边记现金流入,右边记现金流出。与其他账户一样过入期末期初变动数。

第三步,以利润表项目为基础,结合资产负债表分析每一个非现金项目的增减变动情况,并据此编制调整分录。

第四步,将调整分录过入各T型账户并进行核对,该账户借贷相抵后的余额与原先过入的期末期初变动数应当一致。

第五步,根据大的"现金及现金等价物"T型账户,编制正式的现金流量表。

3. 分析填列法

分析填列法,则是根据企业的资产负债表、利润表以及相关会计科目明细账的记录,分析计算出现金流量表中各项目的金额,并据以编制现金流量表。

7.3.3 现金流量表项目之间的勾稽关系

现金流量表内部项目之间存在一定的勾稽关系,主要体现在两个方面。

第一,现金流量表中经营活动产生的现金流量中最后列报的"经营活动产生的现金流量净额",与现金流量表补充资料中的第一项"将净利润调节为经营活动的现金流量"中最后的结果"经营活动产生的现金流量净额",应当核对相符。这两者列报的内容其实是一致的,只是前者采用的是直接法,而后者采用了间接法。

第二,现金流量表中"现金及现金等价物净增加额",与现金流量表补充资料第三项"现金及现金等价物净变动情况"中最后的结果"现金及现金等价物净增加额",应当核对相符。前者的数字是流入与流出的差额,是对现金净流量进行动态计算的结果;后者的数字是期末数与期初数的差额,是对现金净流量进行静态计算的结果。两者的计算方法虽然不同，但结果应当一致。

7.4 现金流量表编制实例说明

7.4.1 资料

编制阜城公司 2020 年度的现金流量表所需的主要资料如下。

1. 2020 年度资产负债表有关项目的明细资料如下。
（1）本期现金购入的固定资产为 20 000 元。
（2）本期应收票据和应收账款的期初余额为 30 000 元，应收票据和应收账款的期末余额为 20 000 元，本期计提坏账准备 1 000 元。
（3）本期其他应付款期初余额为 10 000 元，其他应付款的期末余额为 8 000 元。
（4）本期存货期初余额为 80 000 元，存货期末余额为 100 000 元。
（5）本期应付票据和应付账款的期初余额为 50 000 元，应付票据和应付账款的期末余额为 60 000 元。
（6）交易性金融资产：本期购入的交易性金融资产为 8 000 元，公允价值变动增加额为 1 000 元。本期转让交易性金融资产，收回本金 10 000 元。
（7）短期借款：本期借入 20 000 元，偿还 5 000 元。
（8）长期应付款：现金偿还 10 000 元。
（9）应交税费的组成：本期增值税进项税额为 32 000 元，增值税销项税额为 65 000 元，已交增值税为 20 000 元。
（10）本期应付职工薪酬期初余额为 80 000 元，应付职工薪酬期末余额为 70 000 元。

2. 20×9 年度利润表有关项目的明细资料如下。
（1）本期营业收入为 500 000 元。
（2）本期营业成本为 200 000 元。
（3）本期税金及附加为 2 000 元。
（4）管理费用的组成：固定资产折旧为 50 000 元；职工薪酬为 20 000 元；无形资产摊销 15 000 元，支付其他费用 5 000 元。
（5）财务费用的组成：支付借款利息 1 000 元。
（6）本期支付销售费用为 15 000 元。
（7）开发成本：本期发生的现金开发支出为 2 000 元。
（8）投资收益的组成：收到股权性投资分得的现金股利为 5 000 元；与本金一起收回的交易性金融资产投资收益为 2 000 元。
（9）当期所得税费用为 20 000 元。

7.4.2 现金流量表主表中有关项目的计算方法

1. 经营活动产生的现金流量

"销售商品、提供劳务收到的现金" = 本期营业收入 + 应交税费（应交增值税——销项税额）+（应收票据应收账款期初余额 − 应收票据应收账款期末余额）− 本期计提的坏账准备 = 500 000 + 65 000 +（30 000 − 20 000）− 1 000 = 574 000（元）。

"收到的税费返还" = 0 元。

"收到的其他与经营活动有关的现金" = 其他应付款期初余额 − 其他应付款期末余额 = 10 000 − 8 000 = 2 000（元）。

"购买商品、接受劳务支付的现金" = 本期营业成本 + 应交税费（应交增值税——进项税额）−（存货期初余额 − 存货期末余额）+（应付票据和应付账款期初余额 − 应付票据和应付账款期初余额）= 200 000 + 32 000 +（80 000 − 100 000）+（50 000 − 60 000）= 202 000（元）。

"支付给职工以及为职工支付的现金" = 本期实际支付的职工薪酬 +（应付职工薪酬期初余额 − 应付职工薪酬期末余额）= 20 000 +（80 000 − 70 000）= 30 000（元）。

"支付的各项税费" = 税金及附加 + 所得税费用 + 应交税费（应交增值税——已交税金）= 2 000 + 20 000 + 20 000 = 42 000（元）。

"支付的其他与经营活动有关的现金" = 其他管理费用 + 销售费用 = 5 000 + 15 000 = 20 000 元。

2. 投资活动产生的现金流量

"收回投资收到的现金" = 出售、转让或到期收回交易性金融资产的本金 + 投资收益 = 10 000 + 2 000 = 12 000（元）。

"取得投资收益收到的现金" = 取得的因股权性投资而分得的现金股利，从子公司、联营企业或合营企业分回利润而收到的现金，以及因债权投资而取得的现金利息 = 5 000（元）。

"处置固定资产、无形资产和其他长期资产所收回的现金净额" = 0 元。

"处置子公司及其他营业单位收到的现金净额" = 0 元。

"收到的其他与投资活动有关的现金" = 0 元。

"购建固定资产、无形资产和其他长期资产所支付的现金" = 购入固定资产支付的现金 + 本期开发支出支付的现金 = 20 000 + 2 000 = 22 000（元）。

"投资支付的现金" = 本期购入交易性金融资产支付的现金 = 8 000（元）。

"取得子公司及其他营业单位支付的现金净额" = 0 元。

"支付的其他与投资活动有关的现金" = 0 元。

3. 筹资活动产生的现金流量

"吸收投资所收到的现金" = 0 元。

"取得借款收到的现金" = 20 000 元。

"收到的其他与筹资活动有关的现金" = 0 元。

"偿还债务支付的现金" = 本期偿还的短期借款 + 本期偿还的长期应付款 = 5 000 + 10 000 = 15 000（元）。

"分配股利、利润或偿付利息支付的现金" = 本期支付的短期借款利息 = 1 000 元。

"支付的其他与筹资活动有关的现金" = 0 元。

根据上述数据，编制现金流量表见表 7-3。

表 7-3　现金流量表　　会企 03 表

编制单位：阜城公司　　2020 年度　　单位：元

项　目	本期金额	上期金额（略）
一、经营活动产生的现金流量：		
销售商品、提供劳务收到的现金	574 000	
收到的税费返还		
收到的其他与经营活动有关的现金	2 000	
经营活动现金流入小计	576 000	
购买商品、接受劳务支付的现金	202 000	
支付给职工以及为职工支付的现金	30 000	
支付的各项税费	42 000	
支付的其他与经营活动有关的现金	20 000	
经营活动现金流出小计	294 000	
经营活动产生的现金流量净额	282 000	
二、投资活动产生的现金流量：		
收回投资收到的现金	12 000	
取得投资收益收到的现金	5 000	
处置固定资产、无形资产和其他长期资产所收回的现金净额		
处置子公司及其他营业单位收到的现金净额		
收到的其他与投资活动有关的现金		
投资活动现金流入小计	17 000	
购建固定资产、无形资产和其他长期资产支付的现金	22 000	
投资支付的现金	8 000	
支付的其他与投资活动有关的现金		
取得子公司及其他营业单位支付的现金净额		
投资活动现金流出小计	30 000	
投资活动产生的现金流量净额	-13 000	
三、筹资活动产生的现金流量：		
吸收投资所收到的现金		
取得借款收到的现金	20 000	
收到的其他与筹资活动有关的现金		
筹资活动现金流入小计	20 000	
偿还债务支付的现金	15 000	
分配股利、利润或偿还利息支付的现金	1 000	
支付的其他与筹资活动有关的现金		
筹资活动现金流出小计	16 000	
筹资活动产生的现金流量净额	4 000	
四、汇率变动对现金及现金等价物的影响		
五、现金及现金等价物净增加额	273 000	
加：期初现金及现金等价物余额		
六、期末现金及现金等价物余额	273 000	

 **本章小结**

现金流量表是企业核心报表之一，可以提供资产负债表和利润表所不能包含的信息，对于企业具有重要的意义。现金流量表中将企业的现金流量区分为经营活动产生的现金流量、投资活动产生的现金流量和筹资活动产生的现金流量三种，并对这三种不同业务内容形成的现金流量在表中分别列示，从而可以清楚地了解企业现金流量的来源。对于经营活动产生的现金流量，现金流量表的主表和补充资料还分别采用了直接法和间接法进行列报，使表内项目之间产生了勾稽关系，同时可以分析净利润与经营活动现金流量的差异原因。此外，因为现金流量表项目与资产负债表和利润表项目不同，无法根据账户余额或发生额直接填列，可以采用工作底稿法、T 型账户法以及分析填列法完成报表的编制，这也是现金流量表的难点。

 **关键词汇**

经营活动产生的现金流量（cash flow from operating activities）
投资活动产生的现金流量（cash flow from investing activities）
筹资活动产生的现金流量（cash flow from financing activities）
直接法（direct method） 间接法（indirect method）

 思考题

1. 现金流量表与资产负债表、利润表有何关系？
2. 简述现金流量的分类及其所包含的项目。
3. 如何通过现金流量表分析企业的利润质量？

 练习题

（一）目的：练习现金流量的分类和计算。
（二）资料：阜城公司 2020 年发生如下经济业务：
1. 采购材料，支付货款 600 000 元；
2. 销售商品 1 200 000 元，收到现金 1 000 000 元，其余形成应收账款；
3. 收回上期应收款 400 000 元；
4. 用银行存款 40 000 元购买另一家公司的股票作为长期投资；
5. 支付上期应付货款 200 000 元；
6. 收到现金股利 10 000 元；
7. 收回长期投资 50 000 元；
8. 发放现金股利 40 000 元；
9. 用银行存款购买固定资产 60 000 元；

10. 取得银行借款 150 000 元。

（三）要求：分别计算该公司经营活动、投资活动、筹资活动产生的现金流量，并计算本期现金流量净增加额。

思政案例讨论

现金流对企业的重要性

乐视是我国资本市场一个热点公司，它的现金流问题更是话题的焦点。乐视的业务主要分为上市业务（乐视视频、影视、云、体育、新媒体、盒子、电视、金融）和非上市业务（乐视手机、汽车、生态农业、电动车、房地产、影业）两大部分。而乐视网信息技术（北京）股份有限公司（股票代码：300104，以下简称"乐视网"）是乐视旗下的上市公司，核心业务是基于整个网络视频的广告业务、终端业务、会员及发行业务等。该公司成立于 2004 年，并于 2010 年 8 月登录深交所创业板上市。乐视网的上市成为乐视最重要的融资平台，并自此之后逐步扩张为拥有三大体系（上市公司乐视网、非上市的乐视生态体系、乐视汽车生态体系），横跨七大生态子系统（内容、大屏终端、手机、汽车、体育、互联网金融、互联网及云），涉及上百家公司的大型集团，其整体估值高达 3 000 亿元。

在快速扩张的背后，需要大笔的资金作为支撑。而由于乐视很多业务都处在发展的初级阶段，所能带来的利润根本无法满足乐视规模扩张的速度。贾跃亭时任乐视集团的董事长兼 CEO，从 2013 年开始，通过减持手中股份从市场套现，也通过频繁的股权质押来为公司"输血"，这一系列的资本运作手段，证明乐视在很早以前资金链就已经吃紧。但即便在这种情况下，乐视仍然采用冒进的投资策略，尤其在 2015 年以后表现得尤为疯狂，先后进军房地产、汽车等重资产行业，丝毫没有收缩业务战线的迹象。从 2016 年 11 月初以来，乐视的整条资金链早已成为外界所诟病的重点，但董事长贾跃亭一直强调，在目前乐视的所有业务中，造成资金高度紧绷的只有手机。但实质上手机供应链紧张的背后在于，乐视集团对于汽车业务的超前投资，巨大的资金链缺口瞬间波及了乐视的各个业务线。过去所留下的风险和隐患，在 2016 年 12 月 6 日这一天集中爆发，公司再次被推向风口浪尖，乐视网宣布紧急停牌，来缓解暂时的压力。至此，乐视帝国到了"最危险"的时刻。

请同学们查找关于乐视现金流危机的资料，并且对照乐视公司的财务报表，分析导致乐视现金流出现断裂危机的原因以及提出相应的应对危机的对策。

第 8 章

所有者权益变动表及报表附注——结构性变动

本章将介绍企业的所有者变动表以及财务报表附注,所有者权益变动表反映了构成所有者权益各组成部分当期增减变动的情况,财务报表附注是对资产负债表、利润表、现金流量表和所有者权益变动表等报表中列示项目的文字描述或明细资料,以及对未能在这些报表中列示项目的说明。

通过本章内容的学习,同学们应:

1. 掌握所有者权益变动表的概念和结构;
2. 理解财务报表附注的主要内容和作用;
3. 了解所有者权益变动表的编制方法。

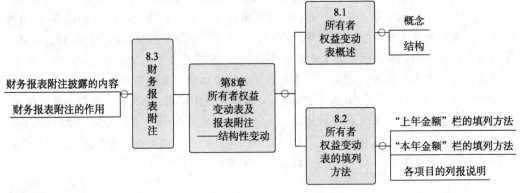

2007 年以前,公司所有者权益变动情况是以资产负债表附表形式予以体现的。2007 年 1 月 1 日起我国实施了新会计准则,新准则颁布后,要求上市公司于 2007 年正式对外呈报所有者权益变动表,所有者权益变动表将成为与资产负债表、利润表和现金流量表并列披露的第四张财务报表。在所有者权益变动表中,企业应当单独列示反映下列信息:①所有者权益总量的增减变动。②所有者权益增减变动的重要结构性信息。

同学们,你们觉得从所有者权益变动表中我们可以获得哪些信息呢?

第8章 所有者权益变动表及报表附注——结构性变动

8.1 所有者权益变动表概述

8.1.1 所有者权益变动表的概念

所有者权益变动表是指反映构成所有者权益各组成部分当期增减变动情况的报表。所有者权益变动表应当全面反映一定时期所有者权益变动的情况，不仅包括所有者权益总量的增减变动，还包括所有者权益内部各组成部分变动的详细信息，财务报表使用者通过所有者权益变动表，可以了解企业所有者权益各个项目增减变动的具体内容。所有者权益变动表是对资产负债表所有者权益项目的补充说明。

8.1.2 所有者权益变动表的结构

所有者权益变动表以矩阵的形式列报所有者权益各组成部分当期增减变动的情况。一方面，从所有者权益变动的来源对一定时期所有者权益变动情况进行全面反映（体现为报表纵向的列报项目）；另一方面，按照所有者权益各组成部分（股本、其他权益工具、资本公积、其他综合收益、盈余公积和未分配利润等）及其总额列示交易或者事项对所有者权益的影响（体现为报表横向各项目）。此外，为了进行前后期比较，报表分为"本年金额"和"上年金额"两栏分别填列。

所有者权益变动表的格式如表8-1所示。

8.2 所有者权益变动表的填列方法

8.2.1 "上年金额"栏的填列方法

所有者权益变动表"上年金额"栏内各项数字，应根据上年度所有者权益变动表"本年金额"栏内所列数字填列。如果上年度所有者权益变动表规定的各项目名称和内容同本年度不一致，应对上年度所有者权益变动表各项目的名称和数字按照本年度规定进行调整，填入所有者权益变动表的"上年金额"栏内。

8.2.2 "本年金额"栏的填列方法

所有者权益变动表"本年金额"栏内各数字一般应根据"实收资本（或股本）""其他权益工具""资本公积""其他综合收益""盈余公积""利润分配""库存股""以前年度损益调整"账户的发生额分析填列。

8.2.3 各项目的列报说明

1. 上年年末余额项目

该项目反映企业上年资产负债表中实收资本（或股本）、其他权益工具、资本公积、

表 8-1 所有者权益变动表

编制单位：　　　　　　　　　　　年　月　　　　　　　　　　　　　　　　　　　　　　　会企 04 表　单位：元

项目	本年金额										上年金额									
	实收资本	其他权益工具			资本公积	减：库存股	其他综合收益	专项储备	盈余公积	未分配利润	所有者权益合计	实收资本	其他权益工具			资本公积	减：库存股	其他综合收益	专项储备	盈余公积	未分配利润	所有者权益合计
		优先股	永续债	其他									优先股	永续债	其他							
一、上年年末余额																						
加：会计政策变更																						
前期差错更正																						
其他																						
二、本年年初余额																						
三、本年增减变动金额（减少以"-"号填列）																						
（一）综合收益总额																						
（二）所有者投入和减少资本																						
1. 所有者投入的普通股																						
2. 其他权益工具持有者投入资本																						
3. 股份支付计入所有者权益的金额																						
4. 其他																						

续表

项目	本年金额									上年金额								
	实收资本	其他权益工具	资本公积	减:库存股	其他综合收益	专项储备	盈余公积	未分配利润	所有者权益合计	实收资本	其他权益工具	资本公积	减:库存股	其他综合收益	专项储备	盈余公积	未分配利润	所有者权益合计
（三）利润分配																		
1. 提取盈余公积																		
2. 对所有者的分配																		
3. 其他																		
（四）所有者权益内部结转																		
1. 资本公积转增资本																		
2. 盈余公积转增资本																		
3. 盈余公积弥补亏损																		
4. 设定受益计划变动额结转留存收益																		
5. 其他综合收益结转留存收益																		
6. 其他																		
四、本年年末余额																		

盈余公积、未分配利润等账户的年末余额。

2. 会计政策变更和前期差错更正项目

这两个项目分别反映企业采用追溯调整法处理会计政策变更的累积影响金额和采用追溯重述法处理会计差错更正的累积影响金额。本项目应该根据盈余公积、利润分配、以前年度损益调整等账户的发生额分析填列，并在上年年末余额的基础上调整得出本年年初金额。

3. 本年年初余额项目

"上年年末余额"加上"会计政策变更和前期差错更正"即为本年年初余额。

4. 本年增减变动金额项目

1）综合收益总额项目

该项目反映企业当年实现的综合收益总额，应根据当年的利润表中"其他综合收益的税后净额"和"净利润"项目填列，并对应列在"其他综合收益"和"未分配利润"栏。

2）所有者投入和减少资本项目

该项目反映企业当年所有者投入的资本和减少的资本。其中：

（1）所有者投入的普通股：反映企业接受投资者投入形成的实收资本（或股本）、资本公积股本溢价，应该根据实收资本（或股本）、资本公积等账户的发生额分析填列，并对应列在实收资本（或股本）和资本公积栏。

（2）其他权益工具持有者投入的资本：反映企业发行的除普通股以外分类为权益工具的金融工具的持有者投入资本的金额，应根据金融工具类账户的相关明细账户的发生额分析填列。

（3）股份支付计入所有者权益的金额：反映企业处于等待期中的权益结算的股份支付当年计入资本公积的金额，应根据"资本公积"账户所述的"其他资本公积"二级账户的发生额分析填列，并对应列在资本公积栏。

3）利润分配项目

该项目反映当年对所有者（或股东）分配的利润（或股利）金额和按照规定提取的盈余公积金额，并对应列在"未分配利润"和"盈余公积"栏。其中：

（1）提取盈余公积：反映企业按规定提取的盈余公积，应根据"盈余公积"和"利润分配"账户的发生额分析填列。

（2）对所有者（或股东）的分配：反映对所有者（或股东）分配的利润（或股利），应根据"利润分配"账户的发生额分析填列。

4）所有者权益内部结转项目

该项目反映企业构成所有者权益的组成部分之间的增减变动情况。其中：

（1）资本公积转增资本（或股本）：反映企业以资本公积转增资本或股本的金额。

（2）盈余公积转增资本（或股本）：反映企业以盈余公积转增资本或股本的金额。

（3）盈余公积弥补亏损：反映企业以盈余公积弥补亏损的金额。

（4）其他综合收益结转留存收益：该项目一方面反映企业指定为以公允价值计量且其

变动计入其他综合收益的非交易性权益工具投资终止确认时,之前计入其他综合收益的累计利得或损失从其他综合收益中转入留存收益的金额;另一方面反映企业指定为以公允价值计量且其变动计入当期损益的金融负债终止确认时,之前由企业自身信用风险变动引起而计入其他综合收益的累计利得或损失从其他综合收益中转入留存收益的金额等。该项目应根据"其他综合收益"账户的相关明细账户的发生额分析填列。

5. 本年年末余额项目

"本年年初余额"加上"本年增减变动金额"即为本年年末余额。

相关链接

所有者权益变动表是"全面收益观"的体现

所有者权益变动表列示了所有者权益的增减变动情况,有利于财务报告使用者进一步了解企业净资产状况。在新准则颁布以前,所有者权益变动表并不是主要报表,在上市公司的财务报告中,它仅作为附表在"会计数据和业务数据摘要"中列示,然而在新颁布的会计准则——《财务报表列报》中,所有者权益变动表脱颖而出成为主要报表之一。

所有者权益变动表的编制是"全面收益观"的体现。全面收益的概念由美国财务会计准则委员会(FASB)于1980年首次提出,并将它定义为"企业在报告期内,由企业同所有者以外的交易及其他事项与情况所产生的净资产的变动"(财务会计概念公告第3号,SFAC NO.3),全面收益以资产/负债观为基础,突破了传统收益的收入费用观,将未确认的利得和损失纳入收益报告的范围。国际会计准则理事会(IASB),没有就未实现利得(损失)的确认标准进行统一规范。目前,国际上关于全面收益报告主要有以下形式。

(1)双业绩报表。英国会计准则委员会(ASB)在1992年10月发表的"财务报告准则"第3号(ARS NO.3)确定了通过两份财务报表——传统的"损益表"和新增的"全部已确认利得和损失表",来共同反映企业的财务业绩。

(2)美国FASB鼓励企业按两种格式报告全面收益:第一种是在传统收益表之外,单独设计一张新的主要报表——"全面收益表",与传统收益表共同反映企业全面的财务业绩;第二种是采用单一报表"收益与全面收益表",在传统收益表的净收益下列示全面收益。

(3)国际IASB提出两种方法列示全面收益:第一,通过权益变动表来表述;第二,通过单独的"已确认利得与损失表"来表述。此表与英国的"全部已确认利得与损失表"、美国的"全面收益表"结构和功能相似。

根据全面收益改革的国际趋势,2006年财政部发布企业会计准则体系,从下列四方面反映了全面收益理论在我国会计理论中的发展和应用。

(1)在基本会计准则中,运用全面收益理论拓展了利润概念。

(2)本着谨慎性原则,把公允价值引入作为会计要素的五大计量属性之一。

(3)在全面收益理念下,对所得税会计准则进行修订。

> （4）所有者权益变动表成为第四大财务报表和利润表的重新设计保障了全面收益信息的披露。
>
> 资料来源：刘英. 透视我国全面收益理论的发展动态[J]. 中国乡镇企业会计，2011(2).

8.3 财务报表附注

财务报表附注简称附注，是对资产负债表、利润表、现金流量表和所有者权益变动表等报表中列示项目的文字描述或明细资料，以及对未能在这些报表中列示项目的说明。财务报表附注是财务报表的重要组成部分，与资产负债表、利润表、现金流量表和所有者权益变动表具有同等的重要程度。

8.3.1 财务报表附注披露的内容

财务报表附注是为了便于信息使用者理解报表内容而对财务报表的编制基础、编制依据、编制原则和方法以及主要项目等所做的解释。财务报表附注至少应当披露以下内容。

1. 企业的基本情况

（1）企业注册地、组织形式和总部地址。

（2）企业的业务性质和主要经营活动。

（3）母公司以及集团最终母公司的名称。

（4）财务报告的批准报出者和财务报告批准报出日，或者以签字人及签字日期为准。

（5）营业期限有限的企业，还应当披露有关营业期限的信息。

2. 财务报表的编制基础

企业财务报表的编制是否遵守了国家统一会计制度规定的编制基础。

3. 遵循企业会计准则的声明

企业应当声明编制的财务报表符合企业会计准则的要求，真实、完整地反映了企业的财务状况、经营成果和现金流量等有关信息。

对企业会计准则的执行，不允许选择性执行。如果企业编制的财务报表只是部分地遵循了企业会计准则，则不能在附注中作出遵循了企业会计准则的表述。

4. 重要会计政策和会计估计

企业应当披露采用的重要会计政策和会计估计，并结合企业的具体实际情况，披露其重要会计政策的确定依据和财务报表项目的计量基础，以及会计估计中所采用的关键假设和不确定因素。

会计政策是指企业在会计确认、计量和报告中所采用的具体原则、基础和会计处理方法。会计报表附注应披露的重要会计政策主要包括：①编制会计合并报表所采纳的原则；

②外币折算时所采用的方法；③收入的确认原则；④所得税的会计处理方法；⑤短期投资的期末计价方法；⑥存货的计价方法；⑦长期股权投资的核算方法；⑧长期债权投资的溢折价的摊销方法；⑨坏账损失的具体会计处理方法；⑩借款费用的处理方法；⑪无形资产的计价及摊销方法；⑫应付债券的溢折价的摊销方法。

会计估计是指企业对其结果不确定的交易或事项，以最近可利用的信息为基础所做的判断。会计报表附注应披露会计估计中所采用的关键假设和不确定性因素的确定依据，这些关键假设和不确定因素很可能导致下一个会计期间内资产、负债账面价值进行重大调整。

5. 会计政策、会计估计变更以及对前期差错更正的说明

企业应当按照《企业会计准则第 28 号——会计政策、会计估计变更和差错更正》及其应用指南的规定，披露会计政策和会计估计变更以及差错更正的有关情况。

1）会计政策变更

企业采用的会计政策在每一会计期间和前后各期应当保持一致，不得随意变更。但是满足下列条件之一的，可以变更会计政策：①法律、行政法规或者国家统一的会计制度等要求变更；②会计政策变更能够提供更可靠、更相关的会计信息。会计政策变更的处理方法有追溯调整法和未来适用法，企业应按照相关规定分别采用追溯调整法或未来适用法。法律、行政法规或国家统一的会计制度等未作出规定的，一般应采用追溯调整法。

2）会计估计变更

会计估计变更是指企业进行会计估计的基础发生了变化，或者由于取得新信息、积累更多经验以及后来的发展变化，从而对原会计估计进行的修正。企业对会计估计变更应当采用未来适用法处理。企业难以判断某项变更是会计政策变更还是会计估计变更，应当将其作为会计估计变更处理。

3）前期差错更正

前期差错是指由于没有运用或错误运用以下两种信息，从而对前期财务报表造成漏报或错报：①编制前期财务报表时预期能够取得并加以考虑的可靠信息；②前期财务报告批准报告时能够取得的可靠信息。前期差错通常包括计算错误，应用会计政策错误、疏忽或曲解事实和舞弊产生的影响，以及存货、固定资产盘盈等。企业应当采用追溯重述法更正重要的前期差错。企业还应当在重要的前期差错发现当期的财务报表中，调整前期比较数据。

6. 对已在财务报表列示的重要项目的进一步说明

企业应当对已在资产负债表、利润表、现金流量表、所有者权益变动表中列示的重要项目，采用文字和数字描述相结合的方式进行进一步的说明和披露。

7. 或有事项、资产负债表日后事项、关联方关系及其交易等的说明

企业应当在附注中披露说明企业的预计负债以及或有负债、资产负债表日后非调整事项的影响、资产负债表日后企业利润分配方案中拟分配的以及经审议批准宣告发放的股利或利润、企业的关联方以及关联方交易。

> **相关案例**
>
> ### 湖北证监局关于对武汉市江夏农业集团有限公司采取出具警示函措施的决定
>
> 2020年4月15日,湖北证监局通报对武汉市江夏农业集团有限公司发行公司债券过程中存在的问题的处理情况。武汉市江夏农业集团有限公司在发行公司债券过程中存在如下问题。
>
> (1)《2016年非公开发行公司债券募集说明书》、2016年及2017年财务报告信息披露不准确:一是《2016年非公开发行公司债券募集说明书》、2016年及2017年财务报告多计资产和资本公积。你公司将江夏区国有资产监督管理办公室划拨的梁子湖大道、天子山大道、谭鑫培路及附属管网等公益性资产计入资产和资本公积,虽然公司已在2018年财务报告中将该事项作为前期会计差错予以调整,并在深交所指定信息披露网站公告,但你公司2016年、2017年财务报告以及《2016年非公开发行公司债券募集说明书》均存在多计资产和资本公积的情况。二是《2016年非公开发行公司债券募集说明书》财务信息披露不准确。你公司《2016年非公开发行公司债券募集说明书》第六节财务会计信息部分称"公司2014年度、2015年度以及2016年1—6月份财务报告经大信会计师事务所(特殊普通合伙)审计出具了大信审字〔2016〕第5-00339号标准无保留意见审计报告"。经查阅大信审字〔2016〕第5-00339号审计报告,其审计范围为2014年、2015年、2016年1—3月的财务报告。你公司将2016年1—6月份财务报告作为大信审字〔2016〕第5-00339号审计报告的审计数据,对财务会计信息描述不准确。
>
> (2)信息披露不充分:一是2017年11月13日,公司进行工商资料变更,公司股东增加国开发展基金有限公司,持股比例9.09%,公司未进行信息披露。二是公司与武汉鑫呈捷房地产开发有限公司属于武汉市江夏经济发展投资集团有限公司同一控制下的关联方企业,公司2018年对武汉市鑫呈捷房地产开发有限公司的无息借款7.14亿元,未在2018年财务报告应收关联方款项中进行列示。三是公司2018年度将21 104.46万元借款费用予以资本化,分别列入江夏大花山户外运动中心项目等三个项目,未在公司2018年财务报告的报表附注中披露。
>
> 上述行为违反了《公司债券发行与交易管理办法》第四条的规定,根据《公司债券发行与交易管理办法》第五十八条的规定,湖北证监局决定对公司采取出具警示函的监督管理措施。公司应高度重视上述问题,及时采取措施加强管理,加强对证券期货相关法律法规的学习,杜绝此类行为再次发生。
>
> 资料来源:中国证监会. http://www.csrc.gov.cn.

8.3.2 财务报表附注的作用

财务报表附注是对财务报表的补充说明,是财务会计报告体系的重要组成部分。随着经济环境的复杂化以及人们对相关信息要求的提高,附注在整个报告体系中的地位日益突出。财务报表附注的作用主要表现在以下两方面。

1. 增强会计信息的可理解性与可比性

财务报表的数字受报表编制基础、编制依据、编制原则和方法的影响。如果不交代财务报表中的相关项目是采用什么原则和会计处理方法确定的，就会给报表使用者理解报表带来一定困难，例如对于固定资产的折旧，企业可以选择采用年限平均法、工作量法、双倍余额递减法以及年数总和法等，如果企业改变固定资产的折旧方法，则会影响企业不同期间报表的可比性。另外，不同企业可能采用不同的固定资产折旧方法，造成不同企业之间缺乏可比性。通过报表附注的说明，可以帮助报表使用者更加了解企业报表项目以及会计政策和会计估计的变化，并且增强了会计信息的可比性。

2. 保证会计信息充分披露与透明性

财务报表中的每一个项目都提供了某一方面的信息，具有综合性，然而报表项目无法为报表使用者提供具体或详细情况。例如，资产负债表中的应收账款项目，虽然提供了企业期末应收账款的余额，但是各项应收账款的账龄、债务人的信用情况等却无法从资产负债表中获知。因此，为了帮助报表使用者判断应收账款的可收回程度以及了解应收账款的质量，企业需要在报表附注中提供不同账龄、不同债务人的信用情况等信息。

此外，企业的有些重要信息，如企业资产质量、盈利能力、或有事项、关联方交易等，表内无法或不适宜反映，可通过采用文字说明的方式在报表附注中充分披露，从而使信息使用者对企业的财务状况、经营成果等作出合理判断与决策。

所有者权益变动表集中反映了当期企业所有者权益从期初到期末总金额发生变动的原因，同时也阐释了所有者权益内部各项目的结构性变化。

财务报表附注是企业财务报表的重要组成部分。附注不仅对财务报表的编制基础、会计政策进行说明，同时也对财务报表中具体项目的细节进行补充。财务报表附注拓展了企业会计信息的内容，保证了信息的完整性，是财务报告的重要组成部分。

所有者权益变动表（statement of changes in owners' equity）
财务报表附注（financial statement footnotes）
会计估计（accounting estimation）
会计政策（accounting policies）

1. 简述所有者权益变动表的内容。

2. 简述财务报表附注披露的主要内容。

进一步强化上市公司的分红责任

所有者权益变动表反映了一定时期所有者权益变动的情况，不仅包括所有者权益总量的增减变动，还包括所有者权益内部各组成部分变动的详细信息。所有者权益即为股东权益，我们可以通过所有者权益变动表获得股东权益的变动情况，如股本的变化、资本公积的积累、盈余公积的变化以及未分配利润等。此外，通过所有者权益变动表，我们也可以获取企业向股东分配股利（或利润）的相关信息。

上市公司现金分红是企业回报股东的基本方式，也是股票内在价值的源泉，那么是不是所有公司都会慷慨回报股东呢？答案是否定的。我国上市公司的分红情况存在较大差异，例如中国工商银行，每年都有分红，并且分红整体呈上升趋势，是我国A股上市公司过去10年累计现金分红第1名。再如，大家熟知的贵州茅台，自2010年以来，已经连续10年在派送现金红利的上市公司中名列每股现金股利第1名，并且自2001年上市以来，茅台累计分红总额已达757亿元，超过上市募资20亿元的38倍。股市分红本是上市公司的诚信、责任和义务，是对长期投资者和价值投资者的鼓励和奖赏，但是也有一些公司连续多年不分红，成为股民口中"一毛不拔的铁公鸡"。

近年来，证监会积极倡导现金分红，促进了上市公司利润分配方式逐渐实现"脱虚向实"的转换，重视现金分红已成为A股企业的趋势！请同学们分析一下所有者权益变动表的作用与意义。

第 9 章

财务报表分析

财务报表能够反映企业的财务状况、经营成果和现金流量等信息,但是单纯依赖财务报表上的数据还不能直接或全面说明企业目前的发展状况,因此还需要进行财务报表分析。本章首先进行财务报表分析概述,介绍财务报表分析的目的、基本方法和基础;继而,按照偿债能力分析、管理效率分析、盈利能力分析和财务报表综合分析的顺序,逐一举例讲解财务报表分析的具体方法。

通过本章内容的学习,同学们应:

1. 了解财务报表分析的目的与主要方法;
2. 掌握短期偿债能力分析和长期偿债能力分析的方法;
3. 掌握管理效率分析方法;
4. 掌握盈利能力分析方法;
5. 掌握杜邦分析法。

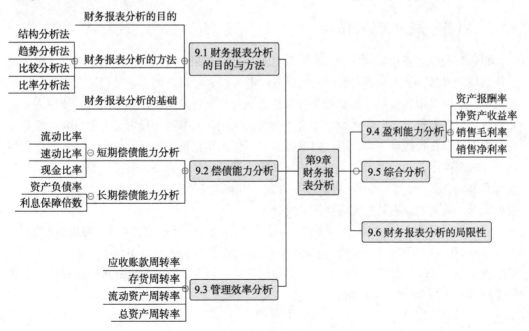

引例

企业从创立的那天起,就需要面对各种类型的投资者,包括企业创立初期所需要面对的风险投资企业,步入正常经营后的各种债权人如银行、信贷机构,企业公开发行股票上市后的资本市场普通投资者等。这些投资者对公司的发展特别是对其未来运营情况高度关注。且其关注点往往不尽相同。

2016年12月15日,美图网公司登陆香港联合交易所,而美图网公司于2008年成立,截至2016年,累积亏损63亿元人民币。在此之前,美图网公司共融资5轮,取得5.01亿美元。风险投资和后续资本市场普通投资者在考虑是否购入美图网的股份时,需要考虑什么因素?他们是如何考虑的?现有财务报表只能满足绝大部分人的绝大部分需求,即通常所说的通用目的财务报表无法满足不同投资者的个性化需求。为满足不同投资者的个性化需求,进行财务报表分析是一个好的选择。

9.1 财务报表分析的目的与方法

如果一个人想要了解自己的身体状况如何,他往往会去医院体检,然后通过化验单上的指标来判断自身的身体状况。同样,对于企业而言,想要了解企业的财务状况和经营成果,也需要对企业进行全身检查,其中最为重要的手段就是进行财务报表分析,即通过各类财务指标的计算和解读来判断企业目前的状况及未来的发展趋势。

那么,什么是财务报表分析呢?财务报表分析是以财务报表及相关信息资料为依据,运用一系列专门的分析方法,对企业等经济组织过去、现在的财务状况、经营成果和现金流量等进行的分析与评价,从而为企业的投资者、债权人、管理者以及有关政府部门等会计信息使用者提供有用的决策支持。

9.1.1 财务报表分析的目的

财务报表数据集中反映了企业的财务状况和经营成果,据此进行分析,可以了解企业过往表现和现状。从企业经营管理的角度看,财务报表可以帮助企业管理层分析自身的管理质量,还可以帮助其他的利益相关者分析企业的经营管理水平。具体而言,债权人(商业银行和债券投资者)可以将财务报表作为其信用决策的参考;投资者(上市公司证券现有投资者及潜在投资者)可以通过财务报表分析修正其投资预期;供应商可以根据企业的财务指标来确定其赊销决策;等等。从国民经济管理的角度来看,财税、统计、工商等经济监督部门需要通过分析企业的财务报表来了解特定企业乃至该企业所属行业及产业的发展状况,从而制定有效的宏观经济调控政策。

就短期利益而言,债权人比较重视债务人的偿债能力,股东优先关注企业的盈利能力。就长期利益而言,所有的报表使用者都需要关注企业的管理水平、市场占有率、产品质量或服务水平、品牌信誉等关于企业发展前途的决定性因素。财务报表分析恰能提供用于评价管理水平的综合分析指标体系。

> **相关链接**
>
> **面对一张报表，我到底要看什么**
>
> 　　在国际上，财务报表分析的研究已经很成熟了。财务报表分析的主要特征是以财务比率为主，对企业财务状况的若干方面进行分析。同时，相当多的财务报表分析与企业估价联系在一起。这说明，尽管财务信息使用者极其广泛，主流的财务报表分析方法也注意到了不同信息使用者的不同需求，但整齐划一的财务比率分析和企业估价的"主流"内容则明白无误地告诉大家：现有的财务报表分析方法是以投资者尤其是证券市场投资者为主要满足对象的。至于怎样才能满足除了投资者以外的其他信息使用者的需求，则只能靠这些信息使用者自己去感悟。
>
> 　　然而，在实际运用中，当前广泛流行的主流财务报表分析方法，不管比率设计如何周全、比率权重如何复杂，都没有也不可能从根本上解决问题。这种没有关注甚至忽略不同报表使用者的差异性需求、主要从财务指标到财务指标的分析套路，已经越来越无法满足日渐复杂的商业社会中更多报表使用者的需求了。
>
> 　　另外，主流的分析方法大都是从美国来的"舶来品"，这些舶来品既脱离美国实际更脱离中国实际。中国企业发展模式、中国资本市场发展状况以及中国会计准则、财务报表结构与体系所发生的深刻变革都深深地影响着中国财务报表信息。这种中国实际必然呼唤从新的视角解读和分析中国企业财务报表的方法。
>
> 　　国内诸多学者对财务报表分析的理论与方法进行了深入思考。如对外经济贸易大学张新民教授的《从报表看企业》一书从一个全新的视角——管理视角对企业财务报表分析进行重新构思，构造出新颖的财务报表分析框架。这里所说的管理视角不是管理者视角，而是企业管理视角。按照"企业的财务报表是企业管理过程的结果反映，企业涉及能够货币计量的资源管理的主要方面均会在财务报表上体现出来"的全新思路，从"看战略、看经营资产管理与竞争力、看效益和质量、看价值、看成本决定机制、看财务状况质量、看风险、看前景"八个方面思考了"面对一张报表，我到底要看什么"的问题。
>
> 　　资料来源：王化成. 面对一张报表，"我"到底要看什么——读《从报表看企业》有感[J]. 财务与会计，2013(11).

9.1.2　财务报表分析的方法

　　至于如何进行财务报表分析，法律法规对此并无规定。在实际工作中，可谓见仁见智，方法繁多，最基础和传统的方法可分为四类：结构分析、趋势分析、比较分析和比率分析法。在具体的财务报表分析过程中，经常将各种方法综合使用。

1. 结构分析法

　　结构分析法，又称为纵向分析法，是以财务报表中的某个总体指标为基础，计算出其各组成项目占该总体指标的百分比,来比较各个项目百分比的增减变化情况,揭示各个项目的相对地位和总体结构关系,判断有关财务活动的变化趋势。

以资产项目的结构分析为例,它的计算公式为

资产结构 = 资产项目/总资产 × 100%

比如我们通过泸州老窖公司的应收账款这一资产项目占总资产的百分比,计算出 2018 年年末应收账款在其公司总资产中的比例结构为 0.05%(表 9-1)。

表 9-1 泸州老窖应收账款占资产总额比

项目	2018 年	2017 年	2016 年
应收账款/万元	1 033.37	800.89	389.87
资产总额/万元	2 260 492.96	1 975 576.11	1 396 561.97
应收账款占比/%	0.05	0.04	0.03

2. 趋势分析法

趋势分析法又称为横向分析法,是将财务报表中前后两期或者连续多期相同项目数据进行对比,确定该项目增减变动的方向、数额和幅度,来揭示企业财务状况、经营成果或者现金流量的变动趋势。

表 9-2 是对泸州老窖 2018 年资产变动情况的计算,用相应项目的期末数减期初数,既可了解其变动额,又能分析各项的变动幅度。

表 9-2 泸州老窖 2018 年资产变动情况

资产项目	期初数/亿元	期末数/亿元	变动额/亿元	变动幅度/%
货币资金	84.50	93.67	+9.17	10.85
应收票据	24.93	23.88	−1.05	−4.21
应收账款	0.08	0.10	+0.02	25.00

3. 比较分析法

比较分析法,是通过比较不同的数据,找出被比较对象之间的差别,来揭示规律性的结论,并为进一步的分析指出方向。

比较分析法按比较对象(参照物)可大致分为:①纵向比较(也就是上文中的趋势分析法)。即与公司历史上不同时期的指标相比,分析相关指标的发展趋势。②横向比较。即与同类的特定公司(如竞争对手)的指标或行业平均水平进行对比。③预算差异分析。即把实际执行结果与计划指标进行比较。

比较分析法按比较内容可大致分为:①总金额的比较。也就是对总资产、净资产、净利润等总量指标的时间序列分析,根据其变化趋势,评估其增长潜力。有时也用于同业对比,考察公司的相对规模和竞争地位结构百分比。例如,分析资产负债表、利润表中的各个项目占某个合计数的比重。这种做法可以帮助报表使用者及时发现有显著问题的项目,

提示其进一步分析的方向。②财务比率的比较（即下文中的比率分析法）。财务比率是相对数，由于排除了规模的影响，因而便于不同企业之间的比较。表9-3是对泸州老窖、五粮液、贵州茅台、洋河四家行业标杆企业2018年应收账款占比情况的比较分析，可知贵州茅台的应收账款占比最低。

表9-3 行业标杆企业主要财务比率

企　业	应收账款/万元	资产总额/万元	应收账款占比/%
泸州老窖	1 033.37	2 260 492.96	0.05
五粮液	12 733.13	8 609 426.57	0.15
贵州茅台	0	15 984 667.47	0
洋河	541.93	4 956 376.78	0.01

4. 比率分析法

比率分析法是将财务报表以及报表附注中的某些存在关联的项目进行比率计算，通过把绝对数值的比较转换为相对比率，来揭示企业等经济组织所进行的经济活动在某方面的状况。可用于财务报表分析的财务比率非常多，如表9-4中反映了泸州老窖公司流动资产与流动负债之间关系的流动比率。在9.2~9.4节中，我们将按照偿债能力、管理效率、盈利能力的顺序，介绍常用的财务比率。

表9-4 泸州老窖流动比率分析

项　目	2018年	2017年	2016年
流动资产/亿元	154.94	142.69	99.76
流动负债/亿元	54.15	43.67	27.76
流动比率/%	286	327	359

9.1.3 财务报表分析的基础

财务报表分析的基础来源于财务报告的相关信息。一般性财务报表分析资料主要包括：资产负债表、利润表、现金流量表和所有者权益变动表及财务报表附注。通常，进行偿债能力分析需要的资料主要从资产负债表、现金流量表、所有者权益变动表及附注中获取；营运能力分析所需要的资料则主要来源于资产负债表及附注；盈利能力分析主要从利润表、现金流量表、所有者权益变动表及附注中收集资料；而现金流量分析则主要使用资产负债表、现金流量表及附注。此外，企业内部治理结构、市场环境、行业政策和宏观经济形势等表外信息资料，均属于报表分析者寻找线索、分析报表数据的差异成因和客观真实性所需要及时收集的重要信息资料。

本章以阜城公司为例，所使用的财务报表分析基本资料为阜城公司资产负债表（表9-5）和利润表（表9-6）。我们给出阜城公司2019年年末的报表数，将2019年作为本章进行财务报表分析举例的主体时间，并与2018年报表数对比如下。

表 9-5 资产负债表

会企 01 表

编制单位：阜城公司　　　2020 年 12 月 31 日　　　单位：万元

资产	期末余额	年初余额	负债和所有者权益（或股东权益）	期末余额	年初余额
流动资产：			流动负债：		
货币资金	340	490	短期借款	400	420
交易性金融资产	30	80	交易性金融负债		
应收票据及应收账款	663.5	698.1	应付票据及应付账款	314	425
预付款项	14	14	预收款项	20	10
其他应收款	21.5	4.9	应付职工薪酬	0.8	0.6
存货	580	690	应交税费	40	50
一年内到期的非流动资产	30		其他应付款	40.2	24.4
其他流动资产	31	3	一年内到期的非流动负债	80	62
流动资产合计	1 710	1 980	其他流动负债	5	8
非流动资产：			流动负债合计	900	1 000
债权投资	30	30	非流动负债：		
其他债权投资	20	20	长期借款	500	400
长期应收款	10	10	应付债券	320	420
长期股权投资	30	90	长期应付款	104	200
投资性房地产	20	30	预计负债		50
固定资产	1 811	2 150	递延所得税负债		
在建工程	130	130	其他非流动负债		
生产性生物资产	9	20	非流动负债合计	924	1 070
油气资产			负债合计	1 824	2 070
无形资产	20	32	所有者权益		
开发支出			实收资本	1 500	1 500
商誉			资本公积	131	240
长期待摊费用	10	8	减：库存股		
递延所得税资产			盈余公积	220	459
其他非流动资产			未分配利润	125	231
非流动资产合计	2 090	2 520	所有者权益合计	1 976	2 430
资产总计	3 800	4 500	负债和所有者权益总计	3 800	4 500

表 9-6 利润表

会企 02 表

编制单位：阜城公司　　　2020 年 12 月 31 日　　　单位：万元

项目	本期金额	上期金额
一、营业收入	9 371.40	8 257
减：营业成本	4 190.49	3 710
税金及附加	676	562
销售费用	1 370	1 255
管理费用	1 050	812

续表

项　　目	本期金额	上期金额
财务费用	325	308
资产减值损失		
加：公允价值变动收益（损失以"-"填列）		
投资收益（损失以"-"号填列）	63	68
其中：对联营企业和合营企业的投资收益		
二、营业利润（亏损以"-"号填列）	1 823	1 678
加：营业外收入	8.5	9.8
减：营业外支出	15.5	5.4
三、利润总额（亏损总额以"-"号填列）	1 816	1 682.4
减：所得税费用	556	508.4
四、净利润（净亏损以"-"号填列）	1 260	1 174
五、其他综合收益	0	0
六、综合收益	1 260	1 174
七、每股收益		
（一）基本每股收益	0.84	0.78
（二）稀释每股收益	0.84	0.78

9.2　偿债能力分析

偿债能力是指企业偿还各种到期债务的能力。偿债能力分析是企业财务分析的一个重要方面，通过这种分析可以揭示企业的财务风险。企业管理者、债权人及股权投资者都十分重视企业的偿债能力分析。偿债能力分析主要分为短期偿债能力分析和长期偿债能力分析，以下分别进行介绍。

9.2.1　短期偿债能力分析

短期偿债能力是指企业偿付流动负债的能力。流动负债是在1年内或超过1年的一个营业周期内需要偿付的债务，这部分负债对企业的财务风险影响较大，如果不能及时偿还，就可能使企业陷入财务困境，面临破产倒闭的风险。在资产负债表中，流动负债与流动资产形成一种对应关系。一般来说，流动负债需要以现金直接偿还，而流动资产是在1年内或超过1年的一个营业周期内可变现的资产，因而流动资产就成为偿还流动负债的一个安全保障。因此，可以通过分析流动负债与流动资产之间的关系来判断企业短期偿债能力。通常，评价短期偿债能力的财务比率主要有：流动比率、速动比率、现金比率等。

1. 流动比率

流动比率是企业流动资产与流动负债的比值，其计算公式为

$$流动比率 = \frac{流动资产}{流动负债}$$

流动资产主要包括货币资金、短期投资、应收及预付款项、存货和一年内到期的非流动资产等，即资产负债表中的期末流动资产合计；流动负债主要包括短期借款、应付及预收款项、各种应交款项、一年内到期的非流动负债等，即资产负债表中的期末流动负债合计。

流动比率究竟多高才算合适，并无放之四海而皆准的具体数值标准。实践中需要结合企业的行业特性、信用等级等因素进行具体分析。一般地，这个比率越高，说明企业偿还流动负债的能力越强，流动负债得到偿还的保障越大。但是，过高的流动比率可能意味着企业的流动资产比重偏高，未能有效地利用资金，而此类情形可能会影响企业的获利能力。可见，计算出来的流动比率是偏高还是偏低，只有结合行业平均水平、企业的历史水平进行比较才能得知。

根据表 9-5 中阜城公司的流动资产和流动负债的年末数。该公司 2020 年年末的流动比率为：

$$流动比率 = \frac{1\,710}{900} \approx 1.9$$

这表明阜城公司每有 1 元的流动负债，就有 1.98 元的流动资产作为安全保障。流动比率是衡量企业短期偿债能力的一个重要财务指标，这一比率越高，说明企业偿还流动负债的能力越强，流动负债得到偿还的保障越大。但是，过高的流动比率也并非好现象，因为流动比率过高，可能是企业滞留在流动资产上的资金过多，未能有效地加以利用，可能会影响企业的盈利能力。

通常认为，对于制造业企业而言，流动比率以不低于 2 为宜，因为通常假定存货这一流动性欠佳的项目占这类企业的流动资产的一半。但实际上，对流动比率的分析应结合不同的行业特点、流动资产结构及各项流动资产的实际变现能力等因素，不可一概而论。

流动比率只是对短期偿债能力的粗略估计。并非全部的流动资产都能用来偿还负债，企业需要保持必要的流动资产用于持续经营。

2. 速动比率

从前面的分析可知，流动比率在评价企业短期偿债能力时，存在一定局限性。如果流动比率较高，但流动资产的流动性较差，则企业的短期偿债能力仍然不强。在流动资产中，交易性金融资产、应收票据、应收账款的变现能力均比存货强，存货需要经过销售才能转变为现金，如果存货滞销，则其变现就成问题，所以存货是流动资产中流动性相对较差的资产。一般来说，流动资产扣除存货后的资产称为速动资产，主要包括货币资金、交易性金融资产、应收票据、应收账款等。速动资产与流动负债的比值称为速动比率，也称酸性测试比率。其计算公式为

$$流动比率 = \frac{速动资产}{流动负债} = \frac{流动资产 - 存货}{流动负债}$$

由于速动资产中已经剔除了存货这一流动性欠佳的项目，因此，速动资产与流动负债的比率更能体现出企业偿付短期债务的能力。一般地，速动比率越高，说明企业的短期偿债能力越强。根据表 9-5 中的数据，阜城公司 2019 年年末的速动比率为：

$$速动比率 = \frac{1710 - 580}{900} \approx 1.26$$

通常认为，对于制造业企业而言，速动比率以不低于 1 为佳。但在实际分析时，应根据企业性质及其他因素来综合判断，不可一概而论。通常影响速动比率可信度的重要因素是应收账款的变现能力，如果企业的应收账款中有较大部分不易收回，可能会成为坏账，那么速动比率就不能真实地反映企业的偿债能力。因此，在使用速动比率分析企业短期偿债能力时，应注意分析应收账款的可回收性对该指标的影响。

3. 现金比率

现金比率是企业的现金类资产与流动负债的比值。现金类资产包括库存现金、随时可用于支付的存款和现金等价物等。即现金流量表中所反映的现金及现金等价物，其计算公式为

$$现金比率 = \frac{现金 + 现金等价物}{流动负债}$$

根据表 9-5 中阜城公司的有关数据（假定该公司的交易性金融资产均为现金等价物），该公司 2019 年末的现金比率为

$$现金比率 = \frac{340 + 30}{900} \approx 0.41$$

现金比率可以反映企业的直接偿付能力。因为现金是企业偿还债务的最终手段，如果企业现金缺乏，就可能发生支付困难，面临财务危机。因而，现金比率高，说明企业有较好的支付能力，对偿付债务是有保障的。但如果这个比率过高，可能意味着企业拥有过多的盈利能力较低的现金类资产，企业的资产未能得到有效的运用。

9.2.2 长期偿债能力分析

长期偿债能力是指企业偿还长期负债的能力，企业的长期负债主要有长期借款、应付债券、长期应付款、专项应付款、预计负债等。企业的长期债权人和所有者不仅关心企业短期偿债能力，更关心企业长期偿债能力。因此，在对企业进行短期偿债能力分析的同时，还需分析企业的长期偿债能力，以便于债权人和投资者全面了解企业的偿债能力及财务风险。反映企业长期偿债能力的财务比率主要有资产负债率、利息保障倍数等。

1. 资产负债率

资产负债率也称负债比率或举债经营比率，是企业负债总额与资产总额的比值。它反映企业的资产总额中有多大比例是通过举债而得到的，其计算公式为

$$资产负债率 = \frac{负债总额}{资产总额} \times 100\%$$

资产负债率反映企业偿还债务的综合能力，这个比率越高，企业偿还债务的能力越差，财务风险越大；反之，偿还债务的能力越强。根据表 9-5 的有关数据，阜城公司 2019 年年末的资产负债率为

$$资产负债率 = \frac{1824}{3800} \times 100\% = 48\%$$

资产负债率有一个变体,称为权益乘数,其公式如下:

$$权益乘数 = \frac{资产总额}{所有者权益}$$

资产负债率越大,权益乘数也就越大,二者都反映了企业积极举借债务以小博大的程度。因此教材中常常统称此类指标为财务杠杆比率。根据表9-5的有关数据,阜城公司2019年年末的权益乘数为

$$权益乘数 = \frac{3\,800}{1\,976} \approx 1.92$$

与资产负债率具有很大关联的另一项长期偿债能力指标为所有者权益比率(或股东权益比率),又称权益比率,是指所有者权益总额与资产总额的比率,其计算公式如下:

$$所有者权益(股东权益)比率 = \frac{所有者权益(股东权益)总额}{资产总额} \times 100\%$$

从上述公式可以看出,所有者权益比率与资产负债率反映了企业不同渠道的资金来源,二者的关系可用公式表示如下:

$$资产负债率 + 所有者权益比率 = 1$$

也就是说,资产负债率越大,所有者权益越小,企业的财务风险越大,反之亦然。

不同行业、不同类型的企业的资产负债率会存在较大的差异。一般而言,处于高速成长时期的企业,其资产负债率可能会高一些,这样,所有者会得到更多的杠杆利益。但是作为财务管理者,在确定企业的资产负债率时,一定要审时度势,充分考虑企业内部各种因素和企业外部的市场环境,在风险与报酬之间权衡利弊与得失,然后才能作出正确的财务决策。

2. 利息保障倍数

利息保障倍数是指息税前利润相对于利息费用的倍数。这个指标是从欧美教材中翻译过来的。由于我国的会计报表格式中并未单列息税前利润,因此就需要间接地用"税前利润+利息费用"或"净利润+所得税费用+利息费用"计算得到。利息保障倍数的计算公式如下:

$$利息保障倍数 = \frac{息税前利润}{利息费用}$$

$$= \frac{税前利润+利息费用}{利息费用}$$

$$= \frac{净利润+所得税费用+利息费用}{利息费用}$$

从数字上来看,利息保障倍数越大,公司拥有的偿还利息的缓冲资金越多,利息支付越有保障。如果利息保障倍数小于1,表明自身产生的经营效益不能支持现有的债务规模。

根据表9-6的有关数据(假定阜城公司的财务费用都是利息费用,并且固定资产成本中不含资本化利息),阜城公司2019年的利息保障倍数为

$$利息保障倍数 = \frac{1816+325}{325} \approx 6.59$$

9.3 管理效率分析

企业管理效率分析又被称为企业营运能力分析。营运能力反映了企业资金周转状况。对此进行分析，可以了解企业的营业状况及经营管理水平。资金周转状况好，说明企业的经营管理水平高，资金利用效率高。企业的资金周转状况与供、产、销各个经营环节紧密相连。任何一个环节出现问题都会影响到企业资金的正常运转。资金只有顺利地通过各个经营环节才能完成一次循环。在供、产、销各环节中，销售有着特殊的意义。因为产品只有销售出去才能实现其价值，收回最初投入的资金，顺利地完成一次资金周转。这样就可以通过产品销售情况与企业资金占用量来分析企业的资金周转状况，评价企业的管理效率或营运能力。评价企业管理效率常用的财务比率有应收账款周转率、存货周转率、流动资产周转率和总资产周转率等。

9.3.1 应收账款周转率

应收账款周转率是企业一定时期赊销收入净额与应收账款平均余额的比例。应收账款周转率是评价应收账款流动性大小的一个重要财务比率，它反映了应收账款在一个会计年度内的周转次数，可以用来分析应收账款的变现速度和管理效率。应收账款周转率反映了企业应收账款的周转速度，该比例越高，说明应收账款的周转速度越快、流动性越强，其计算公式为

$$应收账款周转率 = \frac{赊销收入净额}{应收账款平均余额}$$

$$应收账款平均余额 = \frac{期初应收账款 + 期末应收账款}{2}$$

上式中的赊销收入净额是指销售收入金额扣除现销收入之后的余额；销售收入净额是指营业收入扣除了销售退回、销售折扣及折让后的余额。这里需要注意的是，一般企业通过现金销售和赊销两种方式进行销售，而应收账款是在赊销过程中产生的，所以计算应收账款周转率时，分子应该采用赊销收入净额。然而企业的赊销数据通常只有内部人员才能掌握，如果进行财务报表分析的人员是企业外部人士，是很难得到赊销数据的。因此在实践中常常使用营业收入替代赊销金额来计算应收账款周转率。当然，这样做的时候，如果企业的现金销售比例较大，赊销比例较小，则计算出来的应收账款周转率就会偏大。

在这里，我们假定阜城公司的营业收入全部都是赊销收入净额，且资产负债表中"应收票据和应收账款"项目金额完全来自"应收账款"账户，即"应收票据"账户余额为0。根据表9-5和表9-6的有关数据，阜城公司2019年的应收账款平均余额和应收账款周转率为

$$应收账款平均余额 = \frac{663.5+698.1}{2} = 680.8（万元）$$

$$应收账款周转率 = \frac{9\,371.4}{680.8} \approx 13.77（次）$$

除了应收账款周转率，应收账款的周转情况还可以使用应收账款周转天数来表示，其

计算公式如下：

$$应收账款周转天数 = \frac{360}{应收账款周转率}$$

应收账款周转天数表示应收账款周转一次所需的天数。应收账款周转天数越短，说明企业的应收账款周转速度越快。根据阜城公司的应收账款周转率，计算出的应收账款周转天数为

$$应收账款周转天数 = \frac{360}{13.77} \approx 26.14（天）$$

阜城公司的应收账款周转天数为 26.14 天，说明该公司从赊销产品到收回应收账款的平均天数为 26.14 天。应收账款周转天数与应收账款周转率成反比例变动，对该项指标的分析是制定企业信用政策的一个重要依据。

9.3.2 存货周转率

存货周转率也称存货利用率，是企业一定时期的销售成本与存货平均余额的比率，其计算公式为

$$存货周转率 = \frac{销售成本}{存货平均余额}$$

$$存货平均余额 = \frac{期初存货余额 + 期末存货余额}{2}$$

上式中的销售成本可以从利润表中得知。假设营业成本全部为销售成本，存货平均余额是期初存货余额与期末存货余额的平均数，可以根据资产负债表计算得出。根据表 9-5 的有关数据，阜城公司 2019 年的存货周转率为

$$存货平均余额 = \frac{580 + 690}{2} = 635（万元）$$

$$存货周转率 = \frac{4190.49}{635} \approx 6.60（次）$$

存货周转率说明了一定时期内企业存货周转的次数，可以反映企业存货的变现速度，衡量企业的销售能力及存货是否过量。存货周转率反映了企业的销售效率和存货使用效率，在正常经营情况下，存货周转率越高，说明存货周转速度越快，企业的销售能力越强，营运资本占用在存货上的金额越少，表明企业的资产流动性较好，资金利用效率较高；相反，存货周转率过低，常常说明库存管理不力，销售状况不好，造成存货积压，企业在产品销售方面存在一定的问题，应当采取积极的销售策略，提高存货的周转速度。但是，有时企业出于特殊的原因会增大存货储备量，如在通货膨胀比较严重的情况下，企业为了降低存货采购成本，可能会提高存货储备量，这种情况导致的存货周转率降低是一种正常现象。一般来说，存货周转率越高越好，但是如果存货周转率过高，也可能说明企业存货管理方面存在一定问题，如存货水平太低，甚至经常缺货，或者采购次数过于频繁，批量太小等。因此对存货周转率的分析应当结合企业的实际情况，具体问题具体分析。

存货周转状况也可以用存货周转天数来表示，其计算公式为

$$存货周转天数 = \frac{360}{存货周转率}$$

存货周转天数表示存货周转一次所需的时间,天数越短说明存货周转得越快。根据上面计算出的阜城公司的存货周转率,可以计算出该公司的存货周转天数为

$$存货周转天数 = \frac{360}{6.60} \approx 54.55（天）$$

9.3.3 流动资产周转率

流动资产周转率是销售收入与流动资产平均余额的比率,它反映了企业全部流动资产的利用效率,其公式为

$$流动资产周转率 = \frac{销售收入}{流动资产平均余额}$$

$$流动资产平均余额 = \frac{期初流动资产余额 + 期末流动资产余额}{2}$$

上式中的销售收入即营业收入。流动资产周转率表明在一个会计年度内,企业流动资产周转的次数,它反映了流动资产周转的速度。该指标越高,说明企业流动资产的利用效率越高。

根据表9-5和表9-6的有关数据,阜城公司2019年的流动资产周转率为

$$流动资产平均余额 = \frac{1\,710 + 1\,980}{2} = 1\,845（万元）$$

$$流动资产周转率 = \frac{9\,371.4}{1\,845} \approx 5.08（次）$$

流动资产周转率是分析流动资产周转情况的一个综合指标,流动资产周转得快,可以节约流动资金,提高资金的利用效率。但是究竟流动资产周转率为多少才算好,并没有一个确定的标准。通常分析流动资产周转率应比较企业历年的数据并结合行业特点。

除了流动资产周转率,流动资产的周转情况还可以使用流动资产周转天数来表示,其计算公式如下:

$$流动资产周转天数 = \frac{360}{流动资产周转率}$$

流动资产周转天数反映企业全部流动资产每周转一次耗用的天数。流动资产周转一次所用天数越少,说明流动资产的运营效率越高。

9.3.4 总资产周转率

总资产周转率,也称总资产利用率,是企业销售收入与平均总资产的比率,其计算公式为

$$总资产周转率 = \frac{销售收入}{平均总资产}$$

$$平均总资产 = \frac{期初资产总额 + 期末资产总额}{2}$$

式中的销售收入，一般用销售收入净额，即营业收入扣除销售退回、销售折扣和折让后的金额。总资产周转率可用来分析企业全部资产的使用效率。如果这个比率较低，说明企业利用其资产进行经营的效率较差，会影响企业的盈利能力，企业应该采取措施提高销售收入或处置资产，以提高总资产利润率。

根据表 9-5 和表 9-6 的有关数据，阜城公司 2019 年的总资产周转率为

$$平均总资产 = \frac{3\,800 + 4\,500}{2} = 4\,150（万元）$$

$$总资产周转率 = \frac{9\,371.4}{4\,150} \approx 2.26（次）$$

除了总资产周转率，总资产的周转情况还可以使用总资产周转天数来表示，其计算公式如下：

$$总资产周转天数 = \frac{360}{总资产周转率}$$

总资产周转天数反映企业全部资产每周转一次耗用的天数。总资产周转一次所用天数越少，说明总资产的运营效率越高。

9.4 盈利能力分析

获取利润是企业的主要经营目标之一，它也反映了企业的综合素质。企业要生存和发展，必须争取获得较高的利润，这样才能在竞争中立于不败之地。投资者和债权人都十分关心企业的盈利能力，盈利能力强可以提高企业偿还债务的能力，提升企业的信誉。对企业盈利能力的分析不能仅看其获取利润的绝对数，还应分析其相对指标，这些都可以通过财务分析来实现。

在评价获利能力时，常用的指标有资产报酬率、净资产收益率、销售毛利率和销售净利率等。对于上市公司而言，还可以计算其每股收益。

9.4.1 资产报酬率

资产报酬率也称资产收益率。是企业在一定时期内的利润额与资产平均总额的比例。资产报酬率主要用来衡量企业利用资产获取利润的能力，在实践中根据财务分析的目的不同，利润额可以分为息税前利润、利润总额和净利润。按照所采用的利润额不同，资产报酬率可分为资产息税前利润率、资产利润率和资产净利率。

1. 资产息税前利润率

资产息税前利润率，是指企业一定时期的息税前利润与平均总资产的比例。其计算公式为

$$资产息税前利润率 = \frac{息税前利润}{平均总资产} \times 100\%$$

$$平均总资产 = \frac{期初资产总额 + 期末资产总额}{2}$$

息税前利润是企业支付债务利息和所得税之前的利润总额。企业所实现的息税前利润首先要用于支付债务利息,然后才能缴纳所得税和向股东分配利润。因此,息税前利润可以看作企业为债权人、政府和股东所创造的报酬。资产息税前利润率不受企业资本结构变化的影响,通常用来评价企业利用全部经济资源获取报酬的能力,反映了企业利用全部资产进行经营活动的效率,债权人分析企业资产报酬率时可以采用资产息税前利润率。

2. 资产利润率

资产利润率是指企业一定时期的税前利润总额与平均总资产的比率。其计算公式为

$$资产利润率 = \frac{利润总额}{平均总资产} \times 100\%$$

上式中的利润总额直接可以从利润表中得到,它反映了企业在扣除所得税费用之前的全部收益。影响企业利润总额的因素主要有营业利润、投资收益或损失、营业外收支等,所得税政策的变化不会对利润总额产生影响。因此资产利润率不仅能够综合地评价企业的资产盈利能力,而且可以反映企业管理者的资产配置能力。

3. 资产净利率

资产净利率是指企业一定时期的净利润与平均总资产的比率。计算公式为

$$资产净利率 = \frac{净利润}{平均总资产} \times 100\%$$

上式中的净利润同样可以直接从利润表中得到,它是企业所有者获得的剩余收益,企业的经营活动、投资活动、筹资活动以及国家税收政策的变化都会影响到净利润。因此,资产净利率通常用于评价企业对股权投资的回报能力,股东分析企业资产报酬率时通常采用资产净利率。

根据表 9-5 和表 9-6 的有关数据,阜城公司 2019 年的资产净利率为

$$资产净利率 = \frac{1\,260}{3\,800 + 4\,500/2} \times 100\% \approx 30.36\%$$

资产报酬率的高低并没有一个绝对的评价标准。在分析企业的资产报酬率时,通常采用比较分析法,与该企业以前会计年度的资产报酬率做比较,可以判断企业资产盈利能力的变动趋势,或者与同行业平均资产报酬率做比较,可以判断企业在同行业中所处的地位,通过这种比较分析,可以评价企业的经营效率,发现其经营管理中存在的问题。如果企业的资产报酬率偏低,说明该企业经营效率较低,经营管理存在问题,应该调整经营方针,加强经营管理,提高资产的利用效率。

9.4.2 净资产收益率

净资产收益率又称净资产报酬率或股东权益报酬率,是企业在一定时期内的净利润与平均净资产的比率。其计算公式为

$$净资产收益率 = \frac{净利润}{平均净资产} \times 100\%$$

$$平均净资产 = \frac{期初净资产 + 期末净资产}{2}$$

净资产收益率反映了企业资本运营的综合效益，是反映上市公司盈利能力的核心指标。企业经营的根本目的是所有者权益（或股东权益）最大化，而净资产收益率直接影响着股东价值大小。该比率越高，说明企业的盈利能力越强。根据表 9-5 和表 9-6 的有关数据，阜城公司 2019 年的净资产收益率为

$$平均净资产 = \frac{1\,976 + 2\,430}{2} = 2\,203（万元）$$

$$净资产收益率 = \frac{1\,260}{2\,203} \times 100\% \approx 57.19\%$$

9.4.3 销售毛利率

销售毛利率也称毛利率，是企业的销售毛利与营业收入的比例。其中销售毛利指的是营业收入与营业成本之间的差额。

$$销售毛利率 = \frac{销售毛利}{营业收入} \times 100\%$$

$$= \frac{营业收入 - 营业成本}{营业收入} \times 100\%$$

销售毛利率反映了企业的营业成本与营业收入的比例关系。销售毛利率越大，说明在营业收入中营业成本所占比重越小，企业通过销售获取利润的能力越强。

根据表 9-6 的有关数据，阜城公司 2019 年的销售毛利率为

$$销售毛利率 = \frac{9\,371.4 - 4\,190.49}{9\,371.4} \times 100\% \approx 55.29\%$$

由计算可知，阜城公司 2019 年的销售毛利率为 55.29%，说明每 100 元的营业收入可以为公司创造 55.29 元的毛利。

9.4.4 销售净利率

销售净利率是企业净利润与营业收入的比率，其计算公式为

$$销售净利率 = \frac{净利润}{营业收入} \times 100\%$$

销售净利率说明了企业净利润占营业收入的比例，它可以评价企业通过销售赚取利润的能力。销售净利率表明企业每 100 元营业收入可实现的净利润是多少。该比率越高，说明企业通过扩大销售获取报酬的能力越强。根据表 9-6 的相关数据，阜城公司 2019 年的销售净利率为

$$销售净利率 = \frac{1\,260}{9\,371.4} \times 100\% \approx 13.45\%$$

由计算可知，阜城公司的销售净利率为 13.45%，说明每 100 元的营业收入可为公司创造 13.45 万元的净利润。评价企业的销售净利率时，应比较企业历年的指标，从而判断其

销售净利率的变化趋势。但是销售净利率受行业特点影响较大，因此还应结合不同行业的具体情况进行分析。

相关案例

全渠道推动"到店＋到家"，疫情利好同店增长

事件：①永辉超市（601933）公司发布 2019 年年报，实现营收 848.77 亿元，同比增长 20.36%；实现归母净利润 15.64 亿元，同比增长 5.63%；实现扣非归母净利润 10.61 亿元，同比增长 18.34%。②2020 年一季度，实现营收 292.57 亿元，同比增长 31.57%；实现归母净利润 15.68 亿元，同比增长 39.47%；实现扣非归母净利润 12.90 亿元，同比增长 28.99%。

点评：全渠道扩张推动"到店＋到家"业务。①大店高速扩张。2019 年全年新开大店 205 家（含并购广州百佳 38 家门店），新签约门店 244 家。②mini 店快速布局。2019 年公司新开 mini 店 573 家，闭店 44 家，门店覆盖 19 个省份，在重庆、四川、福建地区均突破 100 家。③大力推动到家业务。2019 年线上实现营收 35.1 亿元，同比增长 108%，销售占比达到 4.4%。2019 年毛利率为 20.36%，同比下降 0.58pct（百分比），主要受服装销售占比下降，以及下半年加快规模扩张增加促销活动，大力推广到家业务影响。分品类看，生鲜、食品用品毛利率分别降低 1.6pct/0.5pct 至 13.2%/18.7%。2019 年期间费用率同比下降 1.8pct，其中销售/管理/财务费用率分别变动–0.2pct/–1.9pct/0.2pct 至 16.2%/2.4%/0.4%，管理费用率的下降主要系股权激励费用大幅下降所致。此外，公司因中百和国联水产等长期股权投资计提了 3.23 亿元资产减值损失。2020 年一季度，受疫情影响，公司同店实现双位数增长，叠加到家业务加速推进，线上销售同比增长 2.3 倍，公司一季度营收实现超预期增长。一季度，公司新开大店 16 家，mini 店 7 家，关闭 mini 店 74 家。公司全年计划新开大店 130 家，同时对 mini 店进行优化调整。

投资建议：公司 2019 年营收增速符合预期，净利润增速低于预期，考虑 2020 年疫情利好公司同店增长，但 mini 店与到家业务预计会继续亏损，我们下调公司盈利预测，预计 2020—2022 年 EPS（每股盈余）分别为 0.25/0.30/0.35 元，对应当前股价 PE（市盈率）分别为 43/35/30 倍。考虑公司主业成长能力，维持"买入"评级。

风险提示：展店不及预期；行业竞争加剧。

资料来源：李慧，刘青松. 永辉超市 2019 年年报及 2020 年 1 季报公司点评.

9.5 综合分析

前述分析指标有不同的侧重点，而管理层常常需要对企业进行总体的财务分析，那么有没有可能构建出一个相互联系的指标体系呢？对此美国杜邦公司的财务经理们给出了肯定的答案，这就是杜邦分析体系。

杜邦分析法中各财务指标之间的基本关系可以用图 9-1 来表示。从图中我们可以看出，杜邦分析是一个庞大而分层次的指标体系，通过分层剖析，我们可以梳理出杜邦分析体系中的以下几层关系。

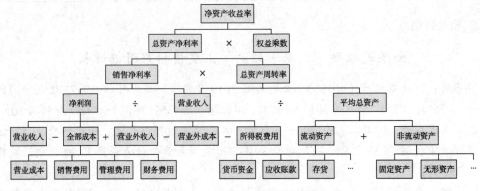

图 9-1 杜邦分析指标体系

首先，是顶层指标净资产收益率与二层指标总资产净利率及权益乘数之间的关系。根据之前的学习内容，我们可以知道：

$$净资产收益率 = \frac{净利润}{平均净资产} \times 100\%$$

总资产净利率是指净利润与平均总资产的比率，即

$$总资产净利率 = \frac{净利润}{平均总资产} \times 100\%$$

权益乘数则是平均总资产与平均净资产的比率，即

$$权益乘数 = \frac{平均总资产}{平均净资产}$$

通过三者的计算公式，我们得出三者的关系可以用以下等式：

$$净资产收益率 = 销售净利率 \times 权益乘数$$

至此，我们完成了第一层指标的拆分。下面我们再针对第二层中的总资产净利率指标进行拆分。总资产净利率可以表述为

$$总资产净利率 = 销售净利率 \times 总资产周转率$$

这样，顶层指标净资产收益率就可以表示为三个财务比率的连乘积，即

$$净资产收益率 = 销售净利率 \times 总资产周转率 \times 权益乘数$$

在 9.4 节盈利能力分析中，我们讲过，净资产收益率反映企业资本运营的综合效益，是代表企业经营根本目的——所有者权益最大化的核心指标。从杜邦分析中可知，影响净资产报酬率的因素被归纳为三点：一是经营项目的盈利性，由销售净利率来代表；二是企业的管理效率，由总资产周转率来代表；三是企业的举债经营能力，由权益乘数来代表。因此想要获得较高的净资产收益率，就应该从寻找好的经营项目、提高管理质量和加强财务运作等方面入手。对上述三点进一步展开分析，便可以有针对性地提出提升净资产报酬率的改进意见。

9.6 财务报表分析的局限性

在进行财务报表分析时,要从财务报表本身的局限性和分析方法的局限性这两个方面着手深入理解财务报表分析的局限性。

第一,要认识到财务会计处理程序本身的局限性。会计本身并不着眼于预测企业的业绩,它的基本功能是列示企业的业绩以及由此形成的财产权利。报表数据所呈现出的某种趋势,仅具有参考价值。

第二,要注意会计制度所导致的数据口径变化的潜在影响。近年来会计准则逐渐引入了估计、现值等所谓的"国际会计惯例",导致会计报表中出现了大量的金融预期,即缺乏法律事实的信息。在分析财务报表时,应注意剔除交易性金融资产等项目所导致的报表数据波动的影响。

第三,要注意慎重选择参照系。进行财务分析时,需要有一个"参照系",例如,与企业的历史水平相比较,与同行业平均水平或行业先进水平比较,与计划预算相比较等,否则单个指标没有什么说服力。横向比较时需要使用同业标准,而同业的平均数只有一般性的参考价值,不一定具有代表性。选一组有代表性的公司的指标,并求其平均数作为同业标准,可能比整个行业的平均数更有意义。但是,不少公司实行跨行业经营,没有明确的行业归属,这使得同业比较变得更加困难。

第四,警惕数字陷阱。比率的计算结果常常会误导报表使用者。例如,如果分母数值很小。则比率通常会大得出奇。因此报表使用者在进行比率分析时,应结合报表的实际数据情况进行理性分析。

本章小结

财务报表分析通过收集企业财务会计报告中的有关数据,并结合其他有关补充信息,运用一系列专门的分析方法,对企业的财务状况、经营成果和现金流量等情况进行综合比较和评价,为财务会计信息使用者提供决策依据。财务报表分析基础方法至少包括以下四类:结构分析法、趋势分析法、比较分析法和比率分析法。其中,对于比率分析法所需要使用的财务比率,又可按照财务分析的不同视角分为偿债能力分析(包括短期偿债能力分析和长期偿债能力分析)、管理效率分析、盈利能力分析和现金流量分析四类比率。而从各侧面使用不同财务比率进行的分析能够代表企业的某个方面,却很难全面评价企业的状况。而实际上,企业的财务状况、经营成果和现金流量等经营活动状况是相互联系的一个整体,各因素间是相互依存和相互作用的,任意一个因素变动都会引起企业整体状况的改变。由此,我们又介绍了一种财务报表的综合分析方法——杜邦分析法,将多个财务比率结合起来,从而揭示企业经营活动状况的全貌。

结构分析法(structure analysis approach)
趋势分析法(trend analysis approach)
比较分析法(comparative analysis approach)
比率分析法(ratio analysis approach)
流动比率(current ratio)
速动比率(quick ratio)
现金比率(currency ratio)
资产负债率(debt asset ratio)
利息保障倍数(interest protection multiples)
应收账款周转率(accounts receivable turnover)
存货周转率(inventory turnover)
流动资产周转率(current assets turnover)
总资产周转率(total assets turnover)
销售毛利率(gross profit margin)
销售净利率(net profit margin)
资产报酬率(return on assets,ROA)
净资产收益率(return on common stockholders' equity,ROE)

　　2017年8月,茅台公司的股票价格一度冲过500元/股,成为沪深两市第一高价股,公司的总市值也突破600亿元,而同期五粮液的市值在200亿元左右。如果你是茅台公司的财务投资者,你会关注什么?请透过财务数据分析,为什么茅台成为酒业第一贵的股票。

一、自测题

二、名词解释

1. 财务报表分析　　　　　　　2. 结构分析法
3. 趋势分析法　　　　　　　　4. 比较分析法

5. 比率分析法
6. 偿债能力
7. 营运能力
8. 净资产收益率

三、简述题

1. 为什么说应收账款周转率和存货周转率会影响企业的短期偿债能力？
2. 企业的股东、债权人和经理人员借助会计报表数据分别侧重于哪些方面的分析？并说明理由。
3. 会计报表分析主体进行报表分析一般应遵循哪些程序？

四、业务及计算题

习题一

（一）目的：练习财务报表分析中偿债能力分析、营运能力分析及盈利能力分析中相关财务比率的运用。

（二）资料：从华信公司2020年资产负债表、利润表中获得以下信息：2019年年末资产总额为3 660万元，负债总额为1 080万元；2020年年末资产总额为3 500万元，负债总额为2 380万元；2020年度该公司实现营业收入21 000万元，净利润为1 000万元。

（三）要求：分别计算2020年华信公司的资产负债率、所有者权益比率、总资产周转率和净资产收益率。

习题二

（一）目的：练习运用财务报表分析数据倒推资产负债表数据的方法。

（二）资料：银光上市公司2020年年末资产负债表主要资料见表9-7。

表9-7 资产负债表
2020年12月31日   单位：万元

资产	期末余额	负债及所有者权益	期末余额
货币资金	32 000	应付账款	23 500
应收账款	（ ）	应交税费	（ ）
存货	（ ）	长期借款	（ ）
固定资产	315 000	股本	（ ）
资产总计	621 000	负债和所有者权益总计	（ ）

除上述资料外，还获得其他资料如下：

1. 2019年年末公司存货为68 000万元；
2. 2020年公司存货周转次数为6.5次；
3. 2020年度公司营业成本为512 000万元；
4. 2020年年末流动比率为2.0；
5. 2020年年末资产负债率为55%。

（三）要求：根据上述资料，计算2020年银光上市公司的应收账款、存货、应交税费、长期借款、股本及负债和所有者权益总计，并填入该公司2020年12月31日的资产负债表。

习题三

（一）目的：练习运用比率分析方法进行同业比较分析。

（二）资料：

1. 润泽公司 2020 年资产负债表、利润表主要资料分别见表 9-8、表 9-9。

表 9-8　资产负债表

2020 年 12 月 31 日　　　　　　　　　　　　　　　　　　　单位：万元

资产	期末余额	年初余额	负债和所有者权益	期末余额	年初余额
货币资金	216	266	短期借款	326	306
应收账款	371	589	应付账款	210	261
预付款项	82	6	预收款项	32	26
存货	336	312	应付利息	8	5
其他应收款	32	3	长期借款	696	806
固定资产	2 931	2 911	所有者权益合计	2 696	2 683
资产总计	3 968	4 087	负债和所有者权益总计	3 968	4 087

表 9-9　利润表

2020 年度　　　　　　　　　　　　　　　　　　　单位：万元

项　　目	本期金额
一、营业收入	3 753
减：营业成本	3 297
税金及附加	32
销售费用	55
管理费用	26
财务费用	25
资产减值损失	
加：公允价值变动收益（损失以"-"填列）	
投资收益（损失以"-"号填列）	
其中：对联营企业和合营企业的投资收益	22
二、营业利润（亏损以"-"号填列）	340
加：营业外收入	229
减：营业外支出	8
其中：非流动资产处置损失	
三、利润总额（亏损总额以"-"号填列）	561
减：所得税费用	185
四、净利润（亏损总额以"-"号填列）	376
五、其他综合收益	
六、综合收益	376
七、每股收益	
（一）基本每股收益	
（二）稀释每股收益	

2. 润泽公司 2020 年度现金流量表相关数据如下：经营活动产生的现金流量净额为 192 万元；

3. 载有 2020 年润泽公司同行业平均值及待计算与分析的润泽公司财务分析指标列示于润泽公司财务分析表（表 9-10）。

表 9-10 润泽公司财务分析表　　　　　　　单位：万元

部分财务比率	2020 年润泽公司数据	2020 年同业平均值
流动比率/%		180.6
速动比率/%		101
资产负债率/%		55.08
利息保障倍数		17.52
总资产周转率/次		2.62
流动资产周转率/次		3.88
存货周转率/次		9.01
应收账款周转率/次		8.61
销售毛利率/%		11.39
销售净利率/%		9.28
总资产报酬率/%		11.26
净资产收益率/%		12.36
经营净现金流动负债比率/%		33.06
盈利现金比率/%		100.91

（三）要求：

（1）根据上述资料，计算填列润泽公司财务分析表中"2020 年润泽公司数据"。

（2）将润泽公司 2020 年财务比率与同行业的平均值做比较分析，评析润泽公司 2020 年的偿债能力、营运能力、盈利能力和现金生成能力，指出该公司可能存在的问题。

习题四

（一）目的：练习杜邦分析法的运用。

（二）资料：环球公司 2020 年的营业收入为 7 500 万元，比上年提高 28%，部分财务比率见表 9-11。

表 9-11 环球公司 2020 年部分财务比率

财务比率	2020 年同业平均	2020 年环球公司
应收账款周转天数/天	35	36
存货周转率/次	2.5	2.59
总资产周转率/次	1.14	1.11
销售毛利率/%	38	40
销售净利率/%	6.27	7.20
权益乘数	2.38	2

（三）要求：运用杜邦分析原理，比较2020年环球公司与同业平均的净资产收益率，定性分析其差异产生的原因。

思政案例讨论

瑞幸咖啡造假事件背景

2020年1月31日，著名做空机构浑水研究公布了一份长达89页的关于瑞幸咖啡的匿名做空报告，指控瑞幸咖啡涉嫌财务造假，门店销量、商品售价、广告费用、其他产品的净收入都被夸大，其中，2019年第三季度瑞幸的门店营业利润被夸大3.97亿元。当天瑞幸盘中跌幅超20%，收跌10.74%。

2020年4月2日，美股开盘前，瑞幸咖啡发布公告称，董事会成立了一个特别调查委员会，发现公司于2019年第二季度至第四季度期间虚增了22亿元人民币交易额，相关费用和支出也相应虚增。受此消息影响，瑞幸咖啡股价暴跌逾80%。

从财报分析看瑞幸咖啡造假手段

事后，通过对瑞幸咖啡2018—2019年披露的中期及年度财务报表进行分析，我们可以发现其涉嫌财务造假的端倪。表9-12、表9-13和表9-14分别对瑞幸咖啡现金流量、盈利能力和营运能力进行分析。

表9-12 现金流量分析   单位：百万元

现金流	2018Q1	2018Q2	2018Q3	2018Q4	2019Q1	2019Q2	2019Q3
经营现金流	−124	−196	−720	−271	−628	−375	−123
投资现金流	−167	−145	−1 297	327	77	−2 365	683
融资现金流	178	1 314	1 067	1 430	86	5 565	−160

通过表9-12瑞幸咖啡现金流量分析表中的来自经营活动、投资活动和融资活动的现金可知，它的经营活动和投资活动都是现金流出远远大于现金流入，这种情况下企业很难盈利，而2019年5月在美国上市之后，它2019年度第二季度和第三季度来自融资活动的现金呈现大幅度的增长，这说明它的所有现金流的流入基本上来源于融资活动，也就是投资者对它的投入，对投资者极高的依赖性一定程度上埋下了其进行业务造假伪造业绩以吸引投资的隐患。

表9-13 盈利能力分析

项目	2018Q1	2018Q2	2018Q3	2018Q4	2019Q1	2019Q2	2019Q3
收入/百万元	13	122	241	465	479	909	1 542
运营利润率/%	−966	−283	−202	−138	−110	−76	−38
税前利润率/%	−1 047	−274	−201	−143	−115	−75	−35

通过表9-13初步分析瑞幸咖啡利润率发现，尽管瑞幸咖啡从2018年第一季度起收入持续攀升，但是其运营利润率和税前利润率一直处于负数且十分糟糕，转机出现在2019

年第二季度和第三季度，运营亏损率大幅减少，公司在 2019 年第三季度宣布单店已经实现运营层面的盈利。

表 9-14　营运能力分析

项　　目	2018Q4	2019Q1	2019Q2	2019Q3
总收入/百万元	465	479	909	1 542
毛利/百万元	−113	−80	72	343
销售/一般/管理费用合计/百万元	471	363	673	826
存货合计/百万元	150	189	232	213
存货周转天数/天	52	55	41	28

表 9-14 主要对瑞幸咖啡的营运能力进行了分析，上述数据主要选自瑞幸咖啡损益表与资产负债表。分析可知，相比 2019 年第一季度，其总收入在第二季度和第三季度收入成倍增长，毛利也呈倍数增长，增长速度过快，而其销售/一般/管理费用增长幅度较慢，与它的收入和毛利增长趋势不相匹配。另外，2019 年第二季度公司收入环比增长了 90%，存货仅仅上涨了 23%，2019 年第三季度公司收入环比增长 70%，存货总量反而下降，公司存货周转天数也从 2019 年第一季度的 55 天下跌到三季度的 28 天。这些反常现象也在一定程度上说明了瑞幸咖啡的收入存在虚增情况。

除了上述分析之外，还可以从哪些角度对瑞幸公司的财务报表进行分析？请同学们思考和讨论。

参 考 文 献

[1] CASB. 企业会计准则, 2019.

[2] CASB. 企业会计准则应用指南, 2019.

[3] 上市公司执行企业会计准则案例解析（2020）.

[4] 沃伦, 菲斯, 雷夫. 会计学原理（英文版）[M]. 大连：东北财经大学出版社, 1998.

[5] 安索尼, 里斯, 赫特斯坦. 会计学教程与案例[M]. 骆珣, 等译. 北京：北京大学出版社；香港：科文（香港）出版有限公司, 2000.

[6] 怀尔德, 肖, 肯亚佩塔. 会计学原理[M]. 崔学刚, 译. 北京：中国人民大学出版社, 2013.

[7] 吴水澎主编. 会计学原理[M]. 沈阳：辽宁人民出版社, 2000.

[8] 刘峰主编. 会计学[M]. 北京：清华大学出版社, 2019.

[9] 孙玥璠, 谢萍主编. 会计学[M]. 北京：机械工业出版社, 2015.

[10] 刘峰. 会计学[M]. 北京：清华大学出版社, 2019.

[11] 贝克奥伊. 会计理论[M]. 钱逢胜, 等译. 上海：上海财经大学出版社, 1981.

[12] SCOTT W R. 财务会计理论[M]. 陈汉文, 等译. 北京：机械工业出版社, 2000.

[13] 葛家澍, 杜兴强. 财务会计概念框架与会计准则问题研究[M]. 北京：中国财政经济出版社, 2003.

[14] 《企业会计准则第 30 号——财务报表列报》

[15] 《关于修订印发 2018 年度一般企业财务报表格式的通知》

[16] 张卓然, 陈硕. 基于国际趋同视角的利润表项目列报问题探析[M]. 会计之友, 2020(11).

[17] 葛家澍, 占美松. 企业财务报告分析必须重关注的几个财务信息——流动性、财务适应性、预期现金净流入、盈利能力和市场风险[J]. 会计研究, 2008(5).

[18] 赵春光. 现金流量价值相关性的实证研究——兼评现金流量表准则的实施效果[J]. 会计研究, 2004(2).

[19] 刘峰. 会计学[M]. 北京：清华大学出版社, 2019: 230-232.

[20] 徐经长. 会计学[M]. 6 版. 北京：中国人民大学出版社, 2019: 288-292.

[21] 马永义. 如何分析所有者权益变动表[J]. 商业会计, 2020(19).

[22] 平准. 财务报表编制与分析[M]. 1 版. 北京：人民邮电出版社, 2019: 164-173.

[23] 徐经长. 会计学[M]. 6 版. 北京：中国人民大学出版社, 2019: 292-297.

[24] 张新民. 从报表看企业——数字背后的秘密[M]. 北京：中国人民大学出版社, 2020.

教师服务

感谢您选用清华大学出版社的教材！为了更好地服务教学，我们为授课教师提供本书的教学辅助资源，以及本学科重点教材信息。请您扫码获取。

❱❱ 教辅获取

本书教辅资源，授课教师扫码获取

❱❱ 样书赠送

会计学类重点教材，教师扫码获取样书

清华大学出版社

E-mail: tupfuwu@163.com
电话: 010-83470332 / 83470142
地址: 北京市海淀区双清路学研大厦 B 座 509

网址: https://www.tup.com.cn/
传真: 8610-83470107
邮编: 100084